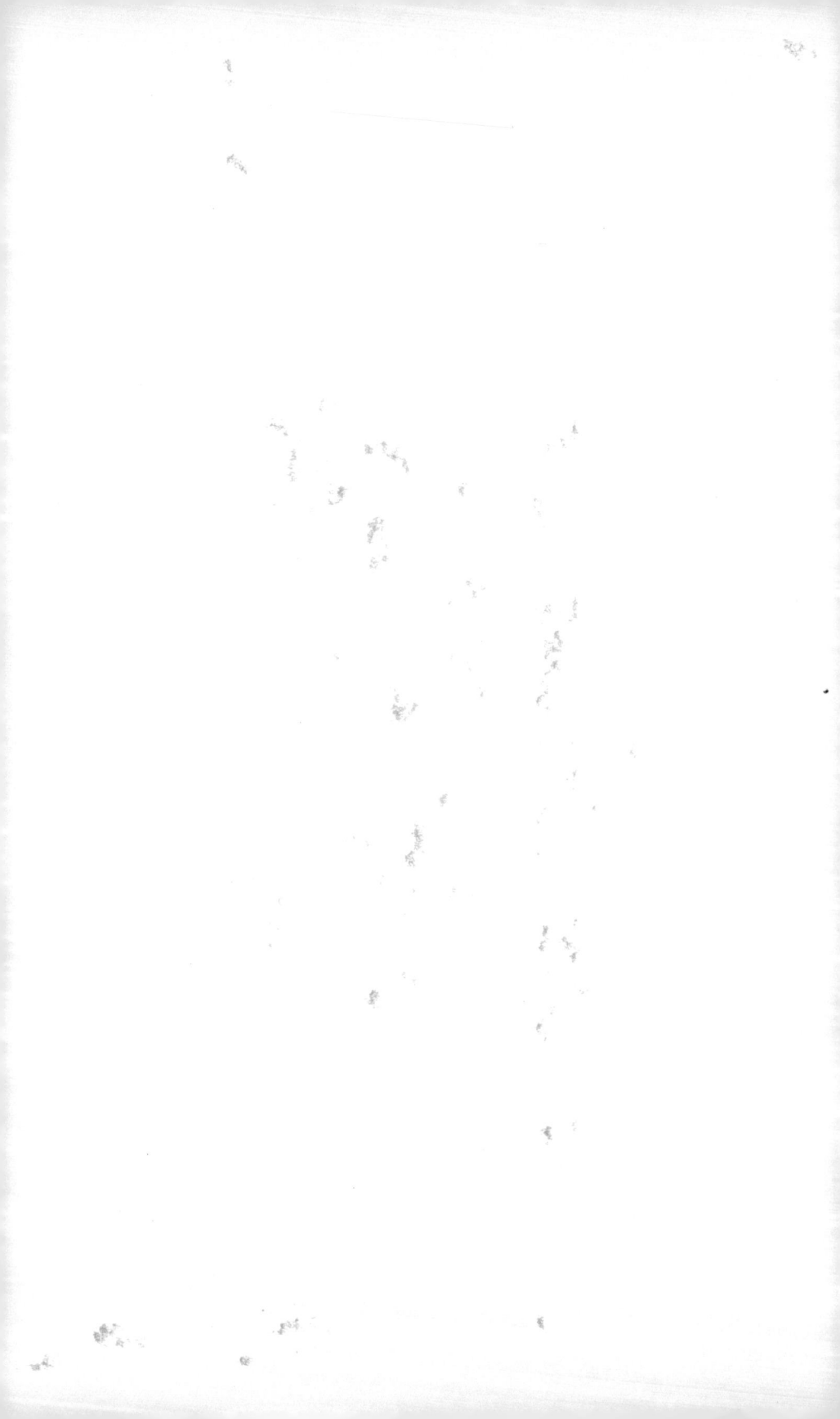

BENGASI
E
DINTORNI

SEQUEL DE L'ULTIMA MISSIONE

Antonino Arconte

BENGASI E DINTORNI

Serial: The Real History of Gladio - Vol. IV

ISBN -13: 9788890668999

DEDICA

DEDICATO A TUTTI COLORO CHE HANNO SUPPORTATO L'ULTIMA MISSIONE DI G-71 E CHE HANNO CAPITO CHE CHI NON SI ARRENDE MAI, ALLA FINE, AVRÀ IN PREMIO LA CONSAPEVOLEZZA D'AVER VISSUTO UNA VITA DA UOMINI E DONNE LIBERI, CHE È VALSA LA PENA VIVERE!

INDICE

APPENDICE DA PAG. 248

DOCUMENTI D'EPOCA E LETTERE DI PROTOCOLLO DEL COMANDANTE DEL NUCLEO G E DIRETTORE DEL SISMI DURANTE LE OPERAZIONI IN NORD AFRICA 1983/1986, L'AMMIRAGLIO DI SQUADRA FULVIO MARTINI, NOME IN CODICE "ULISSE".

RICONOSCIMENTI

Un cenno di riconoscenza a Graziella, mia moglie che, da insegnante di Italiano, mi ha fatto apprendere la grammatica quanto basta a poter raccontare la mia storia e per il suo impegno nell'editing di questo libro;

Un riconoscimento anche a quanti, seguendo le vicende che racconto fin dal 1996, nel sito The Real History of Gladio, aggiornandole costantemente perché convinto che la verità possa rendere libero il nostro popolo, mi hanno supportato acquistando l'Ultima Missione permettendomi, così, di aggirare la censura occulta che ha tentato di oscurare la verità di questa storia;

Un riconoscimento all'impegno e al coraggio dei tanti giornalisti che hanno creduto di dover fare quanto è in loro potere per far conoscere la storia raccontata in The Real History of Gladio, nell'Ultima Missione e in Bengasi e dintorni;

Un riconoscimento a quanti, nel senato della Repubblica Italiana, hanno presentato le oltre quaranta interpellanze parlamentari a risposta scritta per spingere il governo italiano a far luce e giustizia di questi abusi e tradimenti, anche denunciando quel che subivo a causa del mio essere testimone di fatti che si voleva nascondere per sempre, benché, purtroppo non coronati dal successo che meritavano;

Un doveroso ringraziamento, infine, a tutti coloro che credono nella libertà e nella Giustizia e che si battono per esse, perché quelli sono i miei compatrioti;

Un grazie, quindi, a chi non si arrende mai!

Capitolo I
Bengasi

Le polverose rovine in pietra calcarea di Bengasi mi coprirono alla vista fino alle prime costruzioni della città vecchia.
Erano ruderi delle vecchie fortificazioni della guerra, probabilmente edificate dagli Italiani e ancora non ricostruite dopo i bombardamenti.
Ma già, a chi poteva interessare ricostruirle?
Sicuramente a Bengasi le nuove aree edificabili non costavano quanto la demolizione di questi ruderi.
Mi ci addentrai e continuai ad avvicinarmi al luogo dell'appuntamento con il nostro contatto. Spostarmi al coperto, per me, evidentemente occidentale, era più prudente, sopratutto per via degli incontri che dovevo fare; meglio non lasciare prove del mio passaggio in città.
Altre volte lo sciacallo era sfuggito alla nostra caccia, sgusciava come un'anguilla tra le dita. Questa volta no ... non doveva andare così.
Ero l'unico in grado di riconoscerlo, qualsiasi travestimento utilizzasse ... mi veniva sempre da sorridere al pensiero di cosa era capace di fare di se stesso ... davvero incredibile. Una volta si travestì da hippy Olandese: capelli lunghi e rossi, barba e camicione colorato all'indiana, gilè nero lungo fino alle ginocchia, collane di conchiglie tutt'intorno e sandali indiani. Davvero perfetto, era un perfezionista, uno che curava ogni particolare ... ma non per me.
Io lo riconoscevo comunque e non mi era difficile.
Nessuno aveva notato che lo sciacallo, venezuelano, come tutti i mezzosangue, aveva una conformazione particolare delle labbra, da Indio! E questo non poteva trasformarlo con tutto il resto.
Io, che avevo girato in lungo e in largo per il centroamerica, conoscendo le labbra delle donne indie, inconfondibili per me che le avevo amate così tanto, superbe e sensuali, su carrozzerie spagnole o angloamericane, con quei contorni e quei colori senza eguali, non potevo sbagliarmi e a poco serviva metterci capelli biondi e

lineamenti europei intorno, quelle restavano labbra indie, la mia passione ... Non quelle di Carlos, certo ... quelle femminili!

Non lo avevo detto mai a nessuno. Questo mi aveva reso famoso nell'ambiente dell'Intelligence. Ero diventato indispensabile per l'identificazione dello Sciacallo in ogni foto che gli era scattata e sulla quale l'identificazione era dubbia.

The Jackal era monitorato costantemente dall'antiterrorismo di mezzo mondo.

L'Indio serviva la causa comunista, ma non come agente del KGB, per il quale si era preparato e indottrinato alla Lubianka, l'Università del KGB a Mosca, in Piazza Dzedzinsky, bensì come "esterno".

A Mosca avevano creato, apposta per lui, la Separat. Un'organizzazione terroristica che aveva l'incarico di assistere i movimenti separatisti dell'Europa occidentale e del medioriente e gliel'affidarono. Sapeva bene che se fosse caduto nelle mani dell'INTERPOL o di qualche servizio segreto, sarebbe stato solo, nessuno ne avrebbe richiesto lo scambio, perché nessuno all'est avrebbe mai ammesso di essere tra gli ispiratori e i finanziatori delle reti del terrore come Al Fatah, l'ETA, o l'IRA, ma anche Br e vari gruppuscoli minori Italiani. Tutti impegnati a favorire gli interessi sovietici, nella speranza di trasformare i loro paesi in democrazie popolari ... ma ci credevano davvero? ... mah! Ne dubitavo sempre, ma avendone conosciuto qualcuno consideravo che fossero i tipi di fanatici ottusi che potevano agire davvero in buona fede, come stupidi burattini dei mostri dell'Est.

Ora lo avrei rivisto nella piazzetta della città vecchia, in una di quelle locande tipiche, vicina al mercato dei veleni; era stato segnalato uno straniero ... pensavano che potesse essere lui. Lo sciacallo non era protetto soltanto dall'onnipotente KGB ma sopratutto dalla polizia libica ... lui, però, non li voleva mai intorno.

Lui era Carlos Ramirez Sanchez nome in codice "Jackal" (sciacallo), il migliore.

Serviva i Sovietici, ma li disprezzava e loro ricambiavano, perché si era rivelato incontrollabile. Amava la coca, l'alcool e le donne, gusti poco sovietici.

Gusti costosi e perciò aveva preso l'abitudine di farsi pagare e bene. Naturalmente li chiamava costi delle operazioni, ma solo gli spiccioli finivano a finanziare i suoi collaboratori che dovevano agire per ideali ... la maggior parte del contenuto delle valigette di dollari che incassava servivano a mantenerlo nei lussi che amava e città come Tripoli o Damasco non erano adatte alle sue abitudini. Amava, perciò, vivere in occidente e all'occidentale ... per questo era diventato un trasformista.

A lui si rivolgevano tutti quando dovevano essere certi che un attentato o qualsiasi altra operazione di terrorismo internazionale andasse a buon fine.

Lui era la garanzia di successo che permetteva di ottenere i finanziamenti necessari alla buona esecuzione dell'azione.

Uno dei migliori laureati della Lubianka ... e lo dimostrò in azione.

Era stato ben indottrinato, fin dal padre, un avvocato del partito comunista del Venezuela, ma si rivelò troppo indisciplinato per servire ufficialmente la causa dell'URSS, così era finito a militare nelle organizzazioni terroristiche filosovietiche, soprattutto palestinesi, molto attive in quegli anni e finanziate, oltre che dall'URSS, anche dalla Libia di Gheddafi e dall'Iraq di Saddam Hussein. Si era dimostrato spietato, crudele, audace fino alla follia, in una parola ... prezioso. Peccato che il suo tallone d'Achille, la cocaina, le donne e l'alcool ... in quest'ordine, lo avessero reso inaffidabile.

L'ordinanza ricevuta era di intercettarlo, aveva lasciato Tripoli e il suo rifugio ... la base del gruppo di fedelissimi che si era creato intorno ... perché?

Nessuno riusciva mai a saperlo in anticipo, ma quando lo Sciacallo abbandonava la sua tana, stava per accadere qualcosa di tragico; il terrore si muoveva sulle sue gambe e stava per colpire ... come uno sciacallo, di cui gli avevano cucito addosso il nome.

Si racconta che fu lui, durante un suo viaggio in Egitto, ai tempi della guerra dello Yom Kippur a sceglierselo, dopo aver visto un dipinto egizio raffigurante il signore della morte.

Gli calzava a pennello, ma cosa stava preparando adesso?

Avanzavo ancora, tenendomi a ridosso delle vecchie rovine sul litorale. Avevo di fronte le prime case di Bengazi, la Medina, la città vecchia.

Attraversai il nastro d'asfalto a passo svelto, ma senza correre.

In Libia chiunque corra ha buone probabilità di essere arrestato, sicuramente è sospetto.

Non avevo alcuna ragione di preoccuparmi, ero lì come membro dell'equipaggio di una nave traghetto di linea con la Libia … se fossi stato fermato dalla polizia, la mia copertura avrebbe retto a qualsiasi controllo … ero davvero quel che avrei detto di essere con tutti i documenti in regola e un ruolo equipaggio altrettanto a posto a confermarlo. Davvero una buona idea questa … credo che solo noi Italiani abbiamo pensato a simili coperture … Quelle usate durante la seconda guerra per violare la fortezza Inglese di Gibilterra, con uomini dei Nuclei Gamma della Marina Militare, sotto copertura da marittimi della marina mercantile in sosta ad Algeciras, sul piroscafo Olterra, hanno fatto davvero scuola … e pensare che abbiamo continuato a utilizzare coperture così e nessuno c'è mai arrivato.

Ecco le stradine del vecchio mercato, la folla non è diversa da quella di tutti i Suk arabi … La luce del tramonto illuminava quella gente silenziosa mentre la voce del Muezzin che invitava alla preghiera i credenti, avvolgeva tutto e tutti, rendendo irreale quel fiume umano che scorreva in quel silenzio ovattato.

Fissavo di fronte a me la groppa di un asino che seguiva il suo padrone carico di merci dirette chissà dove.

Le prime lanterne illuminavano i soppalchi delle viuzze e le botteghe artigiane che chiudevano le loro porte.

I negozi stavano ritirando le poche merci esposte sulla via, quando arrivai nella piazzetta. Sotto la scritta in arabo, la porta di legno, dipinta di celeste, era aperta: era quella la locanda.

Mi guardai intorno, alla mia sinistra c'erano alcuni tavoli di una sala da te.

Mi ci avvicinai … avevo già visto di essere stato notato, ma feci finta di nulla sedendomi in disparte.

Alcuni avventori giocavano a dama, la dama araba.

Mi sedetti alle loro spalle, rendevano innocuo anche me e attesi che il mio contatto si avvicinasse.

Lo fece dopo qualche minuto sedendosi nel tavolo accanto al mio.

Il mamud si avvicinò, mi chiese se volessi fumare il narghilè:

"… No! … solo del tè verde …" - dissi in Italiano.

Grazie alla TV Italiana tutti lo capivano e dovevo sembrare sempre quello che ero, un marittimo Italiano in transito.

Arrivò con un bicchiere in vetro colorato contenente quel loro te, per noi imbevibile, stretto come il nostro caffè e che lega la bocca in una maniera disastrosa …ma che altro bere in Libia?

L'uomo alla mia sinistra guardava l'hotel: "… E' dentro. – disse – Tra poco uscirà per andare a mangiare. Si siederà di fronte a noi, nel ristorante irakeno. Potrai osservarlo bene e vedere se è l'uomo che cercate. Si trova qui da qualche giorno, viene da Tripoli e non è libico. Altro non sappiamo".

Attesi in silenzio, anch'io avevo fame e non mi sarebbe dispiaciuto andare a mangiare del Kous-Kous di montone all'irakena. La cucina Libica è proprio immangiabile, con tutto quel peperoncino piccante! Nel ristorante non c'era quasi nessuno.

Sedetti a un tavolo ad angolo, ma era una tavolata lunga e dall'altro lato due Libici, in barracano tipico, mangiavano piccoli pesci fritti.

Avevo visto al mercato ittico come trattavano quel tipo di pesci: ammucchiati in terra e messi nelle cassette con scopa e paletta da immondizia … non ero sicuramente schizzinoso ma quel ricordo non me lo rendeva appetitoso.

Si avvicinò il cameriere e ordinai il Kous-Kous.

Sapevo farlo anch'io e molto meglio di come lo cucinavano in tanti ristoranti; avrei mangiato volentieri quello di mare che avevo migliorato, aggiungendoci le cozze e i filetti di pesce, ma chi me la dava una cucina da utilizzare a Bengasi?

Il mio contatto si sedette in un tavolo di fronte a me, in modo da vedermi in faccia. Altri due si sedettero a un altro tavolo vicino a lui, facevano finta di non conoscersi, ma gli sguardi d'intesa che si scambiarono lo dicevano chiaramente.

Nella Libia controllata dal KGB, la prudenza non era mai troppa.

Stavo rosicchiando i pezzi di carne di montone che componevano il ricco piatto di Kous-Kous all'irakena, quando i miei ospiti presero ad agitarsi, anche se in maniera soffocata.

Un gruppetto di uomini stava entrando nel locale … vestivano all'occidentale, ma li accompagnava un beduino delle tribù, coperto dalla Jellaba marrone scura, tipica dei clan del deserto.

Compresi che lo Sciacallo avrebbe dovuto essere tra questi …

Effettivamente uno di loro corrispondeva nei tratti somatici al nostro uomo … ma non era lui.

Non ebbi dubbi fin dal primo momento, tuttavia, vista l'importanza del riconoscimento, restai in osservazione senza farmi notare e scrutai meglio anche il modo di tenere la testa, di muoversi … Non c'era alcun dubbio, non era Carlos!

Cercai lo sguardo del nostro contatto, mentre con del pane nero raccoglievo, nel fondo della terrina, quel che restava del Kous-Kous.

Feci un cenno di diniego con il capo e alla sua risposta interrogativa confermai, passando la mano aperta sopra il mio piatto … segno che non avevo dubbi, ne ero certo.

Chiamai il cameriere alzando il braccio e finii il mio tè.

Il fatto che in Libia gli alcolici erano vietati non mi creava alcun problema, anche se pranzare col tè non era il massimo, visto il genere di tè disponibile.

Ben diverso dal buon tè alla yerba buena dei figli del Marocco che era un piacere da bere, anche mangiando carni arrostite.

Uscii che il mio contatto se n'era già andato, ma lo ritrovai subito dopo, dall'altro lato della piazza.

Riprese a far domande, a contestare la mia identificazione. Se avessi avuto dubbi li avrei espressi e non ce n'erano: "… Non è lo Sciacallo!" – ribadii lasciandolo alle mie spalle.

Avevo un'ora per rientrare a bordo, alle 21:00 c'era il coprifuoco per noi stranieri e … ne avevo da camminare per raggiungere il porto in tempo.

Il traghetto non mi avrebbe atteso, ed era in partenza per Tripoli.

A Tripoli dovevo imbarcare alcuni dissidenti diretti in Italia per essere protetti.

Si trattava solitamente di persone che collaboravano con i piani del Governo Italiano per favorire la nascita di partiti democratici islamici moderati in tutto il Maghreb e la Libia ne faceva parte.

Il Colonnello Gheddafi e, soprattutto, il KGB che lo aveva messo al potere dopo il Golpe successivo alla Rivoluzione Libica, non apprezzavano troppo queste manovre. *Loro* amavano le dittature!

Le controllavano come un burattinaio controlla i suoi burattini.

Fui avvicinato dai nostri contatti appena dopo l'arrivo in porto a Tripoli, c'era agitazione. Il fatto che lo Sciacallo avesse lasciato la sua tana era un chiaro segno che qualcosa di grosso era in preparazione, ma nessuno immaginava cosa … Certo, però, sarebbe stato qualcosa che avrebbe fatto parlare di se tutto il mondo, come sempre quando Carlos entrava in azione, anche se lui non rivendicava mai le sue azioni.

Il KGB non lo disturbava mai per cose di poco conto … ma per cosa questa volta? Erano i primi giorni di marzo del 1978 ... cosa stavano preparando?

Mi recai nella vecchia piazza d'Italia, ora ospitava il palazzo del Governo libico, la vecchia "Casa del Fascio" dell'Era Fascista.

Incontrai i nostri contatti, erano indaffarati a discutere tra di loro, troppo animatamente per Tripoli, me ne allontanai, non volevo rogne. Mi raggiunsero nella vecchia bottega del caffè, dove stavo acquistandone un pacchetto, in grani da macinare, per la mia moka; il caffè libico era buono, a patto che si macinasse lo stesso giorno dell'uso, in questo modo manteneva tutto il suo aroma, credo arrivasse dall'Etiopia, comunque era un caffè robusto, africano.

Mi raccontarono le ultime novità in piedi, accanto a me, in attesa di essere serviti.

Erano convinti che lo Sciacallo fosse a Tunisi e questa convinzione veniva dal fatto che non aveva lasciato Tripoli attraverso l'aeroporto e nemmeno dal mare ... dunque, non restava che la terra e perciò Tunisi ... non faceva una piega.

Proprio per Tunisi era in partenza la nave dov'ero imbarcato e l'ordinanza era diretta proprio là, a Tunisi.

Quella sera mi portarono a bordo due libici da rifugiare in Italia, sbarcarono dal cassone del camion che arrivava a bordo per caricare i container diretti nell'interno Libico. Scivolavano dal passo d'uomo che collegava il corridoio equipaggi con lo scivolo di caricamento, un attimo ed erano già spariti furtivamente nella mia cabina.

Dopo aver caricato i container, gli autisti, mentre riscendevano dalla rampa, si fermavano e aspettavano che gli passassi, dallo stesso passo d'uomo, le casse di whiskey con cui pagavamo i loro servigi.

In Libia c'era il proibizionismo, ma tutti amavano bere, anche i militari ... e questa debolezza veniva da noi sfruttata abilmente.

Partimmo subito dopo il termine delle operazioni di scarico, alle prime luci dell'alba e, dello Sciacallo, nessuna traccia.

Anche a Tunisi nessuno sapeva niente di lui.

Era stato avvistato all'Hotel Africa, nell'Avenue Ben Bourghiba, è vero, ma nessuno era davvero certo che si trattasse di lui.

Anche stavolta era sfuggito alla caccia e, come sempre, questo significava che un'operazione di terrorismo internazionale stava andando in porto, o era già andata in porto brillantemente, ma quale?

Ormai si era giunti alla fine di marzo, cos'era accaduto di clamoroso nel mondo che giustificasse quegli spostamenti insoliti?

L'unica notizia ricevuta, durante la navigazione da Beirut ad Alexandria, arrivava da Roma, un fonogramma di Roma Radio e recitava testualmente: "L'On. Aldo Moro è stato sequestrato dalle Brigate Rosse e la sua scorta trucidata in via Fani".

Ma si trattava di BR ... che c'entrava Carlos? ... o era proprio là che era diretto nei giorni precedenti?

Carlos non era sicuramente quello che si dice una persona che abbia il pieno controllo delle sue emozioni, tutt'altro.

Nel 1975, quando ci occupavamo del problema libanese, poco prima dello scoppio di quella guerra civile, Carlos, convinto di essere stato tradito dal suo amico libanese Michel Moukarbal, uccise i due agenti dei servizi segreti Francesi che lo raggiunsero nel suo covo di Rue Touillier, a Parigi, sparandogli alla testa con la sua pistola preferita, una Tokarev 7.62 soviet, e subito dopo toccò al suo amico Michel. Lo sciacallo era completamente fuori di se da alcool e cocaina, come gli capitava sempre più spesso, e fece una strage.

Era stato capace di organizzare ed eseguire il rapimento dei sei ministri dell'Opec, a Vienna, a dicembre di quell'anno, il 1975.

Aveva circa cinque anni più di me, ma a ventisei anni era già un tossicodipendente e un alcolizzato, per non parlare delle donne, di cui era completamente succube.

La sua specialità, studiata all'Università Patrice Lumumba, altrimenti detta la Lubianka, a Mosca, dove si "laureavano" gli agenti del KGB, era proprio questa: regia e azione; pianificazione puntigliosa delle uccisioni, sempre rapide, concluse prima ancora che chiunque potesse capire cos'era successo.

Quel blitz diventò una vera mattanza, il Ministro Saudita Yamani aveva un conto aperto con Carlos e lo Sciacallo ordinò che nessuno lo toccasse ... era suo! Era stato ben pagato, più con onori e prestigio che con denaro. Saddam Hussein era in ascesa e aveva bisogno di lui. Carlos con trentacinque ostaggi riuscì a raggiungere l'aeroporto di Vienna e a partire con essi per Algeri, grazie ad un DC-9 messo a sua disposizione dagli Austriaci per evitare che fossero uccisi anche gli altri ostaggi.

Lo Sciacallo l'avrebbe fatto molto volentieri.

Da Algeri raggiunse Tripoli, ma accoglierlo, dopo che Carlos aveva ucciso anche il delegato Libico all'Opec, Youssef Ismirli, sarebbe stata, per Gheddafi, una dichiarazione pubblica di complicità con l'attentato, quindi, niente da fare e dietro-front per Algeri.

Ad Algeri lo Sciacallo accettò la proposta Saudita e dello Shah di Persia: venti milioni di dollari Americani per liberare gli ostaggi. Dollari, la sua passione!

Wadi Addad, il leader Palestinese che aveva "ufficialmente" commissionato quell'attentato avente lo scopo di costringere i paesi Opec a sostenere economicamente la causa Palestinese, s'infuriò, ma fu tutta apparenza la sua, in realtà si spartirono con Carlos e il suo gruppo quei venti milioni di dollari.

La nostra scheda su di lui recitava: "Carlos Ilich Sanchez Ramirez, figlio di un avvocato comunista di Caracas; nato in Venezuela nel 1949, studi a Mosca, nell'università Lumumba, dove il KGB arruolava e indottrinava i suoi agenti del terrore internazionale; indottrinato e inviato a dirigere e coordinare gruppi terroristici e separatisti".

Subito dopo la fine dell'addestramento Carlos fu inviato in Medio Oriente col compito di sostenere la causa Palestinese.

Entrò nell'organizzazione di Wadi Haddad, braccio militare di George Habbash, noto come il "Doctor terrore". L'unico tallone d'Achille di un simile agente sovietico era il *"sex and drug and rock and roll"*. La musica però, della quale non s'interessava, la sostituiva con l'alcool che gli serviva sempre di più per reggere la sua vita ... quella che si era scelto.

Lavorò per tutti i maggiori gruppi terroristi mediorientali e nord Africani di quegli anni, sempre agli ordini, però, del KGB Sovietico. Operò, sempre su loro disposizioni, per la Siria di Assad, per Saddam Hussein e per Gheddafi, dai quali riceveva sontuosi finanziamenti.

Un talento naturale riconosciutogli da tutti era la crudeltà e le sue straordinarie capacità di trasformista ... Per questo ero stato chiamato; perché riuscivo sempre a riconoscerlo, avevo il mio "metodo segreto"!

Ora c'era stato quell'ordine d'intercettazione partito da Roma il 2 marzo ... che significava? Che cosa poteva aver organizzato lo Sciacallo a Roma?

Dovetti tornare in medioriente, a Tartus, in Siria e non pensai più allo Sciacallo ... chissà dov'era ormai!

Mersina, in Turchia, era così dolce con quei ventri che danzavano davanti ai miei occhi ...

Purtroppo non sono più laggiù, quel tempo è trascorso per sempre o per fortuna, ancora non so, ci penserò con calma in altri momenti.

Oggi sono ancora qui, nell'ex Italia, a difendere la mia vita e la possibilità di uscire dalla *"Loro"* trappola, quella tessuta per me dalla rete superstite del KGB.

La mostruosa rete che resistette anche alla caduta del muro e del *"Loro"* Impero.

Quelli che possono ancora controllare l'informazione attraverso le nomine sovietiche dei direttori di gran parte dei giornali e delle testate televisive: sapete cosa significa soviet in russo, vero? Significa *"maggioranza!"*

Esattamente quello che fanno *"Loro"*: si garantiscono la maggioranza e il controllo su di essa, non importa come (corruzione, ricatto, minacce, blandizie e astuzie), l'importante è averne il controllo ... per dominare comunque!

Passarono diciassette mesi da quando chiusi le ultime pagine del mio libro autobiografico, L'Ultima Missione.

L'ho pubblicato, ma non come ipotizzavo con Marco e Franco, in Spagna.

Anzi, per fortuna io quando decido di fare qualcosa la faccio, come se fossi sempre da solo a dover agire, altrimenti la mia autobiografia sarebbe stata un manoscritto chiuso in un cassetto, inutile e dimenticato.

Sì, perché da quando avvertii Franco a Madrid e Marco a Milano che avevo praticamente finito ed ero pronto a farlo pubblicare è successo di tutto a entrambi ... Il caso?

Sarà, io, però, sono tra coloro che non credono al caso, se non come nome che usa Dio quando vuole operare sotto copertura. Franco ha addirittura perso tutti i finanziamenti per l'acquisto della casa editrice a Barcellona e, dopo qualche mese, durante il quale ha insistito per riuscire a far rispettare gli accordi presi ai suoi amici madrileni, perse anche il suo posto di lavoro al Cesid spagnolo (servizi segreti del regno di Spagna).

Ricevetti notizie davvero drammatiche da parte sua; ultimamente sembra che stia recuperando, almeno in parte, la tranquillità e non possiamo non chiederci come mai tutto sia accaduto proprio quando stava per pubblicare L'Ultima Missione, il prequel di "Bengasi e dintorni" in Spagna!

Ce lo siamo chiesti tutti, infatti, ma che dire? Sembra così assurdo! Eppure, che altra spiegazione ci può essere?

Peraltro accadde tutto dopo le nozze della figlia di Aznar cui fece da testimone Berlusconi ... ma perché Berlusconi dovrebbe avere interesse a non far pubblicare, in Spagna, la mia autobiografia?

Lui non faceva politica nel tempo di cui si tratta nel mio libro: Dunque?

Davvero non saprei, ma è anche vero che certi personaggi estemporanei e privi di alcuna credibilità che raccontano cose del tutto inverosimili sull'epoca della guerra fredda Italiana, ricevono protezione proprio da ambienti del partito di Berlusconi, all'epoca Forza Italia, mentre apparentemente abbiamo le stesse opinioni liberali e democratiche e questo per me è inspiegabile ... o almeno lo era a quel tempo.

In ogni caso Franco mi fu utilissimo per trovare la volontà di scrivere l'aggiornamento al sito The Real History of Gladio, il sito internet, l'unico modo che trovai per pubblicare la mia storia nel 1996. Era tempo di farlo, ma non ne trovavo la voglia. Ci ha pensato Dio, attraverso le insistenze di Marco e Franco e la condizione di affidamento sociale, che non mi permetteva di abbandonare la provincia: tutto congiurò per realizzare quella storia e così fu anche per la pubblicazione, almeno su internet. Gli amici di Miami mi diedero tutti i software necessari e il resto lo feci io.

Uscì una prima pubblicazione in USA, sul sito internet della booksurge, una casa editrice online che stampava copie su richiesta, distribuibile via posta in tutto il mondo. I costi per l'Italia, però, erano davvero proibitivi, così mi preoccupai di farlo stampare anche in Italia, ma non fu possibile. "L'Ultima Missione" conteneva qualcosa di estremamente sgradito e non riuscivo a capire cosa. Erano vecchie storie, alla fine raccontavo di un vecchio mondo che non c'era più.

Avevo anche avuto sentore di questo, quando potei scoprire che dal mio sito internet era stato copiato un libro; esattamente da due capitoli di esso, infarcito di cazzate all'americana. Non potevo avere dubbi.

I plagiari avevano operato col metodo del copia e incolla e, con la faciloneria di chi sa di non correre rischi, non avevano nemmeno modificato la punteggiatura. Presentai immediata querela alla Procura di Milano, fornendo anche le prove inconfutabili di questo reato. Trascorsi quattro anni di nulla assoluto, manco a dirsi, il PM chiese l'archiviazione per prescrizione e il GIP la decretò.

Mi chiesi se era davvero per questo genere di paese che c'eravamo battuti tutti e provai pena per i morti, che avevano creduto di battersi per una giusta causa.

Capitolo II
Aisha

Tripoli era immersa nel caldo afoso dell'estate, anche se era ancora primavera.

Una di quelle giornate che il vento del deserto rendeva bollenti, e l'umidità del mare soffocanti.

Aspettavo Yussef ... Giuseppe, era un barbiere a domicilio. Girava per la Medina con la sua cassetta e i ferri del mestiere: forbici, pettini, pennelli e rasoi.

Era piccolo e scuro, ma non era libico, era un eritreo dell'Impero italiano, venuto in Libia al seguito delle truppe italiane come Ascaro e rimasto dopo la fine della guerra. Parlava italiano e aveva nostalgia dell'Italia, anche se con le leggi razziali del '38 si ritrovò a valere meno di un cammello.

Girava per i locali e, dove era richiesto, apriva il suo negozio e faceva barbe e tagliava capelli facendo scattare quelle forbici come una mitragliatrice.

Mi stava insaponando ben bene e intanto mi dava le ultime informazioni sull'operazione che stavamo eseguendo, o almeno ci provavamo.

La sedia era scomoda per farsi radere. Una vecchia sedia di legno, con spalliera all'antica. Mi ricordava quelle di casa di mia madre, di legno scuro ...sempre quelle di quando si erano sposati con mio padre.

Tirò fuori la striscia di pelle e ci affilò il rasoio, dicendo:

-"Devi seguirmi da lontano quando andrò via, ti porterò dove potrai stare al sicuro e aspettare notizie. Quando tutto sarà pronto, ti verranno a prendere per portarti dove potrai eseguire la tua missione. E' una casa, una donna ti porterà da mangiare, i tuoi vicini sono tutti dei nostri, sarai al sicuro fino al momento di agire".

-"Pensi che ci vorrà molto?" – chiesi.

-"Non lo so, nessuno lo sa. Lui è consapevole che rischia la sua vita ogni volta che esce dai suoi rifugi. Per questo cerca di essere imprevedibile e ci riesce. Sappiamo che andrà in quel punto del deserto a pregare, lo fa ogni mese, di venerdì, ma nessuno può indovinare se sarà il primo, il secondo o l'ultimo. Osserva il deserto, fuma il Narghilè e guarda il tramonto in alto, sulle nubi di polvere … Noi dobbiamo essere pronti per cogliere l'occasione … se ce ne darà una. Tu sarai avvertito per tempo e portato là con quel che hai chiesto" – rispose Giuseppe, ripulendomi il viso rasato ad arte.

Gli diedi un dinaro e mi allontanai, mentre mi ringraziava per quella che era una grossa somma, riuscendo a convincere persino me della sua gratitudine. Avrebbe avuto un futuro nel cinema se non fosse finito a recitare dietro le linee della Guerra fredda in una delle tante interpretazioni che spesso finivano in maniera tragica e, in quei teatri, i morti non si rialzavano al ciak!

Restai intorno a quella piazzetta e quando lo vidi affrettarsi verso un vicolo m'incamminai e penetrai con lui nei meandri della città vecchia. Quella costruita dagli Italiani seguendo un'architettura araba che, però, a Tripoli non c'era. La Tripoli di prima della conquista Italiana era un forte e un porto Turco, circondato di baracche e tende dei nomadi che a volte si accampavano intorno a quella parvenza di città per vendere capre, datteri e cammelli.

Riconoscevo, perciò, in quei vicoli e in quelle case, l'idea che gli italiani del tempo avevano dell'esotica arabia. Un portoncino verde si era aperto all'arrivo di Youssef e, verificato che nessuno ci seguiva, vi entrai a mia volta. Una donna velata chiuse la porta indicandomi le scale che portavano al piano di sopra. Un piccolo appartamento, cucinino, con lavandino e rubinetto in fondo al corridoio e due camere di lato. Sorrisi alla vista del piccolo rubinetto in ottone sopra il lavandino, che non capii mai se era in pietra o cemento. Era uguale a quello delle case dove avevo vissuto da bambino: tipicamente italiano anni '40 e '50.

Servì a farmi sentire a casa.

-"Mettiti tranquillo, qui sei al sicuro. Tra poco ti porteranno la tua valigia. Abbiamo mandato qualcuno a prenderla … sei un marittimo italiano che aspetta l'arrivo della sua nave per imbarcarsi. L'agenzia marittima è d'accordo e ti coprirà fino a che servirà. Dopo tornerai qui e t'imbarcherai sul primo mercantile italiano in partenza.

Andrà tutto bene, sono sicuro!" – affermò Giuseppe per farsi coraggio.

-"Certo!" - confermai io salutandolo e prima di uscire gli chiesi dove

potevo passare una bella serata, magari con uno spettacolo di bajadere di racks. (*ballerine della danza del ventre*)
-"Se proprio non puoi evitarlo, ti accompagnerà Hamid, il figlio della padrona di casa. Qui c'è sempre il coprifuoco ma, in effetti, uno straniero che non va a vedere la danza del ventre sarebbe sospetto" – concluse uscendo.

Il locale era seminascosto nei vicoli. Sicuramente il regime sapeva che c'era. Impensabile il contrario, ma lo tollerava, perché lo riempiva di poliziotti in borghese e lo controllava come se fosse il crocevia di tutto quel che accadeva a Tripoli e … non sbagliava!

Certo era ben diverso dai soliti locali di danza del ventre. Era una specie di garage, con tavoli di legno tutt'intorno al centro, illuminato da una lampada che scendeva dal soffitto, del tutto simile a quelle che scendevano dalle cucine della vecchia Italia popolare. Illuminava una danzatrice giunonica dai lunghi capelli corvini che, al suono di un'orchestrina di strumenti tradizionali, faceva roteare dolcemente i fianchi e batteva il palmo della mano su un tamburello a sonagli che teneva alto sopra il capo, mentre il pubblico la acclamava chiamandola Shamira. Si avvicinava agitando il seno prosperoso davanti a quanti le mostravano una banconota da infilare nel suo reggiseno e lo feci anch'io, per vederla da vicino.

Ne approfittai per carezzarle il seno con un sorriso cui rispose con uno sguardo di fuoco. Davvero di fuoco, perché fu notato da quello che probabilmente era il suo amante e che, certo, non gradì.

Mi si avvicinò limitandosi a questo, ma i suoi occhi mi avrebbero incenerito.

Una persona saggia nella mia situazione avrebbe lasciato stare e sarebbe uscito, ma io non ero una persona saggia e continuai a mostrare banconote da un dinaro alla bella bajadera che si avvicinava roteando i fianchi e sbattendomi i seni sotto gli occhi.

Fu a quel punto che le chiesi di incontrarla dopo. Lo chiesi in italiano, certo che avrebbe capito. Sorrise in maniera ancora più amabile, quasi un invito a insistere, mentre si girava sbattendo i fianchi che sembravano scodinzolare … a prima vista non mi era sembrata così bella. Ora la vedevo splendida e desiderabile … forse era la birra. Ma no, ne avevo bevuto appena un paio. Era proprio lei che era una vera artista e sapeva creare magia anche immersa in quello squallore. Ero ancora in piedi, davanti al mio tavolo, con gli occhi fissi su quei fianchi vibranti, quando fui colpito all'improvviso alle spalle. Un colpo che mi mandò a inciampare sulla sedia di lato a me, impedendomi di restare in piedi. Finii lungo disteso sulla pista, ai piedi della danzatrice che urlò per lo spavento, insieme a un ghepardo che non avevo notato, ma faceva parte del suo numero e mi soffiò sul viso, come un gattone arrabbiato per mia fortuna tenuto al guinzaglio da un'altra ballerina, probabilmente nubiana, visto il colore della pelle. Gli ero caduto quasi addosso. Mi ripresi subito e mi rialzai, in tempo per ritrovarmi di fronte all'amante della bajadera che, geloso come una tigre, si avventò su di me. Mi afferrò al collo, tipica mossa degli sprovveduti. Stavo per afferrarlo ai polsi per poi girarmi torcendoli e costringendolo in ginocchio, ma era una mossa troppo tecnica ed ebbi il sangue freddo di non farlo. Afferrai lo stesso i suoi polsi, ma solo per tentare di staccarli dal mio collo, lo stronzo stringeva e mi mancava il respiro. Lo colpii al volto con un cazzotto. Dato alla cieca e in maniera dilettantesca ma gli fece male perché arretrò, ma solo per un attimo. Subito mi rivenne addosso agitando le braccia e cercando di colpirmi.

Anche altri si erano agitati e come sempre accade se le davano di santa ragione, anche utilizzando sedie e rovesciando tavoli. Ovviamente un locale pieno di poliziotti non poteva finire distrutto da una rissa. Fummo afferrati tutti e messi in catene, caricati su delle jeep e portati in una caserma. Chiusi in una stanza con porta a inferriate in attesa d'interrogatorio.

-"Eccomi alle solite – pensai – di nuovo nei guai per una questione di donne ... e quello stronzo è nella gabbia di fronte. L'avrei ...".

Invece mi venne da ridere guardandolo, aveva anche lui la camicia strappata, dei lividi in faccia e non sapevo nemmeno se ero stato io. Per pochi minuti in quel locale erano volate sberle da tutte le direzioni. Si accorse che lo guardavo e anche che stavo ridendo.

Fu un gioco di sguardi, e alla fine prese a ridere anche lui.

Poi tutti lì dentro e sempre più forte, finché le guardie non aprirono la porta sorpresi di sentire le risate. Solitamente le liti continuavano verbalmente e dovevano sedarle con le minacce del manganello, lungo e duro, che portavano alla cintura. Credo che non si fossero mai trovati in una situazione simile.

Il capitano arrivò molto tardi, ma era già informato delle risate e cercò di impressionarmi. Parlava in inglese, ma non credo che non parlasse italiano poiché aveva l'età di chi era stato giovane quando la Libia era italiana, pertanto non è credibile che non ricordasse l'italiano. Voleva solo fare impressione dicendomi che avevo poco da ridere, in Libia l'alcool è vietato e le risse idem. Rischiavo molti anni di carcere e gli altri con me.

Fece entrare il mio "avversario". Parlò con lui in Arabo e vedevo che ogni tanto lo sguardo del capitano tornava su di me. Capii che si chiamava Mohammed e stava raccontando i fatti abbastanza correttamente.

Quando toccò a me, confermai che la bajadera era davvero molto bella e sì, ci avevo provato, ma non volevo offendere nessuno ... del resto, una ballerina va nei locali per essere ammirata e apprezzata ed io apprezzavo! Ma ero stato aggredito e mi ero difeso. Potevo capire la gelosia, ma una donna così bella è anche desiderata, a meno che non resti chiusa in casa o vada in giro velata.

Avevo volutamente toccato corde molto sensibili per un arabo, prima fra tutte la gelosia, che per loro giustifica anche un omicidio d'onore, dato il fascino delle donne, specie di quelle che danzano il racks, di cui vanno letteralmente pazzi!

Confabularono tra loro e alla fine il colpo di scena!

Si aprì la porta ed entrò lei, Shamira. Vestita in maniera castigata, quasi non la riconoscevo, ma con quei capelli e quel sorriso affascinò anche il capitano. Parlò sottovoce, molto soavemente e credo che il capitano s'innamorò al punto da comprendere benissimo perché era scoppiata quella rissa. Lei stava perorando la causa della liberazione immediata del suo uomo. Però, anche se non potevo capire l'arabo, mi sembrava che stesse parlando anche a mio favore e ciò che fece il capitano subito dopo me lo confermò. Infatti, si girò e andò dietro la sua scrivania, aprì il cassetto e vidi che aveva preso un mazzo di passaporti, compreso il mio, grigio verde della Repubblica italiana. Ne diede uno a Mohammed che vidi essere egiziano, e l'altro a me.

-"Vi lascerò andare per questa volta, visto che la causa di tutto questo è una donna bellissima..." – sorrise e si lisciò i baffi dicendo questo, mentre carezzava con lo sguardo i capelli corvini di Shamira.

Uno dei poliziotti ci fece uscire e ci accompagnò fino in strada.

Tripoli di notte era un deserto, niente mezzi pubblici, niente taxi ed io nemmeno sapevo qual era l'indirizzo dove alloggiavo. Fortuna che Giuseppe mi attendeva appoggiato a una palma di quello che un tempo doveva essere stato un giardino, ormai rinsecchito per l'incuria. Shamira mi parlò, anche lei in inglese, erano entrambi egiziani.

"Mohammed ha agito molto male, poteva finire in una tragedia. Permettici di accompagnarti a casa, ho la macchina qui e, a quest'ora, non troverai mezzi a Tripoli".

"Thanks, I gladly accept, ma sono appena arrivato a Tripoli. Dovrò chiedere l'indirizzo a quell'amico, è a piedi, ma sa dove alloggio" – risposi indicando Youssef che si avvicinava.

Il suo sguardo era molto eloquente, aveva avuto paura che fosse tutto finito. Attendeva nella piazza per sapere se doveva dare l'allarme. Solitamente con la tortura tutti finiscono per parlare e lui sarebbe stato il primo a essere catturato e dover seguire tutti gli altri.

-"Meno male che sei venuto Giuseppe - dissi in Italiano - altrimenti non avrei saputo dove andare a dormire. Mi accompagnano loro, in auto, ma dove?"

Scambiarono poche frasi in arabo e Giuseppe mi disse di andare con loro, avevano capito dov'era la casa. Lo invitai a venire con noi, per avere un passaggio, ma rifiutò cortesemente … credo avesse detto che abitava lì vicino. Con un ultimo sguardo mentre mi allontanavo, giurerei che mi stesse implorando di non fare altri casini …

In auto guidava Shamira. Era molto strano per una donna islamica, ma ricordavo che per le danzatrici di racks i costumi comuni facevano delle deroghe. Shamira mi disse che l'indomani aveva organizzato una festa a casa sua e mi avrebbero voluto con loro, per farsi perdonare. Me lo chiese anche Mohamed girandosi per farmi capire che avrebbe avuto piacere anche lui di avermi da loro.

-"OK … Spero, però, che ci siano anche altre ballerine!" - replicai ridendo e suscitando anche le loro risate divertite.

-"Sì, ci saranno delle mie amiche, ma non ballerine, è la mia festa di compleanno".

-"Auguri …" – replicai scendendo dall'auto.

Riconobbi l'ingresso del vicolo con la casa sulla sinistra.

-"Verremo a prenderti qui, domani sera, al canto del tramonto del Muezzin".

La porta era socchiusa, mi aspettavano, ma non vidi nessuno e nemmeno il letto; mi ci buttai, spalmandomici sopra come una

24

sogliola morta e dormii fino al primo canto del mattino. Ecco perché mi dissero che sarebbero venuti al canto del tramonto, anziché l'ora. Avevo il minareto del Muezzin a due passi: impossibile non sentirlo. Non uscii tutto il giorno, mangiai in camera il piatto unico di frittura di pesce che mi portò la donna in nero. Aveva begli occhi e tutto il resto restava un mistero, anche l'età. Faceva un gran caldo afoso e acclimatarsi non era facile. Pochi giorni prima ero in Italia, ancora al fresco della primavera. Restai mezzo nudo tra il letto e il lavandino a cercare un po' di refrigerio con l'acqua, tiepida anche quella, e la pala rotante sopra il letto, l'unica a permettermi di respirare.

Al calar del sole sentii il Muezzin cantare e scesi in strada. Puntuali come svizzeri trovai Mohammed e Shamira ad attendermi. C'era qualcuno con loro, seduto dietro. Sorrisi vedendo una bella mora, anche lei un ricordo dell'Impero e dell'occupazione italiana, perché ci avrei scommesso che si trattava di una donna Eritrea. Era vestita all'araba, ma senza veli. Una lunga tunica turchese fino ai piedi e i capelli, ricci, ma non crespi, afro a incorniciare il volto.

Era bellissima!

E la sua pelle, che sentii dandole la mano, mi dava la scossa.

Restai senza parole e se ne accorsero, perché sorridevano tutti, anche Aisha … questo era il suo nome.

Non potevo toglierle gli occhi di dosso. Non era facile indovinare il suo corpo sotto la Jellaba, ma ci stavo provando: le gambe erano lunghe e i piedi, infilati nei sandali di velluto damascato, erano attaccati a caviglie da gazzella. Le labbra erano scure, senza rossetto, carnose e sensuali come solo le donne dell'ex Africa italiana avevano. I seni li indovinavo sodi, non vedevo i segni del reggiseno, eppure stavano su, rivolti in fuori … verso i miei occhi. Risalendo di nuovo incrociai i suoi e mi sorrise. Non potei fare a meno di fare un gesto con le mani che significava: "… Già, non riesco a toglierti gli occhi di dosso, mi dispiace!"

Shamira ruppe il ghiaccio mentre si dirigeva verso la strada principale, parlò in arabo e non compresi, ma era una battuta su di me che fece sorridere Aisha e vidi quella fila di perle abbaglianti.

Capii il significato della parola "incantato".

Ero rimasto letteralmente incantato dalla sua bellezza.

Continuavo a guardarla e ricordai mio padre: "Babbo, avevi proprio ragione, ora ti capisco …" Babbo Augusto, partito per fare l'Impero, nel '34, in Africa orientale, mi raccontava quelle esperienze, ma alla fine della guerra parlava poco; parlava soprattutto delle donne bellissime che aveva incontrato e conosciuto.

Ne descriveva ogni dettaglio e conosceva anche tutti i clan dalla Somalia all'Eritrea e ai vari territori Etiopi. Quando ne parlava, sembrava tornare nel sogno, a quel tempo. Certo che babbo non era il tipo da aver fatto caso alle leggi razziali del '38, non me ne parlò mai. Deve averle sentite e vissute come cazzate.

Provai a parlare, rivolgendomi ad Aisha:

-"Sei di Tripoli?"

-"No, di Bengasi" – rispose in perfetto Italiano. Domanda stupida ma la feci, facendo finta di non aver capito la sua provenienza.

-"Come mai parli italiano così bene?" - ma stavo pensando a tutt'altro!

-"Mio padre era stato brigadiere degli ascari e alla fine della guerra, venuto qua in Cirenaica con i Carabinieri, decise di restarci. Era originario di un villaggio dell'Eritrea..." – rispose e io sentii che anche la voce era incantevole. Forte e chiara, ma l'avrei definita, più appropriatamente, vellutata!

Arrivammo in una casa isolata, sulla strada costiera che portava alla Cirenaica, di fronte al mare. Una casa tipicamente araba. C'erano diverse auto parcheggiate intorno. Alcuni ospiti erano già arrivati. Entrammo anche noi.

Diedi la mano ad Aisha per aiutarla a scendere e non la lasciai per un bel po'.

Solo dentro la lasciai, a malincuore, ma dovetti farlo perché c'erano altre donne che si avvicinavano per salutarla. Non vedevo l'ora che si allontanassero per restare solo con lei. Non le dispiaceva e questo mi tranquillizzava ... non so cosa avrei fatto se si fosse appartata con qualcun altro.-

Fu Mohamed a capirmi al volo. Si avvicinò e mi parlò guardando Aisha che s'intratteneva con alcune amiche:

-"Aisha è molto bella ed è sola ... Non ha nessuno. È un ufficiale dell'esercito, reparti speciali credo. Non parla mai di questo, ma una volta la vidi in divisa a Tripoli, per questo lo so ... In divisa e col baschetto in testa è ancora più bella" - concluse ridendo e allontanandosi, mentre Aisha si riavvicinava a me.

Giravano bottiglie di whisky e di altre bevande alcoliche,

severamente proibite dal Regime Libico di Gheddafi, ma non sembrava importare niente a nessuno. Eppure sapevo che si andava in carcere per questo e non per mesi, ma per anni, credo cinque.

Non amavo gli alcolici, ma accettai il bicchiere quando lei lo prese e me lo porse. Brindammo sbattendo i bicchieri e senza dir nulla, ma gli sguardi, in occasioni come queste, dicono più di cento parole.

I miei occhi erano incollati alle sue labbra e volevo baciarla. Si girò e andò verso il corridoio alle nostre spalle. La seguii e, quando la vidi aprire una porta, sentii il cuore saltarmi in gola. Voleva stare sola con me ... Era una camera, entrai e lei chiuse a chiave, poi mi abbracciò e mi persi in quelle labbra meravigliose.

Avevo proprio ragione erano vellutate, come la lingua e la pelle della schiena, che stavo carezzando dopo averle calato la zip.

Ansimava e questo mi eccitava ancora di più ... Le sfilai la jellaba e vidi che non indossava reggiseno. I suoi seni erano turgidi e i capezzoli risaltavano neri sulla pelle ambrata. Erano eretti, aspettavano solo me e li raggiunsi mentre frugavo nel suo ventre. Sentivo la lanugine riccia e corta delle donne africane tra le mie dita. Non feci in tempo ad arrivare a baciarli, era caduta sul letto alle sue spalle e volevo solo possederla. Mi strappai la camicia di dosso, calai i jeans e le fui sopra, agli slip pensò lei e il resto restò avvolto nel sogno.

Un sogno fatto di sensazioni mai provate con nessuna donna prima.

Anche gli odori del suo corpo erano inebrianti ... stordivano.

Non uscimmo più da quella camera. Festa? ... Quale festa? Eravamo soli nell'universo e non c'interessava altro che esplorare queste sensazioni.

Non fu facile smettere ... solo la stanchezza poteva riuscire a fermarci.

Ci addormentammo ancora avvinghiati nell'amplesso, subito dopo l'ultimo struggente orgasmo.

Fu la luce del giorno, dalla finestra socchiusa, a svegliarci.

Vidi il suo volto sorridente su di me ... la luce soddisfatta nei suoi occhi.

La pelle del suo viso irritata dalla mia barba ... il bruciore alla vagina pari solo a quello del mio membro e quell'odore acre di umori e di passione ... furono questi a dirci che notte meravigliosa era stata.

Volevo farlo ancora e lei sentì crescere il mio desiderio sul suo ventre. Adesso, sazi, l'avremmo gustato, centellinato come non potemmo fare la notte, nella furia della passione. La sentii mordere i miei capezzoli, anche lei mi voleva ancora.

La voce di Shamira ci svegliò di nuovo ... Rideva, chiamava Aisha e parlarono in arabo tra loro. Aisha mi coprì col lenzuolo e indossò la Jellaba prima di andare ad aprire la porta. Shamira mi guardò sul letto e si mise la mano di fronte al naso con un gesto che non aveva bisogno di traduzioni. Rise rivolta ad Aisha e andò via dopo aver detto qualcosa.

-"Shamira ci ha messo degli asciugamani puliti in bagno e ci aspetta giù per il pranzo tra un'ora" – tradusse mettendosi anche lei la mano sul naso, come aveva fatto Shamira. Lo feci anch'io perché effettivamente il caldo, il sudore e gli umori di entrambi erano diventati insopportabili.

Facemmo una bella doccia e carezzare quei corpi che ci avevano fatto godere così tanto non poteva non spingerci ancora a riprovare quelle sensazioni, l'acqua fresca aiutava e lo rifacemmo, lì, in piedi, sotto la doccia.

Quelli che raggiunsero gli ospiti in sala da pranzo non erano gli stessi che erano arrivati ieri notte. Non mi ero mai sentito così calmo e sereno, appagato e non ero il solo, anche Aisha aveva quello stesso sentimento stampato sul volto.

Eravamo entrati in salone tenendoci per mano, senza nemmeno rendercene conto.

Ci guardarono entrambi sorridenti e dissero qualcosa in Arabo. Aisha mi guardò e disse: "… dicono che sembriamo innamorati…"

Sorrisi, ma fu l'unico commento. Non ero stato mai innamorato allora, perché non mi ero mai sentito così, eppure di donne ne avevo avute e nessuna che non mi fosse piaciuta e che non avesse condiviso notti di fuoco con me, ma … non così.

-"Forse hanno ragione …" – costatai guardando Aisha.

Mangiammo di gusto, eravamo affamati e sfiancati.

Col the, non alla libica per fortuna, Shamira ci propose di restare lì qualche giorno. Loro dovevano andare a ballare nei locali a Bengasi, troppo lontano per tornare lì a dormire. Sarebbero tornati alla fine della settimana, c'era da mangiare e potevamo approfittarne. Aisha era in ferie ed io? Io ero liberissimo. Tra una settimana mi sarei fatto vivo in quella casa; fino a quel momento, niente era più importante di questo, pensai guardando Aisha.

Una settimana soli in quella casa sul mare, lontano da tutto e tutti.

-"Dio è grande e mi ama!" – dissi, facendo ridere tutti.

Furono giorni indimenticabili. Giorni che valgono una vita intera.

Ma finirono, come tutto. Tutto ha fine e quella settimana passò.

Facemmo lunghe passeggiate sulla spiaggia. In Libia non c'è il culto dei bagni a mare. Una spiaggia così, in Italia avrebbe offerto ben pochi spazi a una coppia. Noi, invece, l'usammo come un'alcova anche in pieno giorno, sicuri di non essere visti da nessuno. Ci siamo amati sul bagnasciuga, sotto il sole al tramonto e nel bagno di mezzanotte. Immersi nell'acqua del mare con le sue gambe avvinghiate a me, senza pensare ad altro che a questo mistero: l'amore.

Passeggiando pacati abbiamo anche parlato, ci siamo confidati molte cose di noi, ma certo non tutto. Almeno, io non potevo! Le dissi che ero un ufficiale della marina mercantile, un macchinista navale, che attendevo l'arrivo del mercantile sul quale dovevo imbarcare a Tripoli per ripartire. Le proposi di partire con me, l'avrei nascosta a bordo. Ma rifiutò l'idea. Aveva gli anziani genitori che sarebbero morti di crepacuore. Inoltre lei era un militare e non poteva disertare. Sapeva che era difficile avere i permessi di espatrio, anche se era per sposarsi e che era ancora più difficile avere i permessi, per una musulmana, di sposare un Cristiano.

Insomma, talmente tanti ostacoli sul desiderio di stare insieme che decidemmo di non parlarne più, per non rovinarci la serenità di quei giorni, ma il pensiero stringeva il cuore come in una morsa e man mano che si avvicinava il momento di ritornare alla realtà, era sempre più difficile cacciarlo.

Fu l'ultima sera che le chiesi, se mi amava, di lasciare tutto e venire via con me.

Il giorno prefissato per la partenza l'avrei avvertita, l'avrei fatta salire a bordo con me per una visita e l'avrei nascosta nella mia cabina. Quando si fossero accorti della sua scomparsa, saremo stati già in alto mare e non ci saremmo lasciati più.

Folle come piano? Non direi. Quanti avevo esfiltrato dalla Libia o dall'URSS con lo stesso metodo? Sarebbe stato facilissimo se Aisha avesse voluto.

Ma lei non voleva lasciare tutto per me e, semmai, chiedeva a me di lasciare tutto per lei. Posizioni inconciliabili che, se non avessimo trovato un modo per superarle, ci avrebbero separato per sempre, con la stessa rapidità con cui ci eravamo trovati.

Dubbi Amletici ... cercavo una possibile soluzione ma non la trovavo.

L'unica possibile era che lei facesse quel che le avevo chiesto, disertare.

Per me restare in Libia era impossibile ... vivere in quell'arretratezza medioevale era improponibile. Che cosa avrei fatto in Libia? ... No, escluso! Dovevo convincerla e ci avrei provato insistendo fino all'ultimo.

I giorni che seguirono ci allontanarono dall'eden. Le contraddizioni spuntavano come funghi dopo la pioggia, ogni volta che toccavamo un argomento diverso dallo "you & me". Era incredibile per me sentirla e vederla accalorata nel difendere il dittatore libico, come se fosse una specie di eroe nazionale. Non potevo lasciar correre, anche se a volte avrei dovuto ... come quando le raccontai quello che sicuramente ignorava e che portò a numerose vittime delle stragi compiute in suo ordine in Italia.

-"Nel 1969 dell'era Cristiana, entrambi eravamo ragazzini. Nel mese di luglio 1969 gli astronauti Americani mettevano piede sulla Luna e, un mese dopo, in Libia, i militari presero il potere cacciando il Re Idriss Al Senoussi. Tra questi anche Gheddafi, che era un semplice sergente. Poi, stranamente, fece una rapida ascesa e si ritrovò colonnello al posto dei colonnelli veri che guidarono il Golpe. Fu il KGB a sceglierlo e a spianargli la strada: solo così si poteva spiegare la carriera fulminea che fece in pochi mesi. A settembre 1969 ordinò la confisca dei beni della comunità Italiana in Libia e cercò anche di mettere le mani sui denari da questi depositati nelle banche Italiane che avevano una loro agenzia a Tripoli e Bengasi, tra cui la Banca Nazionale dell'Agricoltura e la Banca Commerciale Italiana. Quando scoprì che i fondi degli Italo - libici non erano più in Libia, ma trasferiti nella sede Italiana, cominciò a minacciare azioni terroristiche e, a Dicembre 1969, commissionò a gruppi anarchici le stragi di Piazza Fontana, nella Banca Nazionale dell'Agricoltura, alla Banca Commerciale che non esplose e all'Altare della Patria a Roma, museo del risorgimento e ministero della Difesa..." – dissi una sera a cena, mentre finivo di preparare una spaghettata ai frutti di mare, stufo com'ero della cucina araba.

-"Ma cosa dici? Gheddafi è un padre per tutti noi! Non avrebbe mai fatto niente di simile. Lui vuole che gli italiani paghino i danni che ci hanno fatto con la colonizzazione. Ci sono migliaia di morti che chiedono giustizia. Ogni libico sa che il Generale Graziani fece deportare intere tribù, accusandole di dare sostegno ai ribelli Senussiti. Furono deportate e lungo la marcia molti morirono e altri finirono per morire nei campi profughi per fame o epidemie. Moltissimi furono deportati in Italia e non tornarono mai più. Ogni famiglia in Libia ha un parente morto in questo modo o fucilato dagli Italiani…" – rispose lei.

-"Tu torni indietro a quella che fu una politica coloniale sbagliata, è vero. Ma non sei obiettiva se dimentichi che questa stessa città è stata costruita interamente dagli Italiani. Quando c'erano i Turchi, qui non c'erano fogne, né acqua corrente e la città era poco più che un agglomerato di tende di nomadi, alla periferia di un forte con qualche casa intorno al porto. Il Governo italiano fece le infrastrutture necessarie a costruire una nazione. Non c'erano strade, solo piste e non c'erano ferrovie; fecero anche quelle e si può dire che costruirono letteralmente la Libia che, sotto i turchi, non era nemmeno unita, ma divisa in tre province indipendenti, Cirenaica, Tripolitania e Fezan. Non rammenti i villaggi e le fattorie coloniche fatte costruire dal Governo Italiano e il lavoro dei coloni Italiani che inventarono dal nulla un'agricoltura in Libia. Col denaro degli Italiani … Non c'era il petrolio a quel tempo! O meglio, c'era, ma non era stato ancora scoperto. Il Governo Italiano scavava pozzi per dare acqua a tutti e per irrigare i campi … Che cosa ha fatto più di questo Gheddafi, con tutto il Petrolio che sta vendendo? Io vedo miseria dappertutto e, a Bengasi, ho visto, nonostante siano passati quasi quarant'anni dalla fine della guerra, ancora oggi le rovine, le macerie dei bombardamenti! Il Palazzo del Governo a Tripoli è ancora la vecchia Casa d'Italia, costruita dagli Italiani con denaro italiano e i giardini rinsecchiti che si vedono in città erano verdi e rigogliosi quando c'erano gli italiani a curarli … – ribattei, insistendo sulla strategia del terrore di Gheddafi – La verità su piazza Fontana e dintorni è quella che ben conosco. Ascoltala tutta fino in fondo prima di ribattere. Posso persino ammettere che sono stato ingannato con informazioni false, se però me lo dimostri.

La verità su Piazza Fontana e le altre bombe del dicembre 1969 che diedero il via alla strategia della tensione in Italia è facile da capire, se si smette di inzupparci la politica sopra. In Italia tutti dietro la pista nera, costruita dagli amici del Colonnello. Quelli che si sono organizzati per fare affari petroliferi con lui e avevano interesse a nascondere le sue azioni in odio all'Italia.

Gli affari, specie se da fare in nero, hanno bisogno di discrezione e di tranquillità. Sembra ormai un paraponziponzipò! ... Col massimo rispetto delle vittime e di quanti, incolpati come autori, si sono visti la vita distrutta da inchieste prima mediatiche e poi anche giudiziarie durate più di una vita. Ancora adesso, a quarant'anni dai fatti, il mistero in Italia è fitto .... O no?

No, per Dio! Non lo è mai stato. – dissi affettando i pomodori – ...Sì, ci mettiamo anche il peperoncino, ma poco. Piace anche a me, purché non si esageri! .... Voilà! ... Si è voluto tenere tutto nel mistero per evitare di disturbare certi affari e permettere dubbie situazioni politiche che, senza quella costruzione deviata dei fatti, non avrebbero avuto modo di essere.

Ma non voglio polemizzare anch'io con le inchieste! Farlo, oltretutto, sarebbe un lavoro da archeologi e tu, non conoscendo i risvolti di certe cose non capiresti nemmeno di che parlo. Io penso sempre che riaprire indagini di trenta o quarant'anni fa sia fare archeologia, perché per la Giustizia è troppo tardi. Coloro che sono morti, hanno smesso di chiederla e non resta che farlo per amore di verità. Quindi stiamo facendo solo un ragionamento sereno sui fatti, a patto che questi siano veri, non costruzioni mediatiche e interessate. A noi a che servirebbe? Ci stiamo confrontando, no? *La verità vi renderà liberi!* Bella frase, ma poco ascoltata. Con la verità si è liberi di chiudere con un passato di tradimenti che è ancora tutt'intorno a noi e sta uccidendo la Patria, la nostra Italia. Una situazione voluta da uno Stato che non vuole essere identificato come responsabile dei dolori e delle tragedie Nazionali.

Lo Stato non è la Patria. Lo Stato è solo uno strumento che i cittadini di una stessa Nazione si danno per avere servizi comuni quali la Giustizia, l'Istruzione, la Sanità, la viabilità la sicurezza e, in alcune forme di Stato, le Poste e Telecomunicazioni ed, infine, una forma di governo giusta.

Ribadisco, però, che tutto questo non è la Patria!
La Patria è, per dirla con Verdi ... conosci Verdi? Il Musicista? ... la
Patria è le auree dolci del suolo natal!
La patria è la gente che ci circonda, le nostre famiglie, i nostri ideali,
le campagne, i monti, le colline, le coste, i nostri padri e madri, gli
avi, i nostri martiri, la nostra storia millenaria, che con questo Stato
non ha niente a che vedere.
Il grande inganno è far credere che lo Stato sia la Patria e perciò
debba essere immutabile e sacro. Non è così! Quando cadde lo Stato
Zarista, in Russia nel 1917, non cadde la Patria Russa, cambiò
semplicemente la forma di Stato. Chi lo controllava prima fu
eliminato, e così fu quando cadde lo Stato del Regno di Francia, in
seguito alla Rivoluzione francese. Il suo Regno si dissolse come
neve al sole, ma i sudditi divennero Cittadini Francesi e non
restarono senza Patria. Rinacquero, non senza sofferenze, in un
nuovo Stato, ma con la stessa Patria. Le Patrie vere, non vengono
mai meno e continuano a tenere uniti i popoli anche quando gli stati
falliscono, crollano sotto il peso della loro corruzione.
Il concetto mi pare chiaro e di facile comprensione, non trovi? –
dissi guardandola, per vedere se seguiva e, vedendola attenta
continuai, mentre prendevo la padella con i frutti di mare dal fuoco
per sgusciarli una volta aperti – Dunque, perché in Italia sembra un
assurdità parlarne? Perché qualcuno che controlla lo Stato fin dai
tempi del Golpe del '78, ha interesse contrario acchè se ne discuta e
si metta in dubbio la legittimità di uno Stato ad assumere le vesti di
Patria. Ma torniamo all'argomento: la verità su Piazza Fontana e
sulla strategia della tensione e il ruolo di Gheddafi in tutto quel che
accadde. Parliamo di Gheddafi e dei suoi compari Italiani!
La bomba alla banca dell'agricoltura di piazza Fontana a Milano è
rimasto uno dei grandi misteri Italiani e i colpevoli, o meglio coloro
che furono identificati come tali, non sono stati identificati e, i veri
colpevoli, mandanti ed esecutori, sono rimasti ancora ignoti, ma è
davvero così? Vediamo: intanto occorre dire che le bombe furono
cinque e non una sola; scoppiarono in maniera sincronizzata tutte
quella stessa mattina a Roma e a Milano .... Sì, cinque! - ripetei alla
sua sorpresa - A Milano ne esplose solo una un'altra rimase inesplosa
nella sede della Banca Commerciale Italiana, in Piazza della Scala,
simbolo del mondo economico Milanese, una delle Banche cui

Gheddafi chiedeva che restituisse i fondi versati dalla comunità Italiana nelle agenzie di Tripoli e Bengasi. Cosa impossibile da attuarsi. Le Banche rispondono dei versamenti dei clienti solo ai clienti, è una questione di Diritto, anche se capisco che a Gheddafi questa parola suoni incomprensibile! - aggiunsi con una smorfia di disprezzo e continuando senza darle il tempo di replicare - L'ordigno difettoso venne fatto brillare, anziché mettere all'opera esperti artificieri che, in Italia, sono riconosciuti tra i migliori al mondo, in modo da poter identificare il tipo d'esplosivo e altri possibili indizi sulla provenienza dei meccanismi d'innesco. Intanto l'esplosivo plastico avrebbe potuto essere TNT-T4, lo stesso usato per tutte le altre stragi su treni e stazioni e per attentati di varie organizzazioni terroristiche come l'IRA e l'ETA ... o da Gian Giacomo Feltrinelli? La risposta è si! Ma andiamo per ordine.

A Milano, 12 dicembre 1969, alle ore 16.37, a piazza Fontana, 17 persone furono uccise e 88 ferite nella Banca Nazionale dell'Agricoltura. Dopo quarant'anni è incerta pure la quantità di esplosivo che fu utilizzato. Due chili di plastico, secondo le perizie, devastarono la sala sportelli, causando feriti due piani più su, all'esterno e persino nel ristorante dietro la banca. L'esplosivo costa, come ben sai, e una quantità contenuta non tradisce l'ombra d'un dovizioso finanziatore. Ma fu davvero così poco l'esplosivo usato? Io ne dubito, visti i danni che ha provocato anche alle murature e il cratere sul pavimento della banca. Sono stato militare e ricordo cosa dicevano sugli esplosivi ai corsi ... Sii ... di leva, in Marina" – precisai prontamente alla sua sorpresa, ripromettendomi di stare più attento ... o finivo per dirle anche dei corsi a Capo Marrargiu.

-"Perché ridi? ... - disse guardandomi.

-"Perché non si fa così ... guarda: devi prendere una valva e la usi come paletta per staccare il frutto dall'altra valva ... E' facile vedi? Tu le stai massacrando! - continuai ridendo, cogliendo l'occasione per "depistarla" dal mio errore - Pensa che sulle inchieste delle bombe del Dicembre 1969, Renato Curcio, capo delle BR ebbe a dichiarare: «Piazza Fontana e l'omicidio Calabresi sono andati in un certo modo e, per ventura della vita, nessuno più può dire come sono realmente andati. C'è stata una sorta di complicità tra noi e i poteri che impedisce ai poteri e a noi di dire che cosa è veramente successo». La sua complicità con «i poteri», ovviamente, protegge quelli della sua parte. Pietro Valpreda, anarchico, principale imputato per l'attentato alla Banca Nazionale dell'Agricoltura del 12 dicembre 1969, assolto con formula dubitativa per ben tre volte, davanti a giurie diverse.

I familiari di Valpreda, in particolare la zia Rachele Torri, avallarono il suo alibi. Tre diversi processi non cancellarono l'accusa di falsa testimonianza.

Il reato cadde in prescrizione ... tipico della giustizia italiana.

La sentenza del processo d'appello bis sull'alibi di Valpreda dichiarò: «Carente di prova, fondato com'è sulla dichiarazione di Valpreda e della zia, Rachele Torri, quest'ultima palesemente compiacente e contraddittoria».

Cornelio Rolandi, sindacalista della Cgil e tesserato del Pci, il tassista che riconobbe in Valpreda il terrorista trasportato a Piazza Fontana quella mattina, poco prima dell'esplosione, subì un linciaggio bestiale, analogo a quello patito da Leonardo Marino, il teste chiave contro Adriano Sofri. Ebbe più paura lui a continuare a dire di aver portato Valpreda col suo Taxi in piazza Fontana, davanti alla Banca, con la borsa in mano poco prima dell'esplosione, che lo stesso Valpreda ad essere arrestato e accusato della strage.

La sentenza dubitativa fu scritta 17 anni dopo la strage, altrettanti anni di stampa a senso unico: colpevoli i neofascisti, innocenti gli anarchici, anzi capri espiatori.

Chi oggi tarantola per il giustizialismo, in Italia, in quei giorni caldeggiò la legge su misura per scarcerare Valpreda.

Fu un'operazione d'intelligence in tre fasi. La prima bloccò le indagini sugli anarchici. La seconda costruì la «pista nera». La terza, infine, iniziò la manipolazione dei testimoni e i media a sostegno del teorema giudiziario. Risultato: «Nessuno è stato!», oggi chiosano cercando responsabilità dove san bene di non trovare nulla. I parenti delle vittime cercano giustizia, o almeno verità, ma la chiedono a chi l'ha negata finora!? E sperano di poterla avere? ... Assurdo!?

Bè, è ciò che accade normalmente in Italia.

Direzione del Partito Comunista italiano del 19 dicembre 1969, presieduta da Enrico Berlinguer. Riferiva Sergio Segre, condirettore dell'Unità, il Giornale dei Comunisti Italiani: «Ieri sera ho parlato con un compagno del Psiup, Calvi (l'avvocato Guido, legale di Valpreda). Calvi ha condotto una sua indagine parlando con gli amici del gruppo «22 marzo». L'impressione è che possono averlo fatto benissimo. Gli amici hanno detto: "Dal nostro gruppo sono stati fatti attentati precedenti. Ci sono contatti internazionali. Valpreda ha fatto viaggi in Francia, Germania, Inghilterra. Altri hanno fatto viaggi in Grecia. Alle spalle che cosa c'è? L'esplosivo costava 800 mila lire dell'epoca, il 1969, e c'è uno che fornisce i quattrini. I nomi vengono fatti circolare».

In quelle ore il facoltoso Giangiacomo Feltrinelli che tu non conosci, era un miliardario Italiano, innamorato di Fidel Castro, si dette indisturbato alla clandestinità. La stampa Italiana fece quadrato intorno agli anarchici, Lotta Continua e Adriano Sofri in testa.

Ci fu tuttavia un'indagine che non giunse in un vicolo cieco. La condussero le Brigate Rosse e conclusero che i responsabili di piazza Fontana furono proprio gli anarchici. Le carte di questa indagine, trovate dai carabinieri del generale Dalla Chiesa nel covo di Robbiano di Mediglia, l'11 ottobre 1974, non sono mai state esaminate in giudizio. Le BR non le divulgarono con i loro volantini, proprio perché risultavano responsabili di quelle stragi gli anarchici, ma chi aveva fornito agli anarchici, soldi per gli spostamenti e tutto quell'esplosivo?

L'integerrimo commissario Luigi Calabresi, su ordine di "ignoti", fu ucciso il 17 maggio 1972. Calabresi indagava sulla morte di Gian Giacomo Feltrinelli, morto in un incidente con l'esplosivo il 14 marzo. Stava minando un traliccio dell'Enel da far saltare in aria.

Fu dichiarato, ovviamente, che era stata una simulazione, che era stato messo li e poi ucciso da chi voleva far credere che era un terrorista dinamitardo. Lui, amico di Fidel Castro, che prima di andare al potere aveva fatto esplodere decine di bombe tra la popolazione civile a Cuba, che finisce in una trappola simile?

E organizzata da chi … se erano loro a mettere le bombe?

Due bocche chiuse per sempre. Nonostante le deviazioni e il tempo trascorso, Piazza Fontana come alibi del terrorismo rosso, tuttavia nato ben prima, è meno credibile dell'alibi di Valpreda.

Certamente il commissario Calabresi doveva essere ucciso perché era certo che fu Valpreda e gli Anarchici del circolo della Ghisolfa, di cui faceva parte anche Pinelli, a piazzare quelle bombe. Per depistare davvero efficacemente quelle stragi e costruire la strategia della tensione in Italia, utilizzabile politicamente, era necessario eliminarlo e fu fatto.

Pinelli? ... ormai pare certo che non fu il commissario Calabresi a gettarlo dalla finestra, sempre che non sia vero che si suicidò quando seppe quanti morti aveva provocato la bomba di piazza Fontana che, al pari delle altre, doveva fare solo rumore, come gli anarchici speravano di ottenere.

Inoltre, non è detto che come leader del circolo anarchico di cui faceva parte Valpreda, fosse necessariamente informato di quell'azione.

Gli anarchici agiscono anche in maniera individualista, non hanno un capo vero e proprio. Ma per la ricerca della verità è sempre controproducente soffermarsi su inchieste che non portarono a nulla.

Per capire occorre attraversare il mare e vedere cosa succedeva altrove, in quel dicembre 1969... Cioè venire qui, proprio dove siamo noi adesso! Ecco, ora ci vorrebbe una bella annaffiata di vino bianco, ma chi ce la dà? Gheddafi non vuole! – dissi sollevando le mani sopra la padella che cuoceva al punto giusto per la spruzzata di vinello, facendola ridere.

-"Sì, il vino non si trova facilmente, ma si trova! E' troppo caro però. Pochi se lo possono permettere" – rispose sconsolata.

-"Il 1 Settembre 1969, in Libia, i giovani colonnelli dell'esercito libico rovesciarono la corrotta monarchia di Re Idriss, che si rifugiò in Egitto e presero il potere. Gheddafi non era tra loro, non era un Colonnello, dicono fosse, in realtà, un semplice sergente. Questa però può essere una denigrazione dei servizi segreti occidentali, tuttavia, con la rivoluzione divenne anche lui uno dei colonnelli e, in brevissimo tempo, rimase l'unico Colonnello al Potere.

In Libia, una volta al comando, inaugurò la stagione dell'odio verso l'Italia e gli italiani. Subito chiese il risarcimento dei danni dell'occupazione Italiana al Governo Italiano e non ottenendo risposte soddisfacenti iniziò con le minacce e le parole che sistematicamente usava erano: *"Conoscerete il significato della parola terrore!"* Proprio così, ad ogni celebrazione della Rivoluzione, da quel 1969 in avanti, ripeteva minacce verso l'Occidente e verso l'Italia in particolare. Nel frattempo, però, non interrompeva gli affari che lo portavano ad avere in Italia un vero e proprio partito di suoi sostenitori; persone che finanziava e con cui trattava affari petroliferi, anche durante l'embargo dovuto al sostegno economico e logistico evidente che dava alle organizzazioni terroristiche. A Tripoli aveva, ed ha, uno dei suoi covi più protetti lo stesso Sciacallo, il capo della Separat, la rete di terroristi organizzata da Mosca e con la quale si sostenevano tutte le organizzazioni terroristiche in Europa occidentale e medioriente. Gheddafi forniva anche il materiale esplodente, Semtex, o TNT-T4, esplosivo plastico di produzione Cecoslovacca.

Ebbene, come primo atto di quella presa del potere, Gheddafi, ben protetto dagli uomini del KGB che attraverso lui presero il controllo sulla Libia. Anche se non ufficialmente, perché la Libia si è dichiarata sempre paese non allineato ...come Cuba! – precisai facendole l'occhiolino e calando la pasta, spaghetti n.5 – A quel punto, poiché nemmeno la raffica di bombe del Dicembre '69 aveva avuto effetti, decretò l'espulsione di tutti gli Italiani di Libia e il sequestro di ogni bene, denaro, terre e case, oltre alle attività commerciali ... Tutto!

Gli italiani, molti nati in Libia, furono accompagnati agli imbarchi senza nemmeno effetti personali.

Di fatto, a sostenerlo in questo suo odio verso gli italiani ci fu suo cognato, il Colonnello Jalloud, uomo del KGB addestrato a Mosca, alla Lubianka, Università Patrice Lumumba, che divenne capo dei Servizi segreti Libici i quali, grazie a quei contatti con uomini corrotti e traditori, finirono per poter fare il bello ed il cattivo tempo in Italia.

Un odio davvero profondo e palpabile, da quel momento in avanti, per chiunque abbia avuto modo di entrare in Libia in quegli anni, ma anche oggi. Dunque, facendo il punto, come primo fatto, dal 1 Settembre 1969, abbiamo un regime a noi vicino e molto ricco, visti i pozzi petroliferi di cui disponeva, che ci odiava di un odio molto simile a quello che Hitler provava per gli Ebrei di Germania e d'Europa. Capace di deportare un'intera popolazione, quella di origine italiana, che trovandosi in Libia dal 1911, era già di seconda o terza generazione.

Erano nati in Libia e, per convenzione internazionale, erano da considerarsi libici a tutti gli effetti, come Gheddafi può essere considerato italiano, giacché è nato quando la Libia era italiana.

L'odio di Gheddafi, però, non permetteva ragionamenti sui diritti umani. Era già molto che si accontentasse di espellere gli Italiani privandoli del frutto del loro lavoro, senza campi di concentramento e genocidi. Forse solo perché temeva la reazione internazionale, non credo per motivi umanitari, visto come ha trattato gli oppositori libici al suo regime negli anni successivi.

Torniamo alle bombe in Italia, di pochi mesi dopo questi semplici fatti.

Una terza bomba esplode a Roma, sai dove? Nel passaggio sotterraneo che collega l'entrata di Via Veneto con quella di Via di San Basilio della Banca Nazionale del lavoro, facendo tredici feriti. Nessun morto per fortuna, ma fu solo fortuna … Conosci Roma, darling?" – Domandai, mescolando la pasta e sentendo se era cotta.

-"No, l'ho vista in Tv e qualche foto sui giornali" - rispose.

-"Bene … Allora se deciderai di venire sul mio yacht ci staremo non meno di un mese. Te la farò conoscere tutta, è bellissima!" – approfittai, scherzando sulla natura della nave che avremmo dovuto usare per lasciare la Libia.

-"Ma … non dovrai restare a bordo per lavorare? …" - chiese lei.

-"Intelligente… – pensai e replicai subito – Infatti, ma questo se tu deciderai di non venire. Se deciderai di seguirmi, sbarcheremo assieme al primo porto e raggiungeremo Roma. Chi avrà voglia di lavorare avendoti a portata di mano?"

Sorrise a queste parole ed io mi ripromisi, di nuovo, di stare più attento! Era lei che mi disarmava. Non mi ricordavo, bella com'era, che si trattava di una militare libica, un Ufficiale dell'Esercito di Gheddafi.

-"Altre due bombe scoppiano nella capitale poco dopo, alle 17:30. Una all'Altare della Patria e l'altra al museo del Risorgimento in Piazza Venezia. Entrambi simboli evidenti della Patria Italiana, non ti pare? Queste altre bombe fecero quattro feriti, anche questo per semplice fortuna. Poteva esserci una folla in quel momento e sarebbero state altre stragi.

Esattamente, dunque, cinque bombe, cinque attentati, concentrati nello stesso giorno ed entro 53 minuti gli uni dagli altri per colpire Milano e Roma i simboli del potere economico e politico Italiano.

E questo subito dopo avere espulso gli italiani dalla Libia, sequestrando ogni loro avere e avanzato le richieste di indennizzo per i danni dell'occupazione. Non ti sembra ovvio pensare che delle indagini corrette avrebbero dovuto prendere quella direzione?

Almeno per ciò che riguarda i mandanti e i finanziatori di quegli attentati? Gli esecutori potevano essere stati, come pensava Calabresi, ma persino le BR, gli anarchici! Opportunamente finanziati ed equipaggiati di esplosivi qualsiasi anarchico si fa tentare dal piazzare dell'esplosivo sui simboli del potere che odia. Hanno sempre agito così, non è una novità.

Fermo restando che il regime libico, come la storia successiva ha dimostrato, ricostruita attraverso le inchieste fatte da altre nazioni europee non depistabili come nella nostra, non avrebbe bisogno di ricorrere a circoli anarchici per piazzare bombe su treni, aerei, stazioni e piazze ... aveva mezzi e uomini a disposizione per farlo da solo. Ma volendo restare insospettabile, affidare in appalto agli anarchici italiani quegli attentati era la scelta ottimale.

Infatti, in Italia, i media, questi sì deviati, si sono gettati a pesce a costruire la pista neofascista. Oggi appare tutta inverosimile, ma a quel tempo, i circoli di sinistra e le sedi dei partiti della sinistra, erano impegnatissimi ad allontanare i sospetti stragisti dall'aerea di sinistra, di cui gli anarchici facevano comunque parte nell'immaginario collettivo. Avevano già avuto un bel problema con Feltrinelli, la sua stretta amicizia con Fidel Castro e la sua passione per le bombe, dopo che fu trovato esploso mentre minava quel traliccio dell'Enel, magari avevano in programma di imputare quell'attentato agli estremisti del Sud Tirolo ... anche loro di destra!

Così si ebbe l'abbandono dell'inchiesta sugli anarchici, le intimidazioni del testimone, peraltro iscritto al PCI, il taxista che aveva riconosciuto l'anarchico Valpreda mentre si recava nella banca, poco prima dell'esplosione e nessuno che si chiedeva che interesse potesse avere un taxista di sinistra ad accusare un anarchico: Misteri Italiani! Probabilmente ricevette pressioni anche dai suoi compagni per rendere i suoi ricordi meno chiari e l'inizio dell'interminabile inchiesta sui neofascisti, del tutto improbabili come attentatori dei monumenti nazionali, sacri ai neofascisti più che a chiunque altro. Ma come si può pensare che dei neofascisti, che facevano dello Stato un feticcio, avessero potuto considerare di mettere delle bombe sull'Altare della Patria e sul Museo del Risorgimento? Proprio perché era del tutto inverosimile, la stampa Italiana nicchiò sulle altre bombe, se ne parlava pochissimo e sempre meno, fino a farle scomparire dall'immaginario collettivo.

Tutto rimase incentrato sulla bomba alla banca di Milano e così siamo rimasti!

Sinistra contro destra, impegnati in accuse reciproche, mentre il grande vecchio del terrorismo italiano a Tripoli si beava del caos e del terrore in cui ci gettava di quando in quando, reiterando le sue pretese risarcitorie, mentre concludeva lucrosi affari in nero con i traffici dei petroli, organizzati con chi non disdegnava di trattare con i suoi emissari. Degni cultori del vecchio detto Latino: *pecunia no olet*! Il denaro non puzza!

Questa situazione non è cessata, anzi, è proseguita con conseguenze sempre più nefaste per il nostro popolo: stragi nelle strade, il sequestro di Aldo Moro, "il Golpe Italiano perfettamente riuscito", bombe sui treni, bombe nelle stazioni ... Sempre pretendendo, inascoltato, il risarcimento dei danni dell'occupazione Italiana. Ma... Avrà avuto ragione a pretenderli? ... Io dico no!

Non come Stato libico. Anzi, lo Stato libico doveva risarcire a quello italiano tutti gli investimenti fatti in Libia, perché così sarebbe stato giusto. Invece, alle famiglie che avevano avuto morti da deportazioni, vittime della repressione violenta del Generale Graziani sì! A quelle erano dovuti, eccome! I rapporti Italia-Libia e la sua pretesa dei danni è storia controversa, meglio soprassedere e mangiarci questa bella spaghettata allo scoglio!" – dissi, mettendo sul tavolo la padella e impiattando.

-"Un profumo davvero erotico ... – dissi annusandoli con un sospiro e continuando - Ma è certo che il gran maestro d'orchestra del terrore in Italia era lui e che è stato abilissimo nel suo ruolo. Infatti, oltre ad essere rimasto impunito in Italia, si spaccia per leader rivoluzionario della Jammairiyah, la famiglia Araba, come fosse un buon padre, mentre, invece, si arricchisce vendendo il petrolio libico, ufficialmente ed anche in nero e costituendo fondi e aprendo conti in paradisi fiscali a suo nome, non certo a quello della Libia. Verso l'Italia dispone di un potere di corruzione enorme; con tutto quel denaro potrebbe persino riuscire a governarci come dei burattini. Siamo addirittura incapaci di fare almeno qualche indagine verso di lui, se non contro, magari solo per indagare e verificare certe piste che saltano agli occhi. La magistratura italiana, per esempio, già da subito dopo l'esplosione a Bologna, fu deviata dalle dichiarazioni del Presidente del Consiglio, Francesco Cossiga, che andò in piazza della stazione a dire davanti ai media: *"E' una bomba fascista!"* ... Ma come poteva saperlo lui, se ancora ci si chiedeva se era stata una bomba o una caldaia esplosa?

Il capo della Polizia, Parisi, sapeva e non era il solo, che quella notte in un Hotel davanti alla stazione di Bologna ci aveva soggiornato Thomas Kramm, un noto terrorista Tedesco, membro della Separat, guidata dallo Sciacallo la quale, come ti dicevo, aveva uno dei suoi covi più protetti a Tripoli ... Più chiaro di così!

Una cosa è certa, dal suo punto di vista occorre fare i complimenti al Colonnello, diabolico e geniale, ma la genialità nel commettere queste azioni non è sua, ma del cognato, il colonnello Jalloud, capo dei suoi servizi segreti e laureato in Intelligence alla Lubianka, la scuola del KGB.

Lo stesso che si faceva ricevere, nei primi mesi del 1980, dichiarandosi Ministro degli esteri libico, nei palazzi di Governo Romani, dal Presidente del Consiglio Cossiga e dal Ministro degli Esteri Andreotti, che lo consideravano un uomo molto affabile, elegante e cordiale.

Lo credo bene ... cordialissimo! ... Ah ah ah ah.

Fu certamente così che riuscì a farsi consegnare la lista dei rifugiati libici dissidenti dal regime di Gheddafi, che furono, alcuni ammazzati a Roma, altri portati in Libia, dove subirono torture e morte. Persone che erano state rifugiate in Italia, perché erano democratici che si opponevano al regime tirannico del Colonnello Gheddafi.

In un paese normale, questo, non sarebbe da considerare un tradimento?

Nell'Italia dei *"misteri"* no, è del tutto normale, non fa nemmeno notizia!

Del resto, cosa possiamo pretendere da un sistema di informazione che vive di sovvenzioni pubbliche. Noi tutti in Italia paghiamo anche i giornali che non leggiamo, come pensare che un sistema d'informazione, con direttori pagati cifre ingiustificate dagli incassi di vendite e pubblicità, grazie a personaggi che dovrebbero controllare per noi, il popolo Italiano, possa davvero effettuare il suo ruolo democratico di controllo e corretta informazione?

Quella della ragione e della logica di fatti storici che raccontano da soli le verità ... a chi vuole ascoltarle.

Tutte le vittime delle stragi impunite, in Italia, sono vittime di guerra, di quella Guerra definita Fredda, perché mai dichiarata, per evitare i coinvolgimenti delle superpotenze con i loro arsenali nucleari che avrebbero distrutto il mondo.

Si doveva evitare l'apocalisse nucleare che si è sfiorato più volte.

Per chi l'ha combattuta, però, è tutt'altro che fredda. Sono anni davvero roventi questi e si deve accettare tutto, anche morire in silenzio ... ma non il tradimento.

Questo non dev'essere accettato mai!

Essendo rimasto impunito, dunque, in piazza Fontana si è consumato un delitto perfetto? ... Io credo di no ... a me pare che le prove per processare autori e mandanti ci fossero tutte e pertanto non si è trattato di delitto perfetto, quello che non lascia tracce che indichino gli autori, ma di tradimento.

Tradimento della verità e tradimento della giustizia, oltre che tradimento della Patria, da parte di alcuni ...

Un processo vero e imparziale ci avrebbe potuto anche dire chi ha tradito in buona fede perché abilmente ingannato e usato come utile idiota e chi, invece, in assoluta malafede, l'ha fatto per denaro, perché ben pagato, o bramosia di potere, ma ormai è andata così..."

-"Ma tu, come sai tutte queste cose? ..." - chiese guardandomi negli occhi.

-"Accidenti, ha ragione ... continuo a sentirmi tranquillo, come se stessi confidandomi con un'amica italiana in Italia. Parla Italiano ma è libica e siamo a Tripoli. Giusto! - pensai - ... è libica!"

-"Come lo so? ... giornali, televisioni, inchieste su inchieste, mi sono interessato a seguire diversi speciali TV ... non si sente parlare d'altro in Italia! Se fossi stata in Italia le sapresti anche tu, ne parlano tutti – risposi convincente e mostrandogli come prendere gli spaghetti - Stai facendo un sacco di movimenti inutili. Devi fare così, guarda. Puoi appoggiarli su un cucchiaio in questo modo finchè non impari ... Se verrai in Italia con me diventerai una professionista!"

La feci ridere per fortuna. Significava che avevo dato una spiegazione convincente, ma dovevo evitare di riprendere a discutere di certi argomenti ... me lo vietai per l'ennesima volta.

La faccia esterrefatta di Youssef, che con la sua cassetta era apparso sulla porta della cucina, ma sicuramente era stato a sentire da un po' nel corridoio, mi confermò che sì ... dovevo evitare certi argomenti. M'interrogò con gli occhi. In italiano significava: che cazzo fai?! Con la voce, invece, chiese:

-"Vuoi che ti faccia la barba effendi?"

-"Buona idea, ma dopo, adesso prendi un piatto e assaggia due spaghetti all'Italiana" - lo feci accomodare per rompere il ghiaccio anche con lui. Veniva spesso in quella casa ed era bene che Aisha vedesse che era una conoscenza occasionale, da barbiere!

-"Sì, bravissima, hai visto? S'impara subito a usare la forchetta con gli spaghetti ... Buoni?" – chiesi.

-"Buonissimi ... davvero speciali. Non ne avevo mai mangiati di così buoni".

Anche Giuseppe aveva gradito, si stava leccando i baffetti a spazzolina, uguali a quelli di mio padre. Doveva essere stata un'usanza comune dell'Africa Orientale Italiana e dell'Afrika Korp!

-"Tu non hai problemi con la forchetta vedo, eh Yussef?"- domandai paccandogli la spalla amichevolmente, mentre faceva la scarpetta col pane sulla padella, dopo avere reso splendente il piatto.

-"No, conosco gli spaghetti, ma non so cucinare, qui non li fanno buoni. Mia moglie aveva imparato bene, lavorava nelle cucine di una casermetta italiana durante la guerra, ma è morta..." – rispose.

-"Lo credo bene che qui non son buoni. In una trattoria stavo per ordinarli ... prima di vedere che il cuoco metteva tutto assieme nella pentola. Sembrava una minestra!" – conclusi ridendo, mentre Aisha sparecchiava.

La scena mi fece ridere ancora di più: sembravamo una famigliola felice, due eritrei, babbo e figlia con il marito Italiano di lei che gustavano spaghetti allo scoglio, in una casetta del centro di Tripoli.

Peccato che, invece, eravamo un Gladiatore del Nucleo G italiano in missione, il suo contatto in Libia e un Ufficiale dell'esercito di Gheddafi ...

Mi scappò da ridere ancora più forte e fu una risata contagiosa, ma nessuno ne aveva capito il vero motivo.

Misi a fare il caffè, avevo la mia moka e il caffè in Libia era buono. Youssef mi faceva capire, con Aisha di spalle che lavava i piatti, che doveva parlarmi. Gli feci cenno che avevo capito, di aspettare e capì.

Aveva un modo di gesticolare e di far cenni con lo sguardo tipicamente italiano. In effetti lo era: un italiano d'Africa. Con una buona tazza di caffè davanti gli veniva da raccontare di quando era un Ascaro dell'Impero italiano. Ne aveva nostalgia.

-"Hai nostalgia della tua gioventù Giuseppe ... non dell'Impero. Erano tempi duri e niente era sicuro, nemmeno la vita!" – gli ricordai.

L'espressione che fece alle mie parole era da commedia dell'arte. Potevo tradurla: "...Ah sì? ...E adesso invece? ..."

Aisha si era seduta con noi, e prese la mia tazzina di caffè.

-"Anche mio padre ricorda con nostalgia quel periodo e anch'io credo che sia nostalgia di quando erano giovani. Non era meglio di adesso. La Libia era occupata da truppe straniere, prima italiani, poi inglesi e di altre nazioni. Il popolo libico non aveva alcun diritto ..."

Youssef ascoltava guardando la sua tazzina ... era un attore nato. Non commentò, ma fu come se l'avesse fatto.

Aisha era stanca, voleva andare a dormire ...

-"Ti raggiungo subito ... il tempo di farmi fare la barba da Youssef" - risposi. Mi appoggiai con la sedia al lavandino, di spalle, mi fece anche lo shampoo e i capelli.

-"Ma ti sembra normale farsi fare la barba prima di andare a dormire? Dovresti essere più prudente. Ho preso informazioni, è un Ufficiale dei Reparti Speciali. Li comanda direttamente Gheddafi..." – mi disse preoccupato Youssef mentre mi bagnava i capelli.

-"Tranquillo, non dobbiamo dormire ... facciamo un riposino, poi usciamo.

Piuttosto, se decide di venire con me, di disertare, mi occorre la copertura per due persone ... la nasconderò a bordo, nella mia cabina" – gli soffiai davanti, per vederlo fare quasi un salto.

-"Disertare!?... - urlò senza voce - ... ma ...ma ...ma..." - balbettò, impallidendo. Mi girai a guardarlo dicendo:

-"Ti si è rotto il disco?"

Continuò a urlare senza mandare aria alla lingua: "... Non hai capito chi è? ... E' una delle guardie personali di Gheddafi!"

Restai immobile a pensare prima di rispondere. Non mi aspettavo che avesse un ruolo così importante nel regime di Tripoli, Youssef non era il tipo da inventarsi un'affermazione del genere. Se lo aveva detto era sicuro.

-"Io so che è la mia donna adesso e mi ama ... ed anche questo è sicuro. Sto cercando di convincerla a venire via con me e spero di riuscirci. Altrimenti tutto andrà secondo i piani e troverò un altro modo per stare con lei. In qualche modo farò!" – anche io parlavo senza dare aria alla lingua, la camera da letto era dall'altra parte di una parte sottile come un ostia e se si fosse accorta che stavamo parlando sottovoce avrebbe avuto più di un motivo di sospettare chissà ché. Ma gli uomini dal barbiere parlano ed è sospetto il contrario, così parlai a voce alta questa volta:

-"Hai qualche notizia dall'Italia? ...Hai visto qualche Tg? ...Qui non c'è televisione e non so nulla".

-"No, anche io non ho televisione. Ho visto il Corriere della Sera all'aeroporto, era di qualche giorno fa, cosa vuoi sapere? ... Il campionato?".

-"Niente di particolare, in realtà ...No, del campionato non me ne frega niente. Ma neanche della politica ... Se lo avessi davanti lo sfoglierei, ma alla fine sono sempre le solite cose ..." – conclusi dandogli la possibilità di riferirmi ciò che doveva.

-"Quello che aspettavamo è arrivato ... è tutto pronto. Dobbiamo solo aspettare che ci dicano quando e ti verremo a prendere, ti porteremo sul posto e staremo pronti a riportarti a bordo. La nave arriva dopodomani e starà in porto tre giorni ... in quel lasso di tempo dovrà essere fatto tutto e, se avremo fortuna, sarà così. Altrimenti dovremo rinviare tutto ad una prossima occasione. Non si può altrimenti ..."

-"OK ... è tutto chiaro! ... tutto secondo i piani allora. Aisha domani finisce la sua licenza. Dovrà tornare in servizio. Non mi ha detto dove e non gliel'ho chiesto per non suscitare sospetti. Le dirò quale nave e dove è attraccata perché voglio che fino all'ultimo minuto sappia di avere la possibilità di disertare e venir via con me ...".

-"Ma ... venir via con te ... ma..." – balbettò ancora Youssef.

Tagliai l'aria davanti a me, mentre mi insaponava, col palmo della mano aperta, senza dir altro, ma ero stato chiarissimo! Quelli erano affari miei, non suoi, e non ne volevo discutere con lui. Lei avrebbe lasciato la Libia con me, costi quel che costi. Mi stavo appisolando allo schioccare del rasoio sulla striscia di pelle che i nostri barbieri ormai non usavano più. Era un bravo barbiere Giuseppe. Mi venne l'idea di chiedere precisazioni su quello che era arrivato da Bengasi e per fortuna lo feci:

-"E' quello che ho chiesto, un Fal 7,62 silenziato e con cannocchiale per il tiro, dotato di BDC (Bullet Drop Compensator); graduato ogni 50 m. e numerato di 100 in 100 m.; numero d'ingrandimenti variabile con continuità da 3-4x a10-12x; reticolo di mira con graduazione millesimale sui due assi e linee di stadia; congegno di illuminazione del reticolo; congegno di puntamento del tipo ad immagine termica, idoneo ad ingaggiare bersagli di dimensioni umane a distanze di 500 m. in tutte le condizioni di visibilità, almeno 1000 in condizioni di luce ottimali e proiettili blindati..." - mi accorsi di averlo messo in difficoltà dal fatto che si era interrotto col rasoio e mi girai verso di lui, chiedendo:

-"C'è tutto quel che avevo chiesto o no? ... Lo so che non sei un tecnico, per questo ti avevo scritto tutto per evitare errori".

-"So che non è arrivato quello che avevi chiesto, è un'arma americana, non c'è scritto niente sul modello, ma ti assicuro che è molto bella, ha il numero di serie limato e nessuna indicazione, come faccio a dirti quel che vuoi sapere? Però, a vederla fa impressione!"

-"Ah ... a vederla fa impressione. Notevole! – risposi rabbioso – cosicchè secondo voi dovrei fidarmi dell'apparenza impressionante! Non dobbiamo girare un film e non sono ancora impazzito. Quello che avevo chiesto lo conoscevo bene, è destrorso e so più o meno quanto, anche se comunque dovevo provare almeno un paio di tiri a bersaglio prima, per poter valutare la compensazione ... Questo com'è? Sinistrorso o destrorso, te l'hanno detto o scritto? - nessuna risposta e mi girai di nuovo – Non sai di cosa sto parlando vero? Bene, non se ne fa niente! Non ho nessuna intenzione di fare la fine del topo in trappola ... Finisci la tua barba e levati dai coglioni!" - sbottai rabbioso.

-"No, calmati! Dev'essere tutto a posto ... chi se n'è occupato è un esperto che sa quello che fa, ma tu mi chiedi cose a cui non so rispondere. L'ultima arma che ho visto io era il moschetto Beretta Mod. 91 ... ma stai certo che ha avuto le tue indicazioni, dunque non può aver fatto niente di diverso. Tutti abbiamo interesse che vada tutto bene e senza problemi" - rispose cercando di calmarmi.

-"OK calmiamoci, ma ... devo conoscere l'arma prima di doverla usare e non mi basterebbero nemmeno le indicazioni del fabbricante. Per utilizzi estremi come questo ogni fucile ha bisogno della sua calibrazione. Oltretutto è silenziato e questo modificherà la tendenza di canna, la devo conoscere e calibrare. Ho bisogno di provarlo,

almeno tre o quattro tiri su un bersaglio graduato. Di quelli del tiro a bersaglio. Potete farlo voi su cartoncino bianco. Una sfera nera al centro e poi cerchi concentrici a distanza di 3 cm uno dall'altro e ben disegnati. Se le pallottole sono davvero del tipo blindato potremo procedere" – conclusi, deciso a mollare tutto piuttosto che improvvisare. Oltretutto sarebbe stato improvvisare sulla mia pelle!
-"Riferirò e ti farò sapere" – disse riprendendo a fare il barbiere. Mi stava tirando su il naso per finire sopra il labbro quando mi risvegliò la voce di Aisha ... Si versava dell'acqua dalla caraffa sul tavolo. Ci guardava, le sorrisi.
-"Abbiamo quasi finito e ti raggiungo ...è davvero bravo, una carezza sulla pelle." – le dissi, vedendola tornare in camera.
-"Ma l'hai vista bene Giuseppe? Hai visto che occhi, che labbra, che seni?"
-"Sì, ho visto ... donna Eritrea ... Bellissima, ma più sono belle e più sono grandi i guai che provocano ... Stai attento Italiano".
Annuii mentre mi puliva il viso dal sapone e mi spruzzava borotalco in polvere sul collo e sul petto, dove non era coperto dalla canottiera. Gli diedi un Dinaro Libico e lo salutai accompagnandolo sulla porta.
Mi disse: "Domani ti porterò conferma" - anzi, me lo soffiò tra i capelli avvicinandosi al mio orecchio ... Fu quasi un sibilo".
-"Meglio dopodomani, sibilai a mia volta. E' il suo ultimo giorno di licenza, non voglio pensare ad altro ... OK?"...
Scese le scale e non capii la sua risposta, ma poco m'importava ... al massimo l'indomani mi avrebbe fatto un'altra barba. Io non ci sarei stato per nient'altro.
Tornai dal mio amore africano e quella camera spoglia, con il pavimento in cemento lisciato, il letto di ferro e un armadio che ricordava la guerra con uno specchio annerito da non so cosa, mi sembrava la porta del paradiso con quell'angelo sdraiato lì, in mia attesa.
Mi abbracciò e baciò subito, senza parole. Non ce n'era nessun bisogno.
Ci amammo e i nostri corpi dissero più di mille poemi d'amore, struggenti, folli e disperati, con vampate improvvise di speranza...
Sì, in quei momenti mi appariva impossibile che non volesse venir via con me ... Impossibile!
Speravo che magari all'ultimo momento, quando la nave stesse per

salpare, l'avrei vista corrermi incontro per restare con me, per sempre. L'amore, quello vero, non s'incontra mai due volte in una vita. Non si possono avere due occasioni, o almeno questo era ciò che pensavo quei giorni, riflettendo sul fatto che è indubbiamente vero che nessun treno passa mai due volte dalla stessa stazione.

Ogni volta è diverso, ma quello che si è perso, si è perduto per sempre!

Pensavo queste cose mentre la baciavo dappertutto, la sua pelle di luna mi dava i brividi, come le sue dita tra i miei capelli.

-"Shamira ci ha invitato alla sua festa d'addio. Tornano in Egitto, ad Alexandria. Vuoi che andiamo? – mi chiese con la testa appoggiata sul mio petto.

Giocava con i miei peli con le dita.

-"Sto meglio qui … ma è lei che ci ha fatto incontrare. Ci porterà fortuna andarla a salutare" - le risposi, ammirando i suoi fianchi e i suoi glutei perfetti, con due fossette ai lati, mentre si alzava per andare in bagno.

Stavo per seguirla quando si girò con un sorriso intimandomi con la mano di stare li … Aveva ragione. Se l'avessi seguita in bagno non ne saremmo usciti. Risposi anch'io con un sorriso d'assenso e restai sul letto sfatto, anzi distrutto: si era persino separato in due, costringendoci a continuare per terra. Ne approfittai per vedere se c'era della corda o dello spago da qualche parte. Avrei legato assieme le due reti per renderlo più resistente agli scossoni di due amanti scatenati …

Tornò dal bagno che avevo appena finito. Niente spago, ma avevo tagliato strisce da un vecchio lenzuolo trovato sul fondo dell'armadio, per legare saldamente assieme le due brande di ferro.

Un bel lavoro che lei apprezzò ridendo e abbracciandomi prima di spingermi verso il bagno … o l'avrei provato subito.

La doccia era solo una canna di piombo, come si usava una volta, che usciva dalla parete con un rubinetto e risaliva su con un tubo di gomma verde fino ad essere legato a un chiodo, più in alto. Rustico, ma funzionava. Naturalmente acqua a temperatura ambiente e con una bassissima pressione, spesso niente.

Tornai in camera a vestirmi e la vidi più bella che mai.

Com'era possibile che mi sembrasse ogni volta più bella di come l'avevo lasciata?

Si accorse di come la fissavo mentre era seduta davanti allo specchio del comò. Si stava truccando … metteva il colore sugli occhi e anche sulle labbra aveva messo qualcosa. Me ne distaccai o non mi sarei vestito. Io fui rapidissimo: jeans, calze e scarpe a stivaletto, da tirar su la zip, la camicia pulita e alla via così.

Andammo verso una piazza dove Aisha aveva parcheggiato la sua auto. Un'auto Francese, molto vecchia. Non ne ricordo il nome, ma ne avevo visto moltissime anche nei paesi dell'est, soprattutto in Romania… Renault o Peugeot. Avevano quella stranissima forma della coda, il portabagagli piegato in due angoli, mai visto in nessun altra auto.

Arrivammo nella casa dov'era stata organizzata la festa d'addio. Non era casa sua, ma di un colonnello dell'esercito, suo ammiratore, che l'aveva messa a disposizione per la festa.

-"Daie! Sempre più in mezzo al nemico. Più stay behind di così si muore …" – pensai con un brivido alle parole di Mohamed. Ma era fuori luogo. Il colonnello era simpatico, anche lui con i baffi all'araba naturalmente, e sapeva già tutto di me. Quello che sapevano Mohamed e Shamira, perciò indubitabile; anche quella rissa, alla fine, tornò a mio vantaggio.

Bottiglie di Johnny Walker black label circolavano tra gli ospiti che ne approfittavano alla grande. Se non ci fosse il proibizionismo, magari, avrebbero bevuto del buon vino, o dei campari certamente più leggeri e con quel caldo significava molto. Accettai il bicchiere che mi veniva offerto perché, anche se proprio non mi andava, sarebbe stato scortese rifiutarlo.

I libici erano abituati agli europei che lavoravano per le compagnie petrolifere, i quali avrebbero fatto qualsiasi cosa per un po' di Whiskey, specie gli anglosassoni, e dovevo uniformarmi ai costumi.

Cercai di non farmi allontanare da Aisha che era richiesta da tutti, vecchi amici che la rivedevano o colleghi, militari che le chiedevano della sua licenza e poi mi guardavano sorridenti, alcuni meno, forse gelosi …

Ci raggiunse Shamira, baciò sulle guance Aisha e poi si rivolse a me:
-"Divertitevi, c'è un buffet in giardino. Il nostro ospite mi ha chiesto di danzare un'ultima volta per lui e per i miei amici. Sarà il mio modo di salutarvi".

C'era un bel giardino con tavolini e poltroncine in fibre vegetali intrecciate.

La serata non era troppo calda. Arrivava brezza marina che la rendeva piacevole. Cercai di parlare con Aisha, ma dovetti rinunciare. Erano in troppi a non poter fare a meno di avvicinarsi a dirle qualcosa nella loro lingua.

Mi guardavo in giro ... C'erano molti militari, non tutti in uniforme, ma anche i borghesi, in massima parte, li identificavo come militari. Gli uomini erano tutti con i baffi spioventi d'ordinanza, alla Nasser, qualcuno alla Saddam Hussein. Le donne erano piacenti, alcune probabilmente erano militari come Aisha. Una cosa buona del regime di Gheddafi era d'essere meno misogino del consueto per i paesi Islamici. Le donne in Libia godevano di maggiore libertà. Potevano essere militari e non erano costrette a indossare il velo. Merito della natura socialisteggiante del Colonnello e ... di quelle amicizie laggiù, in URSS ! A grattare via la crosta dell'apparenza, però, era evidente che non ci fosse poi questa gran differenza nella discriminazione delle donne, rispetto al resto dell'islam.

Avevo notato in quella perlustrazione un gruppetto di soldati in borghese ... avrei scommesso che erano Russi e non mi ero sbagliato. Di lì a poco, svuotando bottiglie di Vodka, si misero a cantare nella loro lingua e a battere le mani per segnare il ritmo delle canzoni dell'armata rossa ... "Non cambieranno mai!" – pensai - Non credo che il Colonnello possa essere riuscito a far rispettare il proibizionismo anche a loro. Nemmeno il Cremlino c'è mai riuscito!" Finalmente arrivò l'orchestrina e i musici, con strumenti tipicamente arabi, iniziarono subito a suonare, mentre Shamira si avvicinava al centro del giardino già muovendo i fianchi. Si presentò alzando le braccia per salutare gli ospiti che l'applaudivano e subito iniziò ad affascinare tutti con i movimenti del ventre. Incredibile, come riusciva a muoverlo! Ipnotizzava lo sguardo: in dentro e in fuori, sotto e sopra, mentre i fianchi cominciavano a roteare lentamente e poi sempre più veloci ... per poi coinvolgere anche i seni. Aveva veli in rosso questa volta e sapeva farli volteggiare con estrema grazia, affascinando il pubblico, anche in una festa privata... Ovazioni a ogni fremito delle anche ... Bellissima!

Si avvicinò a me danzando, come aveva fatto la sera della rissa, per farsi infilare del denaro nel reggiseno, ma non lo feci. Aprii le mani vuote davanti a lei, guardandomi in giro per cercare Mohamed al quale indirizzai un sorriso ammiccante, vedendolo vicino al padrone di casa, e tutti ne risero, anche Shamira. Capii che tutti sapevano del casino del mio primo giorno a Tripoli. Mohamed sollevò il bicchiere per brindare a me e io risposi nello stesso modo.

Ora anche lui era diventato famoso … l'uomo di Shamira!

Fu una bella serata! Pure sotto un regime come quello libico, dopotutto, il popolo trovava il modo di divertirsi … anche se quello non era il popolo: infatti erano alti ufficiali del regime e qualche funzionario dell'agenzia libica dei petroli. Lo feci notare ad Aisha: - "Non ho mai visto feste così per la popolazione. Tutto di nascosto, tutto privato … perchè?"

-"Perché siamo oggetto di oppressioni straniere. Costantemente minacciati dall'America, circondati da Stati burattini e abbiamo difficoltà anche a vendere il petrolio. C'è bisogno di normalizzare la situazione internazionale e modernizzare la Libia. Un compito che ci impone sacrifici e privazioni. Prima del proibizionismo in Libia c'erano molti alcolizzati, le strade non erano sicure e venivano commessi molti delitti. Ora non è più così e la situazione migliorerà quando i capitalisti non governeranno più il mondo…" rispose.

Restai senza parole, aveva detto queste cazzate in maniera convinta, ci credeva davvero. Incredibile, quel satrapo assassino aveva fatto credere a tutti che l'oppressione che soffrivano e la miseria in cui li aveva immersi, erano una conseguenza delle minacce Americane. Ah ah ah! … Davvero bravo, non c'è che dire. Intanto lui riempiva di dollari conti correnti sparsi in mezzo mondo e intestati a lui, non certo al popolo della Lybian Arab Jammairyah!

Che razza di paraculo!

Solo con i suoi "amici" italiani trafficava migliaia di miliardi di lire all'anno per forniture di petrolio in nero, di cui non restavano tracce se non negli investimenti che faceva in Italia. Denaro che poi transitava, con disinvestimenti organizzati ad arte, verso banche in paradisi offshore, su conti sempre a lui intestati, non senza lasciare attaccati alle dita dei suoi amici italiani dei buoni bashish (mance), ma certo non potevo dire queste cose ad Aisha …

Mi limitai a baciarla al chiaro di luna, ch'era certamente la cosa migliore e più piacevole da fare. Non potevo non rilevare, però, che era indottrinata per benino. Non l'avrei detto, ma era meglio tenerlo presente. Anche quella serata finì. Nemmeno tanto tardi, non era ancora mezzanotte, ma per Tripoli era un orario "proibito".

Vigeva sempre una specie di coprifuoco, tuttavia in quella situazione non si correva alcun rischio, anche il capo della Polizia era lì ...

Salutammo gli amici che l'indomani mattina partivano per il Cairo e tornammo in macchina. Verso casa, tristi entrambi. L'indomani sarebbe stato l'ultimo giorno delle ferie di Aisha, l'ultimo giorno insieme ... se lei non avesse deciso diversamente. Mi giravo spesso a guardarla mentre guidava.

Era bella, anche il suo profilo era perfetto. Si voltò verso di me con un sorriso splendido, i suoi denti brillarono come perle e nei suoi occhi da cerbiatta c'erano stelle.

-"Non posso lasciarla qui, piuttosto la rapisco! – valutavo, solleticato da quel pensiero – sì, potrei convincerla a raggiungermi a bordo per un ultimo saluto, un ultimo abbraccio e, poi, stordirla, legarla e imbavagliarla fino a quando non saremo in acque internazionali. Mi sarei fatto perdonare dopo!"

L'idea era intrigante, anche se irrealizzabile, e mi metteva di buon umore. Mi girai verso di lei e le carezzai la coscia coperta dal vestito, anche sotto la stoffa la sentivo calda e invitante. Mi stavo eccitando e non desideravo altro che ritrovarmi solo con lei, anche in quello schifo di letto.

Non fosse stata quel che era, l'avrei portata nel migliore albergo di Tripoli. Doveva pur essercene, in tutta Tripoli, uno con un bel letto a due piazze e una comoda vasca da bagno, per Dio!

Ci accontentammo del solito letto che, per fortuna, resse bene l'impatto e non si divise in due, ben legato com'era.

L'indomani mattina volevamo andare in spiaggia, ma Aisha volle tornare a casa sua a prendere alcune cose e mi lasciò a letto. Sarebbe tornata in un paio d'ore. Subito dopo la sua uscita mi risvegliò Giuseppe: era insieme ad Hamid e visto che ero solo entrò, avevano una scatola di cartone legata con dello spago. La misero sul tavolo di cucina e iniziarono ad aprirla mentre mi infilavo i pantaloni.

Ne venne fuori un fucile. A prima vista non sembrava male. Ma era di un tipo che non avevo mai visto. Una delle tante armi che l'industria Americana sfornava di continuo. Vidi le pallottole nel caricatore, erano calibri americani, ma a occhio poteva essere un calibro 12 mm per una lunghezza di circa 90 mm e corazzate come avevo chiesto. Potevo ipotizzare che fosse un Winchester, un Barret o Browning. Una pallottola con una buona forza mi avrebbe dato certamente almeno 1000 metri di gittata utile, anche di più, ma era meglio non chiedere di più a una pallottola che non poteva sbagliare. Il fucile non riportava alcuna dicitura, nè marca e nè sigla.

Ma qualunque fosse la marca, di sicuro c'era che non lo conoscevo. Poco importava, era comunque evidente che si trattava di un ottima arma da sniper e quel che contava era questo. Lo presi in mano: 6 o 7 chili, ben bilanciato; il mirino telescopico era ottimo, si vedeva che era di buona qualità. Il bipede era solido, in acciaio brunito e aveva la possibilità di regolazione della lunghezza ... ottimo! La volata presentava un silenziatore che non era di serie, ma era ben fatto, da un bravo artigiano che l'aveva adattato a regola d'arte. Il calcio era armato in alluminio e la culatta era adeguatamente imbottita. Doveva dare un rinculo potente e altrettanta potenza doveva avere la pallottola che sparava.

L'otturatore cilindrico era del tipo con tre alette di chiusura in testa, poste a 1200; l'espulsore è a pistoncino, mentre l'estrattore ha forma di gancio. Tirai indietro l'otturatore e notai che a causa del ridotto angolo di rotazione dell'otturatore, circa 60° gradi, l'armamento del percussore avveniva parte durante l'apertura dell'otturatore, parte in chiusura; la corsa del percussore appariva di circa 6 millimetri. La leva della sicurezza manuale era posta sull'otturatore, lato destro, e presentava tre posizioni: in avanti fuoco, al centro sicurezza con possibilità di aprire l'otturatore ... indietro sicurezza con impossibilità di aprire l'otturatore. Era inseribile solo a percussore armato. Era previsto un foro di sfiato dei gas ... utile in caso di perforazione dell'innesco, che sfogava all'esterno attraverso la finestra d'espulsione dei bossoli. La leva di sblocco dell'otturatore era posta sul lato sinistro della scatola di culatta. Questo era molto importante da conoscere, non c'è arma, nemmeno la più perfetta che non faccia i capricci quando meno lo si aspetti. Se s'inceppava era necessario essere rapidi a ripristinare il meccanismo. Sfilai il caricatore ... era della capacità di 10 colpi, del tipo bifilare ad esposizione alternata della cartuccia, lamierino d'acciaio buona fattura ... con la sola eccezione dell'elevatore che era di materiale plastico. Pessima soluzione che, a caricatore scarico, impedisce l'avanzamento dell'otturatore. Ottimo che sia possibile alimentare l'arma con cartucce sciolte inserendole direttamente in camera, senza uso del caricatore. La sua leva di ritegno la trovai posta sulla scatola di culatta e veniva a trovarsi dietro al caricatore stesso. La scatola di culatta era in acciaio e sulla sua parte superiore c'erano le fresature per il fissaggio dell'attacco per il cannocchiale. Provai l'impugnatura a pistola e la leggerezza del grilletto … Perfetto!

-"E' un ottima arma" – dissi, rimettendolo nella scatola e prendendo il cannocchiale. Anche qui nessuna indicazione. Lo esaminai, era un tubo da almeno 30 cm. L'avviciani all'occhio e puntai l'esterno della finestra socchiusa. Era un cannocchiale vero e proprio con scala graduata ben visibile … Aveva attacchi semplici e mi preoccupai di sistemarlo al suo posto. Dopo pochi minuti lo stavo imbracciando e puntando … mirai. Sembrava fatto su misura per me.

-"Bene Youssef … è ok, ma ho bisogno di sapere se è sinistrorso o destrorso. Lo so, tu non sai cos'è, ma è molto importante saperlo. Riguarda la scanalatura dell'interno della canna che danno sempre un difetto di puntamento … a volte l'arma tira a sinistra, a volte a destra e per un tiro di precisione occorre saperlo, per compensare. Altrimenti, su lunghe distanze, pochi centimetri di scarto iniziale diventano talmente tanti che, in finale, può succedere che hai mirato al cervo e beccato il cane da caccia! … capito cosa significa?" – conclusi, scherzando sulla loro espressione attonita.

-"Sì capito, ma come si fa a fare questi calcoli? Avrebbero dovuto darceli scritti … non c'era niente di scritto col fucile … e ora che facciamo?" – replicò preoccupato Hamid.

-"Tranquilli … niente di grave, comunque avrei dovuto fare delle prove. Le informazioni del produttore vanno bene in linea di massima. Ma quando si cercano prestazioni estreme occorre che ognuno faccia le sue prove. Ci dobbiamo conoscere un po' – dissi, poggiando il palmo della mano sul fucile e continuando – Ti avevo già detto cosa occorreva fare Youssef. Devi portare me e lui in un luogo isolato, dove poter sparare senza essere disturbati. Devi procurati un cartoncino bianco e vernice scura o con un pennello o spray, tipo le vernici per le auto. Un chiodo e uno spago se non hai un compasso. Ho visto che c'è un caricatore da dieci colpi pieno e un'altra scatola da venti …mi basterà spararne quattro o cinque per regolare il tiro al momento suo.

Ora filate via, sta per tornare Aisha, passeremo la giornata assieme, al mare e da domattina sarò solo, a vostra disposizione".

Li lasciai andando in bagno, ma mi seguirono dicendomi che dovevano lasciare il pacco qui. C'erano troppi controlli in strada e visto che dovevano tornare domattina ... era meglio correre meno rischi possibile.

-"Non puoi metterlo a casa tua Hamid? Qui non sarò solo e non ho idea di dove ficcarlo" - chiesi.

-"No, a casa di mia madre ci sono le sue sorelle, sono venute a trovarci con i cugini, non ci posso entrare con un pacco ... tutti vorrebbero sapere cos'è e a non dirglielo sarebbe peggio. Lo mettiamo sopra l'armadio in camera da letto. Chi vuoi che lo trovi. Non vi metterete a fare pulizie stanotte no?" – rispose ridendo.

-"No, sicuramente no, hai ragione ... dammelo. M'infilai velocemente in camera da letto e misi la sedia davanti all'armadio per vedere come sistemarlo. Ci stava giusto, giusto; era un armadio a due ante e quella scatola era lunga più di un metro. La sistemai ben in fondo, appoggiandola al muro.

-"Dovrebbe andar bene" - pensai. "Se non viene la polizia a fare una perquisizione proprio stanotte!" – insinuai scherzando, ma rimettendo la sedia davanti al comò con lo specchio, situato nella parete di lato all'armadio, quella dove c'era la finestra. Potei notare che riflessa nello specchio si vedeva la punta finale del pacco di cartone. Sarebbe stato necessario puntare lo sguardo per notarlo, ma non era nascosto.

Lo feci notare e Hamid tornò dal bagno con uno straccio, un vecchio asciugamano che poggiò sopra la parte finale del pacco. Ora sembrava più innocuo ... un mucchio di stracci vecchi su un vecchio armadio.

-"Voilà ... - disse - Chi vuoi che pensi ad arrampicarsi lassù per vedere cosa c'è sotto gli stracci?"

Rimise la sedia al suo posto, dove l'aveva lasciata Aisha e uscì col barbiere.

-"Allora a domattina, di buon'ora. Mi troverete pronto." – dissi, più per assicurarmi che non li avrei rivisti prima che per altro.

Mi feci un tentativo di doccia, con l'acqua che andava e veniva e che quando veniva sembrava che pisciasse dal tubo di gomma, la barba e, a seguire, un buon caffè. Aisha arrivò che stavo mettendolo in tazza e ne versai anche a lei. Aveva una comoda tunica in cotone e una borsa con asciugamani puliti e, disse, qualcosa da mangiare.

Con quell'afa sarebbe piaciuto anche a me vestirmi così.

-"Un Pic-nic al mare?" – le chiesi prendendole i fianchi e avvicinandola a me per baciarla lungamente.

-"Sì, voglio stare ancora un giorno con te, soli, senza nessuno intorno. Domattina dovrò riprendere servizio. Non ci potremo rivedere prima di dieci giorni e ... sarai già partito" – lo disse con un espressione di dolore sincero che condividevo e le feci eco:

-"Sì, proprio così, ma possiamo arrivare ad annoiarci di vederci tutti i giorni, fra molti anni, basta che lo vuoi. Vieni via con me, ti prego. Cosa ti trattiene qui? Staremo bene in Italia. Ti porterò a casa mia, conoscerai la mia famiglia, ci sposeremo e ... vissero felici e contenti!" – dissi come battuta di spirito la frase finale di tutte le fiabe, ma lei non rise. Non conoscono le fiabe i bambini della Libia.

-"Non ci pensare, pensiamo a quest'ultimo giorno di felicità, facciamo che valga una vita!" – disse, e si avviò all'uscita prendendomi per mano.

In auto verso Bengasi, attraverso una strada litoranea abbastanza assestata: la stessa che avevo fatto per arrivare a Tripoli. Ci volle almeno un'ora per arrivare a delle vecchie rovine tra le rocce che il mare aveva scoperto. Parcheggiò in maniera che l'auto non fosse visibile dalla strada. Poi a piedi aggirammo una costruzione diroccata, sembrava un altro residuo della guerra. Forse una casermetta colpita dalle bombe e di fronte a noi solo il mare. Si spogliò ... nuda. Potevamo fare i nudisti lì. Alle spalle c'era una strada dove transitavano per lo più camion e rare auto. Avevamo incontrato solo alcuni pozzi venendo li e lei certamente sapeva quel che faceva. Mi spogliai nudo anch'io ed entrai in mare dietro di lei. Acqua tiepida e la giornata era priva di vento, nemmeno una brezza, un soffio d'aria arrivava dal mare e dall'altro lato era meglio che non arrivasse nulla, perché sarebbe giunto dalle sabbie del Sahara.

Ci ritrovammo abbracciati in acqua ad amarci come se fosse imminente la fine del mondo. Fu una giornata indimenticabile come tutte le altre, ma con in petto un terribile peso, un insopportabile senso d'oppressione ogni volta che pensavo che l'avrei perduta l'indomani!

-"Amore mio ... vieni via con me ... - le sussurravo nell'orecchio mentre facevamo l'amore – vieni via con me ..."

Fino a che, mangiata una specie di tortilla che non conoscevo, ma era buona e un piatto di riso di cucina Cinese con del te freddo, fatto in maniera decente, decise di rispondere, di dirmi perché, pur desiderandolo ardentemente non poteva venire con me.

-"Se fossi una civile, sì, non ci avrei pensato due volte. Forse nessuno si sarebbe nemmeno accorto della mia fuga. Tanti lo fanno. Spesso chi riesce ad avere un permesso di viaggio, per studio o per turismo, in Tunisia o qualche altro paese Arabo, Egitto o Saudi Arabia, chiedendo il permesso per il pellegrinaggio alla Mecca, non fa più ritorno. Ma io non posso …"

-"Perché no …perché no?!" – l'interruppi, mi stava illudendo di aver deciso per il meglio, la fuga, raccontandomi di quanti erano fuggiti, per poi ributtarmi giù dicendo che lei non avrebbe potuto.

 -"Perché non puoi, per il fatto che sei un militare? Questo me l'avevi già detto. Allora? Non saresti il primo militare che diserta! Non stai disertando in battaglia, col nemico di fronte. Stai seguendo il tuo amore, la tua vita. Non c'è disonore in questo. Che cosa rischi? Di non poter fare carriera?" - replicai.

Sorrise a queste parole, ma era un sorriso triste e riprese.

-"No, non la carriera … non m'importerebbe nulla di questo. Sarei partita senza pensarci due volte. Rischio la mia famiglia! La mia fuga non passerebbe inosservata. Appena pochi giorni dopo, sarei ricercata ovunque e, una volta compreso, arresterebbero mio padre e mia madre. Li punirebbero per causa mia. E non solo loro. Cercherebbero di farsi dire, anche con la tortura, dove sono. Come potrei far finta di nulla sapendo cosa potrebbe accadere ai miei familiari? Come potrei mai essere felice con te in Italia? Lo credi possibile?" - esclamo, accorata.

Mi chinai a baciarle la fronte; era sdraiata con la testa poggiata sulle mie cosce, poi gli occhi, il naso e infine quelle labbra meravigliose e, mentre lei piangeva senza dir nulla, risposi:

-"No! ... non sarebbe possibile, hai ragione!"

Le carezzavo i capelli e guardavo il mare, fonte di ogni mia ispirazione.

Pensavo che per ogni problema c'è sempre una soluzione, almeno una. Perché questa volta sembrava non esserci? … Poi m'illuminai.

Ma che dicevo? L'avevo sotto gli occhi la soluzione e, accecato dalla passione, non la vedevo. Compiere la mia missione, questa era la soluzione!" – pensai. Poi ruppi quel silenzio ovattato dalla lieve

risacca del mare:
-"Sì ... hai ragione, ma non può finire qui, non adesso. Ti lascerò un numero di telefono, tu promettimi di conservarlo. Mi chiamerai quando sarà passata qualche settimana dalla mia partenza. Per quel tempo sarò rientrato a casa e potrai trovarmi li. Mi dirai se e quando potrò tornare a trovarti. Come turista ... come fanno alcuni. Andrei all'ambasciata Libica a chiedere i permessi e ci rivedremo. Tripoli è a due ore di volo da Roma. Quanti si amano a distanza anche stando entrambi in Italia? Uno vive a Palermo, l'altro a Milano; prima o poi anche per noi si potrebbe aprire qualche possibilità di stare insieme. In fondo non desideriamo altro, non chiediamo altro. Sono sicuro, andrà bene ... non sarà sempre così in Libia. Questo regime è già vecchio, potrebbe cadere o potrebbero esserci delle aperture democratiche, possono succedere tante cose e noi siamo qui, a tormentarci come se domani dovesse finire il mondo. Invece il mondo non finirà e nemmeno il nostro amore!" – conclusi baciandola e abbracciandola lì, sulla spiaggia, assaggiando il sale sulla sua pelle e rotolandomi con lei sulla sabbia verso il mare, come due pesci che ci vogliono tornare.

Fu un'altra bellissima giornata e restammo a goderci la luce del tramonto fino al calare delle prime ombre.

Esausti e appagati tornammo verso l'auto e verso Tripoli. Sulla strada, nei pressi di una raffineria fummo fermati da una camionetta di militari. Un controllo, ma Aisha mostrò il suo tesserino e il sergente scattò sull'attenti facendole il saluto militare.

Rientrammo a casa, quella che era stata la nostra casa in quei giorni.

Non ci staccammo un attimo. Facemmo la doccia per levarci il sale di dosso. La solita pisciatina d'acqua, ma non importava, non avevamo fretta, ce la spalmavamo sulla pelle, aiutandola con la lingua. Poi continuando sul letto, lentamente, con lo stesso ritmo dell'acqua ...

Ci addormentammo abbracciati e la luce dell'alba ci trovò ancora così. C'era tempo per amarci ancora una volta ... perché rinunciare?

Fu struggente e magnifico, indimenticabile, come se i nostri corpi volessero lasciare, ognuno, un ricordo indelebile di se all'altro.

Poi, con un ultimo bacio, Aisha si alzò. La guardai andare in bagno. Poi tornare e sedersi davanti al comò, pettinarsi, truccarsi e indossare la divisa che aveva nella borsa. Mi alzai per fare il caffè. Non mi ero vestito, non potevo accompagnarla ... avrebbe raggiunto il suo reparto. Mi raggiunse in cucina poco dopo, al profumo del caffè; si sedette sulle mie ginocchia, dove l'avevo invitata con un gesto della mano. Prese la tazzina già zuccherata e sorseggiò il caffè, poi me la poggiò sulle labbra e subito dopo mi baciò, dolcemente, con un sorriso. Un sorriso ed un'espressione triste, che non dimenticherò mai! Ci eravamo accordati nella notte. Le avevo dato il numero di mia zia, aveva un hotel. Non sarebbe stato sospetto ... avrebbe potuto chiamare lì per tenersi in contatto con me. Ci saremo rivisti presto e questo ci permetteva di lasciarci senza soffrirne troppo.

La baciai ancora sulla porta, prima di vederla andare via lungo le scale. Tornai dentro, ero ancora nudo. Mi rivestii velocemente poiché dovevano arrivare Youssef e Hamid. Ora era importante anche per me che la missione riuscisse.

Era la soluzione di tutto, non solo un ordine da eseguire...

Capitolo III
Operazione Bengasi

Arrivarono di buon'ora. Mi trovarono vestito e pronto, ancora seduto al tavolo di cucina dove poco prima stavo con lei, la donna che continuavo a sentire lì con me.
Youssef mi richiamò alla realtà.
-"Prendi il pacco, dobbiamo andare e fare presto."
Andai verso la camera da letto invitando Youssef a fare il caffè e mi arrampicai sulla sedia per prendere la scatola.
-"... Strano – pensai – mi sembrava di averla messa più accostata al muro".
Non ci feci caso, era al suo posto e ben coperta dal telo e tanto bastava. La portai in cucina e la poggiai su una delle sedie addossate al muro. Youssef stava sminuzzando la scorza di un limone, la faceva in briciole col coltello.
-"Che stai facendo?" – chiesi incuriosito da quel comportamento.
-"Preparo un caffè che ci risveglierà tutti, ne avremo bisogno, dovremo fare almeno due ore di macchina su brutte strade e non so quando ne potremo bere un altro ... né se ne berremo altri!" – rispose e non potei fare a meno di toccarmi le palle. Intanto stava sistemando la scorza del limone sopra il filtro col caffè, nella moka. La richiuse ben bene e la mise sul fuoco.
-"Dove andiamo?" - domandai.
-"In uno dei posti più squallidi di tutta la Libia. Un massiccio di roccia, non molto alto, ma fatto di anfratti e gole e completamente deserto. Non è troppo distante da dove dovremo andare venerdì, così non torneremo qui, dormiremo a Sugh El Ahad!" - rispose Youssef.
Si girò verso la caffettiera e la tolse dal fuoco per metterla sotto l'acqua fredda.
-"Che fai?... - chiesi sorpreso. Non avevo mai visto fare il caffè in questo modo - Non vorrai farmi bere il caffè, ridotto come riducete il the!" Youssef si mise a ridere e rispose:
-"No ... non sono i Libici a fare il caffè così. Questo è il modo in cui lo facevamo nei campi Ascari Italiani e ce lo avevano insegnato

proprio gli Italiani. E' buono, non temere …"

La caffettiera cominciò a borbottare e Youssef fu velocissimo nel prenderla e far colare le prime gocce di caffè nel bicchiere dove aveva messo dello zucchero. Subito dopo la rimise sul fornello.

-"Accidenti, ma stai facendo un'opera d'arte o un caffè?"

Youssef si era messo a sbattere zucchero e caffè col cucchiaino, creando un composto beige che diventava sempre più simile a uno zabaione cremoso.

Intanto la caffettiera aveva smesso di borbottare e lui la prese versandone il contenuto nel bicchiere, mescolando il tutto ben bene, poi nelle tazzine.

Ero proprio curioso di sentire il sapore. L'aroma era invitante e il colore pure.

Nella tazzina c'era la stessa crema che ha un espresso ben fatto dalle macchine espresso dei bar.

Il sapore era eccezionale e non potei fare a meno di far schioccare la lingua … "Hai capito l'Africa Italiana? Mmmm, buonissimo! Quanto limone ci vuole e quanto zucchero?" – chiesi, con l'intenzione di rifarlo spesso.

-"Di limone pochissimo, hai visto: una scorzettina, ma solo la parte gialla. Non il bianco. Lo tagli a dadini piccoli e poi li metti sul caffè nella moka; di zucchero lo stesso tanto che metteresti per le tazzine, se è da tre e metti due cucchiaini a tazzina, devono essere sei, se è da due quattro. Le prime gocce di caffè che vengono fuori le metti sullo zucchero e, poi, olio di gomito per qualche minuto, finchè non vedi che è montato a crema. Vedrai per quanto tempo manterrai questo buon sapore di caffè in bocca, almeno finchè non te la ritroverai riempita di sabbia … ah ah ah" – rispose ridendo il Giuseppe d'Africa.

Mi dissero di lasciare la mia borsa li, prendere solo il necessario. L'avrebbero portata loro a bordo del Vento, dov'ero destinato.

Così mi ritrovai su una furgonetta francese, una vecchia Peugeot, diretto a sud, verso le colline rocciose a tarare e provare il fucile per poi ancora più a sud, verso l'Erg, il deserto.

Restai seduto su alcuni sacchi di fieno per animali, più comodi dei sedili scassati che erano sopravissuti in quel furgone. Potevo vedere davanti a me il panorama attraverso le teste dei due, ma non ne valeva la pena, sterpaglie e case sparse. Da un po' avevamo preso una strada in sterrato sollevando una nube di polvere al passaggio. Non avevamo incontrato anima viva. Fermammo davanti ad alcune casupole e solo Hamid scese. Sentii le voci che parlavano in Arabo, toni tranquilli ... salamelecchi, avrebbe detto il mio vecchio.

Youssef, anticipando la mia domanda disse: "E' la fattoria dello zio, alleva capre, quei sacchi sono per lui. Vieni davanti, adesso nessuno ti vedrà. Siamo in una zona sicura. Ho molti amici anche io qui".

Gli diedi retta e mi alzai per passare davanti, proprio mentre Hamid apriva lo sportello posteriore. Gli avvicinai i sacchi di foraggio e, sceso da lì, mi trovai davanti alla faccia di un vecchio beduino. Sorrideva sdentato da sotto i baffi circondati da una barbetta incolta. Lo salutai e mi rispose in Italiano: "Ciao, benvenuto nella mia casa." Ricambiai il saluto e aiutai a portare quei sacchi verso un recinto, il suo ovile. Sotto una tettoia cadente ce n'erano pochi altri, erano la riserva di cibo in momenti difficili per non perdere le sue bestie. Guardavo la terra intorno, sterpaglie e polvere. Non era ancora il deserto, ma era qualcosa che gli andava molto vicino.

Hamid scomparve dentro la vecchia casa e ne tornò con alcune sacche di pelle di capra; capii che si trattava di acqua. Poi ripartimmo verso le colline rocciose che vedevo davanti a noi. Non c'era più strada adesso, ma si poteva procedere bene. Ero seduto davanti e vedevo bene quel panorama. Youssef si stava infilando in una specie di "fiordo", una spaccatura della catena rocciosa. Anche se era bassa, aveva quell'aspetto. Penetrammo dentro quella gola per qualche minuto, poi si fermò accostando sul lato destro, infilandosi quasi sotto uno spuntone di roccia. Capivo che per prudenza aveva reso la furgonetta invisibile dall'alto, da eventuali aerei.

Scesi, era metà mattina; mi stirai muscoli e nervi. Hamid prese la scatola e la mise a terra, poi mi mostrò, in fondo alla gola, un cartello bianco con un punto nero al centro. Era una gola cieca e il cartello era appoggiato sul fondo roccioso. Incredibile ... sembrava un poligono di tiro naturale.

Tirai fuori il fucile, mi sdraiai a terra e aprii il bipiede poggiandolo davanti a me. Presi la mira inquadrando il cerchio centrale, poi feci cenno a Youssef di passarmi il materiale che gli avevo chiesto: quattro picchetti da tenda in metallo che piantai ai lati del calcio, finché non vidi che erano ben fissati alla roccia d'arenaria che faceva da fondo al fucile. Fissai bene il calcio col filo di ferro, incrociandolo più volte intorno alle teste dei picchetti. Poi strinsi con forza usando la pinza e tagliando l'eccedenza perché non mi disturbasse. Mi sistemai di nuovo sdraiato in posizione di tiro e inquadrai di nuovo il cartello ... c'era qualcosa che non andava. Presi la mazzetta ed altri quattro picchetti e m'incamminai verso il cartello che aveva sistemato Hamid. Mi seguirono incuriositi, si stavano chiedendo cosa stessi facendo, ma non facevano domande e aspettavano di capire. Avevo già bloccato due volte, con un dito davanti alla bocca, i loro tentativi di chiedere spiegazioni poiché quando dovevo pensare non volevo essere disturbato.

Meglio, piuttosto, che se ne andassero lasciandomi solo.

C'erano circa seicento metri tra il fucile e quel cartello, forse più.

Era ben poggiato alla parete, ma solo poggiato, non fissato; al primo colpo sarebbe saltato, magari restando appoggiato ma in posizione diversa e questo mi avrebbe impedito di tarare il mirino telescopico e capire l'arma, dovevo essere certo che stessero immobili al loro posto entrambi.

Toccai la parete dietro al cartello. Stesso materiale come densità e compattezza. Mi girai verso i due e chiesi a Hamid di portarmi quattro tavolette, di quelle che facevano da fondo al furgone e i chiodi che avevo visto nella cassetta degli attrezzi, una decina... anzi, aggiunsi, porta tutta la cassetta, non si sa mai.

Mentre Hamid si avviava, guardai Giuseppe e volli togliergli la curiosità, come aveva fatto lui per il caffè al limone.

-"Per tarare e provare l'arma, ho bisogno che stia immobile. Per un lavoro perfetto avrei dovuto avere un banco e dei morsetti, ma anche così va bene, purché anche il bersaglio stia immobile. Voglio poggiargli quelle tavolette ai lati per evitare che il cartoncino si rompa. Quelli sono proiettili speciali, blindati e quell'arma dà una bella botta; se non lo fisso, balla ad ogni colpo e stiamo perdendo solo tempo".

Giuseppe sorrise soddisfatto. Forse stava pensando che non avevo tutte le rotelle a posto, ma ora non più.

-"Per un tiro perfetto ci vuole una preparazione perfetta. Non possiamo evitare imprevisti, ma questi non lo sono" – conclusi, mentre Hamid mi consegnava, con lo stesso sguardo interrogativo, stecche di legno e chiodi.

Ci pensò Giuseppe a dirgli sottovoce cosa stavo facendo. Intanto avevo provato la lunghezza delle tavolette, poco più di un metro, come il cartone.

Misi la tavoletta a terra e ci piantai su tre chiodi, lasciai che la puntina del chiodo sbucasse appena dall'altro lato, poi chiamai Hamid e gli dissi di tenere fermo con le dita il cartone. Poggiai la tavoletta sul bordo in alto e con pochi colpi precisi feci affondare il chiodo centrale. Il cartellone non si mosse. Poi a seguire gli altri due. Provai la tavoletta, era ben piantata, solida, avrebbe retto. Accorciai con qualche colpo di martello le altre due, per evitare che si accavallassero con quella superiore facendo perdere stabilità a quelle laterali poi procedendo nello stesso modo le fissai alla parete di roccia. Erano chiodi d'acciaio, di quelli che i muratori usano proprio per fissare le mascelle di legno al cemento. Su quella roccia d'arenaria ci penetravano come nel legno e senza sbavature nel foro d'entrata. Testai il fissaggio e appurai che era perfetto.

Il disegno del centro sul cartone era ben fatto, ma mi serviva anche una graduazione regolare verso l'esterno.

Presi lo spago e la matita, quasi del tutto consumata, ma per fortuna c'era ancora qualche centimetro di grafite. Tesi lo spago da un lato all'altro del centro e lo segnai con una striscia di matita, poi feci lo stesso dal lato opposto. Ricavai una croce perfetta proprio al centro del cerchio scuro.

Ci piantai un chiodo e vi legai un capo dello spago che avevo tagliato della misura che mi serviva. L'altro capo, che avevo misurato a un palmo dal bordo del centro, lo legai al rimasuglio di matita e la feci girare a compasso tutt'intorno più volte. In modo da avere un segno ben visibile. Poi accorciai lo spago con dei nodi, facendo in modo che il cerchio fosse più stretto di circa due dita a ogni passaggio. Per virtuosismo, a ogni cerchio misi il numero a scalare.

-"Bene! ... Possiamo incominciare!" – dissi girandomi e incamminandomi verso il fucile. Hamid, ora che aveva capito, mi guardava come una specie di maestro, anche se, in realtà, ero certo che non avesse capito per niente perché quel cartello dovesse stare immobile. Forse immaginava solo che non volevo che si muovesse mentre prendevo la mira, ma questo era comprensibile.

Non era un professionista del mestiere delle armi!

Tornai davanti a quella strana arma mai vista, ma che ora avrei conosciuto.

Mi sdraiai di nuovo su di lui e guardai nel mirino telescopico. Perfetto! Sembrava che avessi il bersaglio a due passi, da poterlo toccare con la mano. Regolai la messa a fuoco sul centro del bersaglio. Mi assicurai che fosse ben fissato al corpo, alla testa di culatta. E mi rialzai per prendere gli altri due picchetti. Feci un segno con la matita, dove poggiavano i piedini del bipiede e lo sollevai leggermente, chiedendo a Hamid di tenere la canna sollevata come gliela passavo.

Si era messo davanti alla canna e lo ripresi:

-"Non metterti mai davanti alla canna di un fucile carico Hamid, specie se spara pallottole corazzate capaci di penetrare una lastra d'acciaio di almeno 7 od 8 centimetri ad un chilometro di distanza ...e tu gli sei davanti!" – dissi sorridendo allo scatto e alla velocità con cui si era posto di lato.

Ripresi la mazzetta e piantai gli altri due picchetti, in modo che si trovassero accostati alla parte superiore del corpo, proprio dove cominciava la canna. Usai il filo di ferro nello stesso modo che per il calciolo e, verificata la tenuta, con un sospiro mi sdraiai di nuovo su di lui. Tutto era perfetto adesso. Le pallottole erano già nel caricatore, tirai indietro l'otturatore, non potei non pensare che fosse simile a quello del vecchio moschetto Beretta mod. 91 e lo dissi a Giuseppe, lui li aveva conosciuti.

-"Vecchissima arma il 91, con cui sparai i primi colpi. Era affidabilissimo, non s'inceppava mai; lo stesso non posso dire di questo. Speriamo che abbia la stessa affidabilità con in più la tecnologia moderna.

Avevo ben puntato il centro del bersaglio, volevo vedere se era destrorso e con quanto scarto, o sinistrorso. Difficile che lo sia, ma meglio esserne certi. Con i tiri a grande distanza è importantissimo saperlo, occorre aggiustare il tiro in proporzione a quello che vedremo adesso.

Aveva una comodissima impugnatura a pistola che aiutava a non muovere l'arma con la pressione sul grilletto, morbido e a doppio scatto.

Lo carezzai appena trattenendo il respiro e sentii un soffio violento, ma solo un soffio, uscire dalla canna e il profumo della cordite mi entrò nelle narici.

A molti da fastidio, ma io l'ho sempre adorato, fin dai primi spari, appena sedicenne. Riguardai nel cannocchiale, non si era mosso, era sempre puntato sul centro. Guardai meglio per vedere dove avevo colpito.

C'era un bel foro, dai contorni nitidi, segno che la pallottola era arrivata con una bella forza e la pallottola non si era rovesciata in corsa, prendendo a rotolare per mancanza di potenza, come accade alle armi derivate dall'M-16 Americano, volutamente alleggerito per scontri a fuoco da distanze ravvicinate, non più di cento metri. Arriva sul bersaglio rotolando e già dopo i 50 metri non ha nessuna precisione, va dove lo porta il vento, ma proprio per questo procura ferite devastanti, lacerate.

Era spostato sulla destra. Anziché il centro aveva forato quasi sul bordo destro, leggermente più in basso del centro del bersaglio, dove l'avevo diretto.

-"Bene, ottima prova! – dissi ai due alle mie spalle – ora lo rifacciamo, poi andiamo a vedere da vicino".

Ripetei tutto e mi rialzai per andare a vedere. Ci andammo assieme e durante la passeggiata, che era una bella distanza, confermai:

-"Riferisci a quelli di Bengasi che è una bella arma. Anzi ottima, faremo un bel lavoro … Inshallah!"

-"Bene! Abbiamo avuto tutte le conferme: è per domani, venerdì. Sappiamo dove e sappiamo quando ti ci porteremo. Stiamo preparando il posto come hai chiesto. Sarà dura sotto il sole tutto il giorno ma, dopo la preghiera del mattino, tutta la zona sarà controllata, non potremmo fare niente più tardi. Dovrai essere lì da prima che arrivino i suoi. Con la confusione che ci sarà dopo, non sarà difficile portarti via … direttamente a bordo. I tuoi documenti e il tuo pass d'ingresso al porto sono già pronti in agenzia. Inshallah!"

– concluse Giuseppe. Era ansioso, comprensibilmente ed anche io, se non lo ero prima, ora sì. Ora che avevo capito che solo così avrei potuto avere Aisha con me, se non subito, presto, molto presto, l'ansia mi stringeva il cuore come in una morsa. Sarei tornato a prenderla per portarla via con me e tutto questo dipendeva da questa prova. Tutto dipendeva dalla mia abilità nel tiro.

-"Oh, non avrei sbagliato, no di sicuro!" – pensai.

Li lasciai conversare in Arabo tra loro e mi dedicai a esaminare i due fori. Erano perfettamente asimmetrici. Appena qualche millimetro uno sotto l'altro e qualche millimetro di spostamento di lato, l'uno dall'altro. Certo, quel posto era ideale per un tiro di precisione non c'era un filo d'aria. Tutto era immobile e il fucile, fissato così, non poteva avere movimenti, anche impercettibili, al momento dell'esplosione della cartuccia, ma a questo dovevo pensarci io e sapevo bene come fare.

-"Si, perfetto, basterà compensare la mira leggermente sulla sinistra e si coglierà nel segno anche a distanza maggiore di questa! – dissi rivolto ai due per rassicurarli - ora farò qualche tiro di prova a braccio. Voglio conferme: in questo genere di cose non mi piacciono le sorprese".

Smontai tutta l'impalcatura. Ora con quell'arma avevamo confidenza. Dovevo provarla tra le mani, sulla mia spalla e vedere se l'avevo capita.

Mi sdraiai di nuovo nello stesso punto, questa volta tenendo il fucile fermo, poggiandolo sulla spalla destra e sul bipede e impugnandolo, con la mano sinistra sotto la gola … Puntai il bersaglio.

Meraviglioso quel cannocchiale, nonostante avessi ormai il sole accecante sopra la testa, era passata la una, non c'era un riflesso che distraesse o rendesse meno visibile l'obiettivo. Trattenni il fiato, chiesi persino al cuore di battere più lentamente, poi carezzai quel grilletto, sentii il primo mezzo scatto, poi il soffio dello sparo, quasi uno starnuto. A poche decine di metri, non si sarebbe sentito nulla, figuriamoci a quasi un kilometro previsto. Il rinculo era forte, ma non come mi potevo aspettare da un calibro come quello, era ben compensato e la spalla lo attutiva benissimo. Sparai ancora, sempre mirando nel lato sinistro interno del centro e leggermente più in alto. Poi volli provare in piedi, ma solo per giocarci un po' … e, infine, andammo di nuovo a vedere i fori sul bersaglio.

Tutti intorno al centro, ben compensati …

-"Perfetto! - dissi e rivolto ad Hamid, che sembrava più interessato – capito perché tutto questo lavoro? Ogni fucile ha un piccolo difetto di puntamento, nessuno escluso. Bisogna conoscere l'arma con cui si spara per imparare a compensarli. Questo è destrorso e leggermente sottostante. Significa che la rigatura della canna, quella che fa girare vorticosamente la pallottola nella canna per dargli maggiore penetrazione e precisione nell'aria, è rivolta a destra, cioè spinge la canna e quindi anche la pallottola a deviare verso destra e verso il basso. Se è una buona arma, ben compensata con l'utilizzo dei gas di scarico e altri accorgimenti dal progettista è solo una leggera tendenza, ma a grandi distanze questo scarto aumenta, come lo scarroccio delle barche che, se non viene corretto, porta completamente fuori rotta.

Per compensare quello dei fucili, bisogna mirare spostando l'obiettivo, il target, opportunamente; in questo caso, verso sinistra e leggermente in alto".

Hamid sorrise soddisfatto, aveva capito e non l'avrebbe dimenticato.

-"Impara l'arte e mettila da parte si dice in Italia ... non si sa mai nella vita! ora ti faccio provare un paio di tiri, abbiamo abbastanza cartucce" - gli dissi. Tornati al punto di tiro lo feci sdraiare, gli dissi di sistemare il bipiede e guardare nel cannocchiale - "la croce graduata che vedi è quella che decide il bersaglio. Devi puntarla come ti ho detto, poi non respirare, trattieni il fiato e premi il grilletto piano, sempre tenendo il punto fermo nell'obiettivo".

Sparò, non gli dissi niente sull'impugnatura perché vidi che era già pratico. Aveva certo sparato con altre armi.

-"Rifallo! ... vedremo se sono andati vicini". Poi ci dirigemmo verso il bersaglio.

-"Non male ... non male. Hai del potenziale ..."

Hamid aveva gli occhi lucidi come lampadine. Non aveva preso il centro, ma il primo tiro era rimasto dentro il primo cerchio a compasso, e l'altro leggermente più in basso, a sinistra del bersaglio.

-"Vedi? – continuai - questo significa che hai compensato troppo. Hai puntato troppo a sinistra, a quest'arma serve molto meno. Hai aumentato correttamente, invece, in altezza. Ora sai dove hai sbagliato e come fare meglio. Ora sai anche che, per non sparare a membro di bracco, come vedo fare troppo spesso, è importante prendere la mira accuratamente. A meno che non si stia sparando a raffica, con fucile mitragliatore, ma anche in quel caso, la mira dev'essere intuitiva, ma ci deve essere! altrimenti le pallottole vagano e nessuna va dove avresti voluto".

Smontammo tutto. Eravamo pronti a eseguire quell'ultima missione, non restava che attendere l'indomani, la preghiera del Venerdì…

Passammo la notte nell'ovile dello zio di Hamid. Lui aveva approfittato della visita del nipote per andare a casa sua, nei pressi di Sugh el Ahad. Non poteva lasciare le capre incustodite, gliele avrebbero rubate e doveva essere anche armato perché, a volte, dal vicino deserto arrivavano predoni a rubare bestiame, specie capre, le uniche bestie da carne e latte capaci di sopravvivere in quella sterpaglia con i soliti cammelli.

Infatti, aveva un vecchio fucile da caccia appeso al muro sopra il focolare e una cartucciera con cartucce di cartone e pallettoni, come quelle delle lupare in Italia. Mi avvicinai a guardarlo, era un pezzo degno di un museo.

-"Ma, spara ancora …!?" – dissi rivolto ad Hamid.

-"Sì, spara … mi ha insegnato a sparare con quello! Spara molti pallettoni con un solo colpo. Ci prende delle gazzelle, quando si spingono fin qui durante la stagione che porta la pioggia. Ma ha anche un kalashnikov. Quello lo nasconde. Non vuole che lo trovi la polizia, a volte arrivano fin qui, noi siamo originari di Bengasi, non di Tripoli … non si fidano di noi. Vorremmo l'indipendenza della Cirenaica dalla Tripolitania e Gheddafi non vuole, vuole anche il nostro petrolio, non gli basta quello che ha già qui, in Tripolitania".

-"Anche voi col separatismo … ma con tutto il petrolio che avete potreste essere tutti ricchi, come i sauditi e gli emirati, invece …" – accennai e Hamid m'interruppe.

-"Invece è tutto di Gheddafi. Tutto suo. Nessuno di noi possiede nulla, anche questa terra che era di mio nonno, in realtà ce la potrebbero prendere quando vogliono. In Libia non c'è niente del popolo. Questa terra è della Tribù di Gheddafi. Quelli della sua tribù stanno bene. Quasi tutti gli alti ufficiali dell'esercito e della polizia sono della sua tribù, suoi parenti. Lavorano nelle banche, nei palazzi di governo; chi vuole estrarre petrolio in Libia deve assumere qualcuno dei suoi, o costituire società con Libici e quei libici sono tutti della sua tribù. Dov'è poi il denaro del petrolio? In Libia non c'è niente. La mia famiglia è poverissima. Ci aiutiamo anche per comprare il pane, a volte non ci sono soldi nemmeno per quello. Loro sono ricchissimi come sceicchi, ma il popolo è alla fame. Protestare? … Ci sono spie di Gheddafi dappertutto e a lui basta un sospetto per arrestare, torturare, uccidere un'intera famiglia. Lo ha fatto molte volte, è un assassino".

-"Lo so … l'ho conosciuto qualche anno fa. Anche nell'agosto 1980 fece strage di oppositori. Era pronta un'insurrezione, si sarebbe rovesciato il suo regime ma, a maggio, due senatori Italiani che trafficavano petrolio con lui e altri intrallazzi per miliardi di dollari, consegnarono al colonnello Jalloud l'elenco dei rifugiati che avevamo nascosto in Italia. Erano i capi della resistenza al regime. I suoi servizi segreti li andarono a prendere a Roma, alcuni li uccisero per strada, come cani, altri li sequestrarono e li portarono in Libia, dove furono torturati fino a rivelare i nomi dei ribelli che furono tutti uccisi. Qualche migliaio di morti costò quel tradimento. Pensa che il generale Jucci, dei servizi segreti Italiani, provò nausea per questo, ma gli era stato ordinato di consegnare quell'elenco al capo dei servizi segreti di Gheddafi, come dici tu, un suo parente, era suo cognato, e doveva obbedire! Un tradimento vero e proprio... Quando si permette a persone che amano solo il denaro e il potere di ricoprire incarichi così alti, il minimo che può succedere è questo. Anche gli Italiani, del resto, l'han pagata cara questa situazione. Gli stessi Senatori han coperto il mandante delle stragi di quell'anno, come quelle precedenti. Non potevano permettere che finisse sotto accusa l'uomo col quale lucravano così bene ... e a quei personaggi di strategie Nato e di democrazia non gli importava e non gli importa un bel niente. Hanno organizzato assieme anche il Golpe del '78: assassinato la scorta del Presidente del partito democristiano e lui stesso, coprendo anche in quella occasione mandanti ed esecutori occulti, e usando il fanatismo di terroristi rossi che nemmeno immaginavano che stavano servendo il terrore e le strategie dell'URSS e di Gheddafi... - m'interruppi – lo so, non capisci di cosa parlo ... ma è la strategia della vergogna italiana!"

-"Si che capisco, non so dell'Italia, ma della strage dei dissidenti di quell'estate tutti sapevamo. Non sapevamo chi avesse fatto la spia per Gheddafi perché nessuno qui si ribellerebbe alla luce del sole, viviamo rintanati come topi. Sempre attenti anche alle ombre! Vedere che all'improvviso la polizia entrava nelle case e prelevava tutti con quella sicurezza ... era ovvio che ci fosse stato un tradimento dietro. Nessuno, però, poteva pensare all'Italia ... ma sei sicuro?"

-"Come del fatto che sono qui adesso! – risposi – non è una notizia risaputa da tutti, ma negli ambienti a Roma non è un segreto. Il Generale Jucci è stato male per ciò che dovette fare, si è confidato con molti. Nessuno poté farci nulla. Si trattava di ordini del Presidente del Consiglio in persona e con l'accordo del Ministro degli esteri. Personaggi potentissimi e che, grazie a Gheddafi, manovravano corruzioni per miliardi di lire e soprattutto un traffico di petrolio che arrivava in Italia in nero, scaricato da navi cisterna in raffinerie in Sicilia e che partivano scariche senza lasciare ricevute".

-"Ecco un po' di spiedini!" – disse Youssef, rientrato in cucina con della carne ben arrostita, infilata su spiedini. Ci aveva lasciato a chiacchierare ed era andato ad accendere un fuoco per fare brace dove arrostire un bel pezzo di carne affumicata e salata ... la nostra cena. Li lasciai a parlare tra loro, in Arabo, animatamente e, tra un boccone e l'altro, ripensai all'amore mio. Mi mancava già.

Finito di mangiare quel paio di spiedini, davvero ben cotti e saporiti, non c'è che la fame per far gustare il cibo, mi sistemai per terra, in un angolo, sopra alcuni sacchi di foraggio o quel che era. Profumava di erba secca e non mi dispiaceva.

Ero davvero stanco e, l'indomani sarebbe stata una giornata molto impegnativa. Passai una notte senza sogni e senza risvegli fino al mattino, ma era ancora buio quando Youssef mi svegliò.

-"Dobbiamo andare Italiano, la Jeep è pronta, ci vorranno almeno tre ore per arrivare laggiù".

-"Laggiù dove? Puoi dirmelo adesso, o non ancora?" – chiesi stropicciandomi gli occhi.

-"Si, adesso posso dirtelo, anche se non ti dirà niente quel nome. Andiamo dove la terra ferma finisce e iniziano le dune mobili del deserto, quello è il posto. Sono venuti con una land rover, non si potrebbe arrivare lì con altri mezzi. Ti ho preparato un buon caffè e ci hanno portato del pane appena cotto e datteri. Sarà meglio mangiare un po', non potrai avere niente per tutto il giorno".

-"Nooo, pane e datteri dalla mattina no. Voglio una colazione all'italiana, caffè nero. Porterò con me del pane e qualche dattero per il pranzo." – risposi alzandomi e stirandomi i muscoli. Avevo la schiena a pezzi, la posizione non era delle migliori.

La vecchia land rover scricchiolava come se avesse tutte le articolazioni rotte, ma reggeva bene quelle strade sterrate che l'autista percorreva sicuro, a fari spenti, nonostante il sole non fosse ancora sorto.

Approfittai di quel sedile, che sembrava addirittura morbido rispetto alla media degli ultimi giacigli e mi appisolai. Era bene essere il meno stressato possibile ... Di quando in quando mi svegliavo, il cielo cominciava a schiarire, ma ciò che vedevo erano solo le sagome scure di colline rocciose e aride, come quelle che avevo visto a Sugh el Ahad. Quando il sole si alzò, vedevo che stavamo costeggiando colline rocciose, ma il fondo cominciava a mostrare tratti di quella sabbia finissima come polvere, tipicamente ocra tendente al rosso del Sahara. Youssef, notato che ero sveglio, dietro di lui, mi diede delle indicazioni.

-"Abbiamo lasciato Garyàn, e stiamo passando vicino a Mizdah. Dovremo andare ancora a sud, fin quasi al villaggio di Fassano. C'è un tratto di deserto circondato da colline rocciose che ti sarà familiare - disse sorridendo - E' molto simile a quel posto dove hai fatto le prove. Con Hamid stavamo dicendo che, se ci sarà casino, e ce ne sarà di sicuro dopo, se sarà troppo pericoloso tornare a Tripoli per farti imbarcare ... lui dice che sarebbe meglio passare il confine con la Tunisia, non siamo molto distanti. Hamid ha parenti a Nalut che ci aiuterebbero a passare il confine, lo fanno abitualmente per contrabbandare alcolici e altre mercanzie. Mi sembra una buona idea!"

-"A me no! Se saremo rapidi e precisi saremo rientrati a Tripoli prima ancora che si attivino posti di blocco e controlli. Gli occorre tempo per farlo, le comunicazioni qui sono in uno stato pietoso anche per i militari, non solo per i civili. E quando attiveranno le ricerche, partiranno anche con mezzi aerei per cercare chi si muove verso i confini, mi hai detto che il più vicino è quello Tunisino. Puoi stare certo che i primi a essere allertati saranno i posti di controllo e le caserme lungo i confini, quello a Tunisi per primo, ma anche quello più a sud col Ciad e con il Niger e, come sempre accade in occasioni come queste, fermeranno come sospetti anche le capre e i cammelli. Potrebbero essere spie travestite..." – conclusi ridendo.

Rise anche Hamid che parlava Italiano; anche lui era Cirenaico, di un villaggio interamente costruito dagli Italiani.

Però tornarono sull'argomento! Mi sentii nella stessa situazione di qualche anno prima, in Cocincina, dove nessuno volle ascoltarmi quando esortavo che, dopo l'operazione, non era consigliabile tornare verso Saigon, dove avremo trovato i vietcong infuriati alla nostra ricerca, ma verso ovest, verso Kien-Tanh e i villaggi sul mare, per rientrare da lì verso la penisola di Malacca, non molto distante, come poi feci ... da solo.

Potevo capire! Per ragionare a mentre fredda su questo genere di cose, occorre essere lucidi e aver imparato a lasciare da parte emozioni come la paura e l'ansia e, una volta completamente estraniati dalla situazione, decidere quel che è bene fare.

-"Si, voi conoscete bene il territorio e se pensate che il confine con la Tunisia è più vicino che rientrare a Tripoli, allora si può fare, ma tutto dipenderà da come si svolgerà l'operazione. Se tutto filerà liscio secondo i piani, avremo almeno tre o quattro ore di vantaggio sull'esercito e sulla polizia. Se qualche aereo da ricognizione che si sarà levato in volo vedrà un'auto scassata come questa, diretta verso Tripoli con tutta calma, nemmeno la segnalerà. Se la vedrà, invece, dirigersi verso il confine Tunisino, ci potete scommettere che avremo tutti i cani addosso in un paio d'ore al massimo e non saranno cani partiti da Tripoli, che non farebbero in tempo a bloccarci il passaggio della frontiera ma cani che ci verranno incontro da tutte le caserme e i posti di confine e ci prenderanno, senza dubbio. Abbiamo studiato ogni possibilità, tutto nei dettagli e la cosa migliore da fare è seguire il piano, dobbiamo eseguire la missione, ma anche tornarcene ognuno a casa sua dopo ... no?" – conclusi con voluto ottimismo per rasserenare gli animi.

La cosa fece il suo effetto, perché in arabo sentii commenti soddisfatti, toni concilianti e cenni d'assenso che non avevano bisogno di traduzioni.

-"Piuttosto Giuseppe, fammi vedere i teli mimetici e controllami la sacca, soprattutto l'acqua. Tutto il giorno sotto questo sole con quel telo addosso, senz'acqua e finisco mummificato ... altro che operazione!".

Tra le risate Hamid si girò a prendere il sacco e me lo mise sulle ginocchia. Era un telo in uso alla Nato, fatto con rete colore ocra con tratti più scuri, un'ocra troppo pallido per quel tipo di sabbia e lo dissi, suggerendo il da farsi.

-"Quando mi sarò posizionato mi butterete della sabbia addosso, non troppa, giusto per mimetizzare meglio il colore, che non stacchi da quello della sabbia vera circostante. L'occhio umano vede subito queste cose, bisogna seguire tutti gli accorgimenti per essere davvero invisibili ad occhio nudo."

La striscia per mimetizzare la canna del fucile, brunita, e la sua sagoma andava bene. Il cannocchiale non aveva bisogno di nulla, era

74

in materiale plastico e nero, non avrebbe provocato riflessi nemmeno se fosse stato sotto il sole e, invece, sarebbe stato sotto il telo, nella buca con me. Anche per il vetro non c'erano problemi, il progettista l'aveva previsto parecchio rientrato e non poteva riflettere nessuna luce. Oltretutto avrei avuto il sole del tramonto alle spalle, a illuminarmi bene il bersaglio. La pelle di capra era bella gonfia d'acqua ... Tutto Ok quindi. Passai al mio orologio. Me lo tolsi e lo misi in tasca. Era una di quelle cose che si scordano facilmente, tanta è l'abitudine di non considerare l'orologio al polso come qualcosa di distaccato da noi: un riverbero di luce, un lampo improvviso e saremmo stati segnalati troppo presto. Hamid ci aveva portati in ombra, costeggiavamo come una specie di scogliera che sorgeva dalla sabbia Sahariana, la tenevamo sulla nostra destra ed anche alla nostra sinistra, in quel punto, c'era un bastione roccioso semicoperto dalla sabbia che il vento aveva sospinto anche sulla cima. Osservavo quello spettacolo. Sembrava davvero di essere su una barca che costeggia una scogliera ... a parte per il caldo soffocante. Per fortuna era caldo secco o non ne saremmo usciti vivi.

All'improvviso eccoci in mare aperto ... sulla sinistra si era aperto l'orizzonte per mostrarci il mare ... il mare di sabbia!

Aveva persino il suo moto ondoso, disegnato dal vento che in quel momento non c'era, ma che aveva lasciato la sua immagine.

Hamid fermò l'auto e scaricarono l'attrezzatura, poi fece inversione per nasconderla, pronta a partire al momento opportuno.

La parcheggiò accostata al roccione alla sua destra.

In questo modo sarebbe stata presto in ombra o avrebbero sofferto parecchio anche loro.

Youssef e Hamid avevano preso la pala per sistemare una mezza buca proprio accostata alla parete rocciosa, come gli avevo indicato, ma gliela portai via: era meglio che quella tana me la facessi io.

Mi sdraiai sulla sabbia e agitai le punte dei piedi, per lasciare un segno ... La mia lunghezza.

Poi iniziai a scavare, era soffice e fu facile andare giù di circa mezzo metro dal livello intorno. Il telo era da tenda, di quelli che sono usati anche per coprire cannoni e carri armati. La buca, quindi, la feci bella ampia e ci misi il telo sopra, avrei avuto un fondo migliore di quella polvere che, col sudore, mi si sarebbe appiccicata addosso. Poche cose sono più fastidiose di questo, lo sapevo bene. Mi ci sdraiai sopra e feci in modo di sagomare meglio il fondo sabbioso sull'impronta del mio corpo. Sistemai il fucile sul suo bipede e a distanza giusta, dopo aver avvolto la canna sulla striscia mimetica che avevo lasciato volutamente penzolare verso il terreno. Provai la posizione esatta puntando l'orizzonte, nella direzione probabile che mi fu indicata per il mio bersaglio; sistemai la sacca con la pelle di capra ben gonfia d'acqua alla mia sinistra, verso la roccia e mi voltai verso Youssef.

-"Va bene, coprimi e spala un po' di sabbia anche sopra. Controlla di aver ben coperto il bordo del telo, non si deve muovere in caso di vento". Per avere un po' di spazio di movimento sotto il telo, mi alzai su gomiti e ginocchia mentre egli procedeva con l'insabbiamento e prima di andare Youssef recitò qualche verso del corano in Arabo e mi salutò raggiungendo l'auto.

-"Un Eritreo Islamico … questa la dovevo ancora vedere!" – pensai, ma a furia di stare nel mondo islamico forse … chissà, magari sarei diventato musulmano pure io!

Fui solo, col mio fucile e il deserto tutt'intorno …

-"Ma guarda in che cazzo di situazioni mi vado a ficcare di quando in quando … ma sarà normale? – pensai, subito dopo aver dato un occhiata tutt'intorno – Normale? Mah! … non saprei. Intanto non saprei cos'è normale. Questa è la mia vita, quella che mi sono scelto. Sarebbe stata normale in un ufficio a battere a macchina chissà che? O in un'officina a stringere bulloni e saldare metalli tra loro? Faccio anche quello, di quando in quando. Sono anche un macchinista navale e non è male, non è noioso. Magari lo diventerebbe se dovessi farlo sempre, ogni giorno, mese, anno della mia vita. Per fortuna ne ho scelta una diversa e me la sono costruita così com'è … Dunque, smettila di lamentarti, o avresti preferito annoiarti? … Beh! annoiarmi no, certo, ma si potrebbe trovare una qualche via di mezzo …" - Conclusi quei pensieri che, come al solito, mi mettevano in conflitto con me stesso. Come se due persone si agitassero, uno rimproverando l'altro per le sue scelte fino ad arrivare, a volte, a liti davvero furibonde. Ricordai con una risata di una volta, in un Hotel di Singapore, dove avevo preso alloggio dopo il rientro dal Vietnam nel modo davvero fortunoso descritto nell'Ultima Missione, dopo la caduta di Saigon, allorquando, rientrando in hotel, il portiere cinese, porgendomi la chiave della mia

camera, in maniera affabile mi disse:
-"...Mi raccomando signore, parlate piano ... i vicini di camera si sono lamentati ieri notte!"
Restai sorpreso ... ero solo!!! Ma compresi che "avevamo" esagerato la sera prima e risposi:
-"Well! ... I'll say my friends do not raise their voice!", lasciandolo soddisfatto e felice di aver risolto quel problema ... Ah ah ah!
Quella volta mi ero lasciato convincere da una ballerina Cinese a fumare Buda grass, l'erba di Budda, una marijuana indocinese che esplode nel cervello in mille colori fantasmagorici, dopo essersi caricata nel ventre e che, quando poi rientrai al mio hotel, subito dopo la doccia, mi ricatturò del tutto, sostenendomi nella controversia con gli *"altri"*. Discutevo *in gruppo*, se ricordo bene, ancora una volta del fatto se fosse stato meglio rientrare a Saigon, dirigendosi a Sud, o deviare a Ovest, verso il Golfo e la penisola di Malacca. Ricordo come finì quella discussione ... all'atto pratico io raggiunsi la costa occidentale indocinese e da lì Singapore, dove presi l'aereo per raggiungere Dubay City e un aereo per l'Italia.
Il sole si alzava e faceva sentire la sua voce ... un caldo soffocante.
Sapevo come resistere: mi avrebbe aiutato ricordare i viaggi in Nord Europa, la Finlandia, la Siberia e tutto quel ghiaccio ... gelido, quando per reazione sognavo l'Africa equatoriale!
Bastian contraria la mente mi riportava, invece, nel Golfo Persico: il luogo più caldo della terra, specie nell'agosto in cui io, sempre per esagerare come al solito, mi ritrovai a vivere lì, come macchinista addetto alle caldaie di una turbonave in navigazione in quelle acque.
Il mio alter ego, tuttavia, aveva perfettamente ragione: ricordare quella situazione mi faceva sentire questa come una villeggiatura... come se stessi facendo le sabbiature in spiaggia.
Già! Grondavo davvero in quella sala macchine; dovevo levarmi spesso gli stivaletti bassi, per vuotar fuori il sudore che disturbava il passo, rischiando di farmi cadere. Seminudo, come tutti, mi era capitato di aprire i forni delle caldaie, per far asciugare il sudore col vento caldo che da lì fuoriusciva, spinto con forza dalle ventole dei bruciatori. In quella dimensione mi sentivo pronto a saltare il fosso per andare a servizio da Lucifero, all'inferno, dove, pensavo, avrei probabilmente goduto di un po' di refrigerio. Ero certo che agli inferi, per come li descriveva la tradizione, non sarebbe stato così

caldo: gli ambienti sarebbero stati spaziosi, non certo quelli angusti della sala macchine; sicuramente non mi sarei dovuto muovere tra tubi roventi dove scorreva il vapore saturo secco diretto alle turbine. Laggiù giocano ancora col carbone!

Mai avrei dimenticato i posti di manovra per gli arrivi e le partenze quando, a turni di un minuto, tutto il personale di macchina doveva recarsi sul cielo della caldaia ad aprire con le chiavi i valvoloni del vapore per mandarlo alle turbine o a chiuderli!

Un solo minuto ... perché oltre non era umanamente possibile e, nei cambi di turno, si riusciva a raggiungere il corridoio con le gambe tremolanti per poi accasciarsi sul pavimento a ingollare acqua fresca per tornare pronti al nuovo passaggio in fornace. Forse c'erano 70 gradi centigradi lassù: nessuno li ha mai voluti misurare ma, dall'effetto che faceva anche a personale avezzo a lavorare ad alte temperature, non poteva essere di meno. A sessanta gradi noi si lavorava a turni di quattr'ore per volta, con appena qualche passaggio sotto le maniche a vento. Basti dire che si saliva in coperta, in Golfo Persico, ad agosto, sotto quel sole cocente a rinfrescarsi un po'!

-"Dunque? Di che ti lamenti lavativo?!" – mi chiese la mente.

Non ebbi tempo di rispondere. Appena rimessa a posto la sacca d'acqua, la vista di una nuvola di polvere che si alzava scorrendo davanti a me, mi comunicò che l'operazione procedeva.

Lo osservai col teleobiettivo per avere la conferma che si trattava dell'arrivo del mio bersaglio. Vidi chiaramente la prima auto, una Range Rover ultimo modello, sicuramente con il climatizzatore funzionante. Potevo solo dedurre che anche le altre tre del seguito fossero della stessa marca e modello perché la polvere sollevata non mi permetteva di vedere di più.

Si fermarono e attesero che la polvere si posasse, poi vidi uscire quattro militari in uniforme dalla prima auto. Si avvicinarono all'auto che seguiva e sì, vidi che quello era il mio bersaglio. Avrei sparato subito se fossero stati fermi anche solo per trenta secondi, ma lo circondarono appena sceso e si mossero verso un punto davanti alle auto. Le guardie del corpo gli stavano ai lati ... impossibile un tiro utile in quelle condizioni.

Attesi il posizionamento del bersaglio nel punto che stavano raggiungendo.

Guardai chi faceva parte del seguito: alcuni sembravano armati di lanciarazzi di forma strana; ormai ne fanno di tutte le fogge ma, quando raggiunsero i primi e li vidi armeggiare con cavalletti che nessun'arma avrebbe utilizzato, capii che erano operatori cinematografici e che quelle non erano armi ma telecamere.

Alcuni inservienti stavano sistemando un tappeto da preghiera davanti al colonnello Gheddafi, il mio bersaglio, e uno degli operatori lo stava riprendendo di fronte, mentre guardava i palmi delle sue mani aperte nel gesto tipico della preghiera Islamica. L'altra camera faceva inquadrature di panoramica tutt'intorno.

Stavano girando uno dei filmini della propaganda: Il Rais che prega nel deserto, rivolto verso la Mecca … Commovente!

Bene! … una bella pallottola corazzata nel punto giusto ci sarebbe stata come il cacio sui maccheroni. Regolai meglio la messa a fuoco su di lui che si stava ancora muovendo troppo. Decisi di attendere che si fermasse nella preghiera e, poco dopo, il cameraman posizionato davanti a lui iniziò a riprenderlo mentre era fermo nella posizione assorta dell'inizio della preghiera.

Avevo potuto notare che indossava un mantello da Beduino sopra la sua uniforme da Colonnello. Ora eravamo tutti pronti, loro a riprendere le preghiere di quel santuomo e io a far fuoco dritto sull'obiettivo, ma una delle guardie si posizionò di nuovo tra me e il bersaglio, standogli alle spalle mentre egli, rivolto verso la Mecca, mi mostrava la schiena in una posizione magnifica per un tiro impeccabile. Tutti gli altri erano in ordine sparso e non mi disturbavano. Peraltro, se avessi colpito nel segno, non avrebbero sentito il rumore dello sparo e, senz'altro, si sarebbero avvicinati pensando a un malore. Solo vedendo il sangue e la ferita devastante che una pallottola blindata come questa può provocare avrebbero capito, ma non avrebbero avuto alcuna idea da chi e da dove potesse essere arrivata. Avremmo avuto tutto il tempo di sparire: tutto secondo i piani!

C'era solo questo stronzo che si parava continuamente davanti al bersaglio. Puntai l'obiettivo su di lui per vederlo meglio … Ci restai di sasso. Come quello che vide in faccia la medusa!

Era lei, Aisha! … Era lei, in uniforme, a fare da scudo al suo capo, il Colonnello Gheddafi. Non guardava verso di lui, era rivolta verso di me, dandogli le spalle. Guardava nella mia direzione … sembrava mi vedesse. Questo era impossibile, la distanza era di poco sotto il kilometro, a occhio nudo non avrebbe potuto vedermi, nemmeno senza mimetizzazione.

Eppure guardava insistentemente verso di me, com'era possibile?

La vidi impugnare un cannocchiale e puntarlo nella mia direzione. Sicuramente voleva vedere gli spuntoni di roccia che sorgevano dalla sabbia, ma quel che vidi poco dopo mi tolse ogni dubbio. Cercava di vedere me ... proprio me. Aveva intuito che potevo essere posizionato solo lì, nel punto dove effettivamente mi trovavo ed era lì che mi cercava. Era una donna intelligente Aisha e non c'era tutt'intorno un'altro punto utile più di quello.

La vedevo guardarmi ... non mi vedeva, ma sapeva che ero lì e sapeva che la stavo osservando.

Com'era possibile? Feci quasi un sobbalzo ricordando la mia perplessità nel recuperare la scatola di cartone da sopra l'armadio. Avevo sospettato giusto, mi pareva che fosse stata mossa rispetto a come l'avevo riposta.

Il fatto che non fosse arrivata la polizia ad arrestarmi aveva escluso che fosse vero. Pensai alla mia solita distrazione e sbagliai.

Perché invece Aisha aveva visto la scatola e il suo contenuto e non ci voleva molto a capire tutto il resto. Avrebbe potuto tacere o denunciarmi, come sarebbe stato suo dovere. Aveva taciuto, altrimenti non saremmo stati tutti lì, adesso, a guardarci dritto nel destino...

Non capivo, però, qual era stata la sua intenzione. Se non mi aveva denunciato, se mi aveva lasciato proseguire significava che mi amava. Un pensiero che era una carezza a cuore aperto ... sorrisi guardandola di nuovo. Allora adesso si sarebbe spostata lasciandomi eseguire la mia missione, poi saremmo stati liberi di amarci. Non avrebbe nemmeno dovuto fuggire dalla Libia ... liberi! Un pensiero che mi fece sentire felice. Aisha, amore mio! Dai spostati adesso, basta un semplice passo di lato per un minuto, anche meno.

Però non succedeva niente! Il bersaglio era sempre coperto da lei; non potevo far fuoco in queste condizioni, rischiavo di colpirla.

Il Rais s'inginocchiava ogni tanto e scorreva davanti, dietro e di lato alle anche della mia amata, ma era un movimento veloce e subito s'inchinava con la fronte al suolo, coperto dalle piccole dune di sabbia che avevamo tra noi. Il mio fucile aveva la canna a pochi centimetri dal suolo.

Impossibile provarci, non sarebbe stato un tiro preciso e sicuro, come doveva assolutamente essere.

A volte potevo inquadrare la sommità del suo capo, quand'era in piedi, poco sopra la spalla di Aisha, ma avrei rischiato di colpire lei.

Attesi fiducioso, mi avrebbe sicuramente dato l'occasione propizia, altrimenti niente di tutto questo avrebbe avuto senso. Il sudore colava sul mio volto nell'attesa di quel movimento, ma non lo fece!

Scrutai sul suo volto qualche segnale per me; aveva sempre in mano il binocolo e lo alzò ancora, per guardare verso la mia direzione.

Poi lo mise giù e fui certo di aver visto delle lacrime sul suo volto. Non era sudore, piangeva … Stava piangendo, ma perché?

-"Aisha, spostati! Spostati, saremo liberi di amarci e di vivere insieme. Ora, fallo ora!" – urlai col pensiero, sperando che potesse sentirlo. Lo sentì, ne ero certo, perché anch'io sentii lei e chiaramente. Come una voce nella mia nuca.

-"Ho giurato, come hai giurato tu! Non potevo tradirti, non posso tradirti, ma non posso tradire nemmeno colui al quale avevo giurato fedeltà. Tu puoi farlo? Allora spara … Uccidimi! Porta a termine la tua missione!"

Era la sua voce, era nella mia mente e mi sentiva. Non era una sensazione, era tangibile, come quando mi parlava sulla riva del mare o mi abbracciava. Implorai ancora e misi ancora più forza nel mio pensiero.

-"Spostati Aisha, lasciami fare, un giuramento fatto in buona fede a chi si è rivelato un tiranno assassino e stragista non vincola l'onore e, violarlo, salva il nostro amore, la nostra vita … la libertà del tuo popolo!".

Le lacrime che continuavano a scorrere sulle guance tanto amate furono l'unica risposta che ricevetti. Quella definitiva!

Aisha non si mosse, se non quando, finita quella cerimonia buffonesca, dovettero tornare alle Range Rover ed anche in quell'occasione coprì la vista del mio bersaglio.

Gli aveva salvato la vita, ma aveva ucciso la nostra! Non riuscivo a crederci.

In una nube di polvere vidi le auto allontanarsi.

Mi tolsi di dosso quella tenda e mi sgranchii la schiena e le gambe. Youssef e Hamid mi stavano già raggiungendo. Non furono necessari molti commenti. Avevano anche loro un cannocchiale, troppo vecchio e malridotto per avere una visione nitida della scena, ma avevano potuto vedere che il Rais non era mai stato abbastanza scoperto da permettermi un tiro utile.

Chiamavano in causa il demonio che lo proteggeva. Non era la prima volta che ci provavano e quella non era affatto un'ipotesi da scartare.

Sembrava che avesse venduto l'anima al diavolo in cambio di potere e ricchezza, quella che rubava al popolo libico che non vedeva alcun beneficio dai ricavati del petrolio, tutti incassati da Gheddafi e dalla sua famiglia.

Non dissi di Aisha, non avevo voglia nè bisogno di critiche. Ero abbastanza demoralizzato e non per aver mancato l'obiettivo. In quelle condizioni un successo non sarebbe stato ottenibile nemmeno se avessi tradito Aisha facendo fuoco su di lei per colpire lui.

Lo dissi agli altri, montando in auto, mentre nascondevano nel cofano il fucile.

-"Ho pensato di far fuori la guardia che mi copriva la vista del bersaglio, per poter sparare il secondo colpo su di lui, ma ci sarebbe costata la vita e non avrebbe avuto alcuna utilità. Gli altri non avrebbero sentito lo sparo, è vero, ma avrebbero visto il corpo cadere e il sangue schizzare dal foro del proiettile e, questo, vi assicuro, si fa sentire. Istintivamente il colonnello si sarebbe gettato a terra e gli altri gli avrebbero fatto muro intorno. Ci saremmo ritrovati in fuga con tutto l'esercito Libico e l'aviazione addosso.

Ho pensato che la cosa migliore da fare fosse salvarci e salvare anche questo fucile. Non mancheranno altre occasioni, ci vuole pazienza. Magari, ora che avete qualcuno che può usarlo ... - dissi toccando la spalla di Hamid che sorrise soddisfatto – potrete cogliere qualche occasione nella stessa Tripoli, in una delle tante manifestazioni di propaganda che organizza".

-"Quelle che prepara per farsi riprendere in mezzo alla folla, sono organizzate senza troppa pubblicità, per farle riprendere dalle telecamere e intorno ha solo i suoi fedelissimi ..." – rispose Youssef.

-"Non essere così disfattista Giuseppe! Prova a immaginare che durante una di quelle manifestazioni e cortei cui partecipa, da una finestra socchiusa, un tiratore scelto, punta un'arma come questa e fa fuoco, con molta calma. Con tutta la confusione che si creerebbe dopo, fuggire nei vicoli della vecchia Tripoli sarebbe un gioco per voi e vale la pena di cercare un'occasione così. Fate provare ancora Hamid. Ora sa come fare, ma deve prenderci la mano e conoscere bene l'arma e tu, ricorda: trattenere il fiato e premere delicatamente sul grilletto ... primo scatto, poi ricontrollare nel teleobiettivo e subito il secondo scatto, quello per lo sparo – conclusi, rivolto di nuovo ad Hamid sempre più orgoglioso – Ricordati cosa ti dissi dopo i tuoi primi tiri Hamid: nessuno può insegnare il tiro di precisione a chi non ha già una dote naturale in se. Con un buon allenatore si può arrivare a imparare a sparare bene, ma non ad essere un tiratore scelto, ci vuole qualcosa in più di base e tu quella base ce l'hai".

Di lì a poco fummo fermati da un posto di blocco. Una brutta situazione. Controllarono i nostri documenti e ci fecero scendere. Non perdemmo il sangue freddo e Giuseppe si affrettò a giustificare il motivo di quel viaggio nel deserto a quell'ora.

Il sole era tramontato, anche se ancora non era buio. Capii che mi presentava come un marittimo in attesa della nave in arrivo a Tripoli che aveva espresso il desiderio di vedere il deserto, prima di lasciare la Libia. Mi guardarono e sorrisi tranquillo, la storia fu convincente, perché ci ridiedero i documenti e ci lasciarono partire senza controllare meglio nell'auto. Avevano dato solo uno sguardo distratto. Non potei fare a meno di pensare che se ci fosse stato l'attentato, riuscito o fallito che fosse, quel posto di blocco sarebbe stato rinforzato e non saremmo passati indenni.

Forse Aisha sapeva anche questo, anzi, sicuramente, come guardia della sicurezza del Rais, conosceva tutte le misure adottate per garantire la sua sicurezza durante gli spostamenti. Gheddafi era notoriamente un paranoico, non dormiva mai nello stesso posto. Non si fidava di nessuno e questo la diceva lunga sul vero livello di consenso di cui godeva. Il suo potere si reggeva sul terrore e non potevo credere che Aisha non lo sapesse e lo approvasse.

Sorridevo sollevato, mi amava, e non voleva che morissi come uno stolto, nel tentativo di uccidere l'assassino.

-"Allora, forse c'era speranza che partisse con me, o che mi telefonasse all'albergo di zia Giorgina ... Non era finita!" – pensai felice, mentre succhiavo avidamente l'acqua dall'otre di capra. Ero ancora disidratato e l'aria, per me fresca, che entrava dal finestrino mi dava sollievo.

Era stata una giornata durissima e non riuscivo a tenere gli occhi aperti.

Mi risvegliai direttamente al porto mercantile.

Youssef mi disse che il mio bagaglio era già a bordo dalla mattina, ci aveva pensato lo spedizioniere marittimo.

Ci salutammo velocemente, non potevano rischiare di subire una perquisizione con quel cannone in auto.

Mi passò la borsa con i miei documenti e m'incamminai verso il posto di guardia. La nave era un traghetto, M/N Vento di Ponente, stava scaricando auto e avrebbe imbarcato container. Presi possesso della mia cabina; era abbastanza comoda ci sarebbe stata benissimo una conclusione da favola ... e vissero felici e contenti!

Ma non fu così che andò. L'attesi per tutto il giorno seguente e fino alla mattina della partenza continuai ad attendere e a sperare mentre guardavo la banchina che si allontanava di poppa ... niente!

Non so dire se provavo rabbia, delusione o solo tristezza per una decisione che consideravo sbagliata. Completamente sbagliata!

Si condannava all'infelicità e per cosa poi?

Una giusta causa? E quale sarebbe ... quella di Gheddafi?

Ah ah ah ... gli ideali dei porci si chiaman ghiande!

Quello adorava solo il potere e il denaro ... tutti qui i suoi ideali.

Ogni passo della sua vita era identificabile con questa bramosia di potere e il modo stesso in cui gestiva in prima persona le ricchezze minerarie del paese che controllava in tutto e per tutto stava a dimostrare che di questo si trattava: di un satrapo!

Ma, ormai, a che serviva recriminare? Era finita così.

Una bella storia da ricordare ... sì, proprio una bella storia.

Alla fine ... questo era tutto ciò che rimaneva.

Capitolo IV
Il Senato Italiano

Ciò che dovetti subire da chi aveva assunto il controllo dei media e delle Istituzioni cui per primo mi rivolsi nel 1990, quando pretesi il mio congedo, stanco, con altri, di attendere che lo Stato facesse il suo dovere riconoscendoci i nostri Diritti, lo raccontai sul sito Internet del 1996 e poi col libro l'Ultima Missione, pubblicato in USA nel Gennaio 2001.

Queste pubblicazioni rivelarono i fatti che si volevano tenere nascosti per sempre, fatti nei quali si configuravano reati di tradimento. Cosa che per i nostri codici era severamente punita, fino al 1991, con la fucilazione; per intervento del Presidente della Repubblica in carica, Francesco Cossiga e del Presidente del Consiglio, Senatore Giulio Andreotti, abrogata proprio quell'anno. L'anno in cui minacciai di rendere tutto pubblico, se non avessero provveduto a rispettare le loro promesse di congedarci legittimamente, dopo aver ottenuto, da parte nostra, il silenzio richiesto, silenzio condizionato al rispetto dei nostri Diritti.

Era ben vero, infatti, che come ci aveva comunicato "Ulisse", (nome in codice del nostro comandante del Nucleo G dell'Organizzazione Gladio), il quale, col nome e grado di Ammiraglio Fulvio Martini, Direttore dello stesso SISMI fin dall'epoca del Governo Craxi e delle operazioni in Nord Africa e, soprattutto, in Tunisia, operazioni che portarono alla deposizione di Ben Bourghiba e all'ascesa al potere del Generale Ben Alì ci informò che non si poteva procedere al nostro congedo, con i nostri fogli matricolari, i secondi in originale, custoditi presso l'Ufficio X del Ministero della Difesa, poiché vi erano riportate tutte le operazioni estere a cui avevamo partecipato a partire dai primi anni '70 e fino alla fine della guerra fredda, con la caduta del muro di Berlino, voluta da Gorbaciov.

Fummo resi edotti, in quel momento, dallo stesso Ulisse, che quelle operazioni sotto copertura, secondo alcuni politici, non erano legittime in base alla Costituzione Italiana. Pertanto, stavano procedendo alla distruzione di tutto il materiale documentale custodito nell'Ufficio X ma, con propria comunicazione scritta e di protocollo del Direttore del SISMI e da lui firmata, ci assicurava che stavano anche procedendo a ricostruire il nostro stato di servizio, anche se non avrebbe riportato quelle operazioni estere, magari camuffate come servizio da addetti militari presso sedi consolari e ambasciate Italiane all'estero.

Ovviamente non avremmo avuto niente da obiettare, purché tutto fosse stato legittimato, come da contratti d'ingaggio, per quanto mi riguardava, del settembre 1970.

Purtroppo, però, non andò così. Alle nostre proteste fummo fatti oggetto di azioni intimidatorie e persecuzioni. Nel mio caso anche giudiziarie e che mi costrinsero a difendermi per lunghi anni da una serie incredibile ma vera, di calunnie che non mi permisero di accusare il Governo di ciò che effettivamente andava accusato: averci tradito e di aver tradito la patria, la nostra amata Italia, fin dai tempi in cui, alcuni Senatori e Ministri della Repubblica, collaborarono attivamente alla strage di Via Fani e all'assassinio dell'On. Moro. Tutto questo appariva provato da fatti certi, e solo la mancanza di testimoni denuncianti, aveva impedito che si procedesse penalmente contro di loro.

Gli anni erano così passati, uno dietro l'altro ... fino al momento in cui, per dare un futuro alla mia famiglia, decisi di chiedere asilo in America, nel Maggio 1998, subito dopo le sentenze di condanna della Commissione Europea dei Diritti dell'Uomo di Strasburgo sulle azioni intimidatorie organizzate contro di me con l'ausilio di pubblici ufficiali. Una pletora di corrotti o ingannati in buona fede da macchinazioni mostruose, quanto inverosimili, eppure considerate sufficienti a istruire processi e condanne di primo grado, che in un caso mi portarono persino in carcere. Le successive assoluzioni in appello, sia pure dopo anni dai fatti, mi lasciavano intendere che solo alcuni avevano partecipato al tradimento, ma tali e tante erano le simulazioni di cui ero stato vittima, che mi resi conto che l'unica via era lasciare l'Italia.

Una fuga non certo da codardi, tutt'altro. Nel 1998 ero vincitore di quelle battaglie iniziate nel 1991, ma come può un padre di famiglia, sottoporre i suoi figli e sua moglie a un simile fuoco di fila di diffamazioni sulla stampa e di calunnie nelle sedi istituzionali?

Mi sentii in dovere di dar loro un futuro diverso. Non senza, però, continuare la mia battaglia per la verità e la Giustizia in cui continuavo a credere.

Ma queste cose sono state ben descritte nel libro L'Ultima Missione. Ora eravamo andati oltre, nel tempo e negli avvenimenti successivi a quella pubblicazione. Una pubblicazione che apparentemente rimase senza reazioni da parte dei traditori, ma solo apparentemente.

I tentativi di gettarmi in carcere e di screditarmi con accuse infondate, quanto inverosimili per chiunque mi conoscesse, erano andate a vuoto, sventate, non senza danni, dalle mie controreazioni e denunce pubbliche.

Ora, però, avvertivo che dietro le quinte della democrazia si tramava ancora e con più rabbia di prima ed ero attento a chi avvicinavo e a tutto ciò che facevo, per impedire di dare appigli a chi ne avrebbe sicuramente approfittato. Non temevo più attentati, sarebbe stato controproducente. Dopo tutto ciò che avevo pubblicato e documentato, questi avrebbero riportato la firma chiara dei inequivocabile dei mandanti.

Non avrebbero commesso simili errori.

Avvertivo che il loro potere era in declino. Se fosse stato ancora quello degli anni '80, quando poterono depistare addirittura stragi come quella di Ustica e di Bologna per proteggere il loro compagno di merende dalle inchieste Giudiziarie, allora si che avrei avuto motivo di temere un attentato, finanche una "fucilazione". Come quelle subite da altri in quel tempo, non da parte di un plotone d'esecuzione, ma da parte di sicari prezzolati e vili, qualche colpo di pistola o di mitra all'improvviso e da imputare a terroristi o mafiosi. Non era più quel tempo e tutto ciò che volevano ottenere era di salvare il loro nome e la loro reputazione e per ottenere questo scopo erano pronti a tutto e non si fermavano davanti a niente.

La loro parola d'ordine, adesso, era screditare me con ogni mezzo ancora a loro disposizione e ne avevano uno potentissimo: il controllo dei media attraverso nomine e finanziamenti alle testate che potevano ancora gestire tramite i loro adepti. I loro partiti non esistevano più, spazzati via dalle inchieste sulla corruzione, ma chi ne faceva parte, tranne alcuni troppo compromessi, erano ancora e sempre in parlamento, nei consigli d'amministrazione delle società di comunicazione, nelle redazioni RAI e quel potere avrebbero continuato a utilizzarlo adesso ... a questo dovevo prepararmi.

Non potevo esimermi dal concedere interviste a quei giornalisti che anche in Italia, dopo l'America, trovavano il coraggio di cercare di rendere note ai loro lettori verità sepolte. Era pericoloso, lo sapevo bene, ma sarebbe stato ancora più pericoloso tacere.

Fu con questo spirito che ricevetti in Sardegna due giornalisti di Famiglia Cristiana, settimanale molto diffuso, circa sei milioni di lettori, in quell'anno, il 2002. Vennero a trovarmi, dopo essersi accreditati indicandomi alcune inchieste coraggiose che avevano seguito e mostrandomi la foto di una persona, con vicina una gazzella e chiedendomi se la conoscessi.

-"Certo che lo conosco. E' Mimmo, era capostazione a Trapani, la stazione radio di Gladio, che usavamo per comunicazioni con Roma radio. Il nostro ponte radio durante le operazioni nel Maghreb. All'epoca, tra il 1985 e il 1986, non esistevano i cellulari" – risposi.

Questo li colpì e li convinse che non ero un millantatore. Quella foto, infatti, non era diffusa e nessuno sapeva, fino a quel momento, che si trattava di Licausi Vincenzo, Maresciallo, ucciso da una pallottola vagante a Mogadiscio, il 13 Novembre 1993, durante la Missione Ibis. Venni a sapere così che anche lui era morto e ne provai dolore, come ogni volta che venivo a sapere che uno dei miei ex commilitoni era stato ucciso in un attentato, o un incidente o, come era capitato ad alcuni, si era suicidato in maniera sempre inverosimile.

Non conoscevo il suo nome … Licausi Vincenzo, mai sentito prima. Ma la foto è nitida, anche se successiva di qualche annetto. Ci incontravamo ogni volta che andavo, o rientravo, da Tunisi, col traghetto per Trapani. Quante volte abbiamo pranzato assieme, in una trattoria sul porto dove facevano dei piatti tipici siciliani che vantava sempre … ed effettivamente aveva ragione!

In quell'occasione m'intervistarono per un articolo che avrebbero pubblicato e riguardante varie incongruenze delle inchieste sul sequestro e l'omicidio dell'on. Moro.

Ricevetti in seguito alcune altre visite da parte dei soliti giornalisti. Le situazioni di cui avevano dato notizia pubblicando le mie informazioni evolvevano, confermando le cose che ritenevano quasi "inverosimili" al tempo in cui le avevo dichiarate e questo accendeva di nuovo interesse i loro giornali.

La cosa, certo, non mi dispiaceva, ma cominciava a essere sempre più pesante rispondere ogni volta alle stesse domande: una specie di condanna alla quale cercai di sottrarmi proprio con la pubblicazione del libro, ma non bastava, perché in realtà le cose che scrivevo non erano "in linea" con le versioni ufficiali della storia.

In Italia gli asini devono volare!

Naturalmente non mi prestai a nessun gioco, mi limitavo a dire la mia e a fornire prove e possibilità di riscontri e verifiche a quanto affermavo e, come accadeva da qualche tempo, venendo a mia volta a conoscenza di notizie che per me erano inedite, anche se venivano dai numerosi processi Moro.

Per esempio l'articolo pubblicato sul numero venti di Famiglia Cristiana, il 12 maggio 2002 fu uno di questi. Avevo ricevuto la visita di Luciano Scalettari e Barbara Carazzolo pochi giorni prima; avevano parlato con l'Ammiraglio Accame dopo le notizie che negli anni precedenti rendevano nota la mia storia e avrebbero voluto saperne di più.

Anche in questo caso risposi a tutte le loro domande e non potei fornirgli alcuna copia del libro perché a quel tempo non era disponibile in Italia.

Diedi a Luciano l'url di booksurge.com da dove si scaricò la versione elettronica direttamente sul suo PC. Mi chiese anche copia elettronica dei documenti pubblicati in appendice perché sull'ebook erano protetti da copie abusive e non si potevano stampare. Mi disse che avrebbe voluto pubblicarli sul giornale e acconsentii, inviandogli by email il file in formato jpeg; naturalmente gli ricordai di citare la fonte, il libro elettronico "L'Archivio superstite dell'Organizzazione Gladio", ma citarono solo "L'Ultima Missione" e il sito internet, per dire che dal 1996 la mia storia era pubblica, anche se in Italia se ne parlava solo adesso.

Il Titolo dell'articolo di Famiglia Cristiana n.20 del 19 maggio 2002 era:

"Lo strano caso di G-71" - Rivelazioni di un ex: ecco le prove della Gladio Militare".

Il documento porta la data del 2 marzo 1978. È su carta filigranata azzurrina intestata al Ministero della Difesa e autorizza il gladiatore G-219 a prendere contatto con gruppi del terrorismo mediorientale allo scopo di «ottenere collaborazione e informazioni utili alla liberazione dell'on. Aldo Moro».

Il documento, prelevato a Roma in busta chiusa, fu regolarmente consegnato a Beirut il 12 marzo 1978 da un altro gladiatore, G-71, all'anagrafe Antonino Arconte. G-219 è stato identificato nel colonnello Mario Ferraro, l'agente del Sismi che verrà trovato impiccato nella sua casa a Roma molti anni più tardi, nel luglio del 1995. Il problema è che il 2 marzo 1978, quando parte quell'ordine, Moro non è ancora stato sequestrato. Il rapimento, com'è noto, avviene il 16 marzo 1978, quattro giorni dopo la consegna della missiva. A rivelarne l'esistenza è lo stesso ex gladiatore che in quell'occasione lo consegnò a Beirut: Antonino Arconte.

Così, dopo 24 anni dall'uccisione di Moro e della sua scorta, si apre una nuova pagina dell'oscura vicenda. «O questo ordine di servizio è falso, oppure pone degli interrogativi incredibili, quasi surreali: Moro e la sua scorta si potevano salvare? Perché, il 2 marzo, non fu avvertito lo stesso Moro e le Forze dell'ordine?»

A parlare è Falco Accame, già ammiraglio ed ex presidente della Commissione difesa della Camera, il primo che ha presentato un esposto sulla vicenda alla Magistratura militare di Roma e inviato lettere al Presidente del Consiglio.

Ma non nei giorni scorsi. Esposti e lettere sono partiti fra marzo e dicembre 2000. «Le notizie furono anche riprese dal Tempo e dalla Nuova Sardegna», dice Accame. «E la magistratura aprì un'inchiesta, di cui non so nulla».

Non solo. Dopo la pubblicazione degli articoli, Arconte fu interrogato dai Ros dei Carabinieri, su mandato del sostituto procuratore di Roma Franco Ionta, lo stesso magistrato titolare delle inchieste sulla morte di Ferraro, l'agente G-219, e sull'assassinio avvenuto in Somalia (mai chiarito) di un altro gladiatore: Vincenzo Licausi.

Accame sottolinea che l'intera storia di Antonino Arconte necessita di un chiarimento. Com'è noto, infatti, l'organizzazione Gladio fu individuata dal magistrato veneziano Felice Casson. Nel febbraio 1991 Giulio Andreotti ne confermò l'esistenza: si trattava di Stay behind, una struttura – fu detto – composta da civili, nata nel 1951. Doveva attivarsi in caso d'invasione dei Paesi dell'Est. Fu anche resa nota una lista degli appartenenti: 622 persone.

Perciò Falco Accame, nel 2000, chiede che si indaghi su questa componente occulta di Gladio: «Se venisse confermato quanto sostiene Arconte», scrive Accame, «si dovrebbero aggiungere alla lista altri 280 gladiatori». Inoltre, si dovrebbe parlare di una Gladio militare e non solo civile, autorizzata a intervenire all'estero e non solo in Italia. Una struttura che si componeva di tre reparti: due militari – i "Lupi" della Marina e le "Aquile" dell'Aeronautica – e uno civile, le "Colombe". «Ma lo Stato maggiore», conclude Accame, «non può aver operato senza il consenso politico».

«Io ero militare e nella lista dei 622 il mio nome non c'è», conferma Arconte, «come non risulta quello di molti altri. Ad esempio i quattro gladiatori uccisi nell'attentato ad Argo 16, il velivolo abbattuto sul cielo di Mestre. Argo 16, infatti, era un aereo utilizzato dal Sid». Famiglia Cristiana ha intervistato l'ex gladiatore in Sardegna, dove vive. Arconte racconta che faceva parte della "Gladio delle centurie", una struttura segreta forte di circa 300 uomini super addestrati.

«Figlio di un carabiniere, mi sono arruolato nel 1970», racconta, «a 16 anni. Ho partecipato a una selezione per entrare nei corpi speciali dell'Esercito, per poi passare al Servizio informazioni Difesa (Sid), comandato dal generale Vito Miceli. La mia matricola era G-71 VO 155 M, dove G sta per gladiatore, 71 l'anno del mio corso, VO significa volontario, 155 è il numero personale, M sta per Marina. Il mio lavoro "di copertura" era macchinista navale. In missione, era un ottimo sistema per passare inosservato».

– Perché si è deciso a parlare solo ora?

«Per la verità ho rivelato la mia storia già nel 1993. Dopo aver protestato per la lettera di congedo del Dicembre 1990, inviatami dall'Ammiraglio Martini, Direttore del Sismi, che garantiva la regolarizzazione dello stato di servizio che però non è mai avvenuta. Prima avevo continuato a chiedere, a destra e a manca, cos'era successo: l'unico che mi rispose fu Craxi. Mi mandò 5 lettere fra il 1986 e il '92. Mi diceva che si sarebbe interessato, ma mi chiedeva intanto di tacere, nell'interesse del Paese. Non accadeva nulla. Allora nel '93 presentai il primo di quattro ricorsi alla Corte di Giustizia europea. In quattro casi mi hanno dato ragione, il quinto procedimento è in corso. Nel 1996 ho creato un sito Internet, Real Gladio, che tutti possono consultare (l'indirizzo è: www.g71.altervista.org ndr). Nel 1998, poi, recatomi negli Stati Uniti per chiedere asilo politico, ho reso una lunga intervista al periodico America Oggi. Infine, ho pubblicato un e-book, cioè un

*libro acquistabile via Internet, che s'intitola "L'Ultima missione",
corredato dei documenti, la mia "Ultima Missione" è di rendere
nota la verità di 20 anni di guerra fredda italiana».*
– Cosa l'ha spinta a rivelare tutto?
«Credo che parlare mi abbia salvato la vita. Molti, troppi di noi
sono morti. Chi in missione, chi in strani incidenti, chi "suicidato"
come Ferraro o "colpito da pallottole vaganti" come Licausi. La
verità è che ci vogliono cancellare, noi e la nostra storia».
- Veniamo al caso Moro...
«È presto detto. Sono partito dal porto della Spezia il 6 marzo 1978,
a bordo del mercantile Jumbo Emme. Dovevo consegnare a Beirut 5
passaporti e far fuggire dal Libano alcune persone. Infine, dovevo
recapitare un plico al nostro uomo a Beirut, G-219, con l'ordine di
contattare i gruppi mediorientali per aprire un canale con le Brigate
rosse, allo scopo di favorire la liberazione di Moro. È ciò che ho
fatto. I retroscena non li conosco, e d'altra parte, il mio lavoro era
quello di addestrare "ribelli" e profughi in zone calde. Specie in
Africa».
– Quali missioni ha compiuto?
«Nel 1974 ci mandarono in Angola, l'anno dopo fummo impiegati in
Vietnam, a Beirut e in Yemen. Nel 1977 mi mandarono in Sudafrica
per far uscire clandestinamente Steven Biko. Lui non accettò di
venire via e poco dopo fu ucciso, il 23 luglio '77. Altre operazioni
furono compiute in Unione Sovietica, Romania, Libia, Tunisia.
L'ultima a cui ho partecipato è stata "Akbar Maghreb", grande
Maghreb, che portò alla caduta del dittatore tunisino Ali Ben
Bourghiba. Come vede, stavamo dietro le linee nemiche, come recita
il nome stay behind. Non posso conoscere i compiti di tutte le 32
branche in cui era suddiviso il Sid, ma so che noi operavamo oltre-
cortina».
– Operazioni legittime?
«Certo. Ero un militare e operavo al servizio del mio Paese. La
Guerra Fredda per noi è stata estremamente calda. Ho visto morire
sul campo tanti miei compagni. E' stato un conflitto feroce ma
silenzioso, di cui l'opinione pubblica italiana non seppe quasi
nulla».
– Poi cos'è accaduto?
«Il 4 febbraio 1986, rientrato dall'operazione "Akbar Maghreb",

che mi era anche costata una lunga e dura prigionia in Marocco, andai come al solito a fare rapporto al ministero della Difesa, a via XX settembre n°8, a Roma. Entrai nell'Ufficio decimo e non lo trovai più. Eravamo stati cancellati. Da allora è iniziata la mia odissea. Per quattro anni cercai di capire e di farmi riconoscere il servizio che avevo svolto per il mio Paese. Quando si resero conto che non mi lasciavo intimidire iniziò la persecuzione: fui accusato di tutto, persino di spaccio di droga. Mi ci sono voluti anni e l'intervento della Corte Europea per dimostrare la mia innocenza. E non è ancora finita».

Questo il racconto di G-71. Che contrasta radicalmente con quanto dichiarato, ancora nel 2000, dal sottosegretario Mattarella, secondo il quale: «Non risulta alcuna articolazione di Gladio in centurie, e tanto meno l'utilizzo delle denominazioni "aquile, lupi e colombe"». Il Ministro della Difesa on. Mattarella ebbe anche a dichiarare che non risultava che fossi mai stato arruolato nella Scuola SAS di Viterbo a Maggio 1970, ma così non è! Inoltre, dopo pochi giorni, in una interrogazione parlamentare, l'onorevole Russo Spena ha esibito dati e documenti che confermano l'esistenza della Gladio militare. E non ha mai avuto risposta. Per di più, nel suo recente libro dal titolo "Nome in codice Ulisse" l'ammiraglio Fulvio Martini fa riferimento all'intervento per la destituzione di Bourghiba e alle operazioni compiute da Gladio per "esfiltrare" dalla Libia gli oppositori di Gheddafi. E in tempi più lontani è lo stesso generale Vito Miceli, all'epoca direttore del Sid, il servizio segreto militare, a farne accenno: interrogato il 14 dicembre 1977 in Corte d'Assise a Roma, nell'ambito del processo per il tentato golpe Borghese, dice: «C'è, ed è sempre esistita, una particolare organizzazione segretissima, della quale sono a conoscenza le massime autorità dello Stato». E aggiunge: «Si tratta di un organismo inserito nell'ambito del Sid».

L'articolo era firmato da Barbara Carazzolo e Luciano Scalettari.

Come potete leggere un articolo piuttosto chiaro, come quelli di Famiglia Cristiana riescono sempre a essere. Inchieste che sono svolte non credendo a semplici dichiarazioni, ma cercando riscontri e prove di quanto gli intervistati raccontano agli inviati speciali. Per questo suscitò scalpore, molto più di tanti altri pubblicati in precedenza. Fu ripreso da Alessandro Cassinis del Secolo XIX, da Fontana del Tirreno, Da Piero Mannironi della Nuova Sardegna, da Marilina Veca di Rinascita, da Stefano Vaccara di America Oggi a New York e altri, tutti giornalisti indipendenti dalle volontà di certi politici.

Anche sul Giornale di Paolo Berlusconi, ex di Montanelli, fu ripresa la notizia, ma per motivi ben diversi dal far conoscere la verità, motivi di cui parleremo meglio in seguito, in quanto il Giornale, in un articolo non firmato del 15 maggio 2002, senza interpellarmi, ne darmi alcuna possibilità di replica a difesa, dichiarò falsi i documenti pubblicati da Famiglia Cristiana, senza, peraltro, fornire alcuna prova di queste gravissime accuse che assumevano la forma di una diffamazione gratuita e senza concedermi alcuna possibilità di replica, visto che non ne fui informato. Tra le reazioni a quest'articolo ci furono anche numerose, ne ho contate otto, interrogazioni parlamentari al Ministro della Difesa in carica, l'On. Martino; una persino da parte dell'Onorevole Andreotti, il quale, semmai, doveva essere lui a fornire chiarimenti al Ministro, perché all'epoca dei fatti dimostrati da quei documenti era lui Ministro e capo del Governo e l'On. Martino, probabilmente, andava ancora al mare con la mamma e nemmeno sospettava che, ai giorni d'oggi, avrebbe fatto politica ad alto livello.

L'On. Andreotti m'impressionò non poco per il livore con il quale affermava pubblicamente: *"Se è vero fucilateli! Altrimenti deve intervenire la magistratura, perché chi ha vissuto il '78 non può permettere che si speculi su quei fatti tragici ..."*. Questo fu ribadito in una trasmissione di Rai 3 Primo Piano e senza avvertirmi, invitarmi, nè concedermi diritto di replica, in perfetto stile mafioso! Io che ho imparato a leggere dietro le righe (nonché sopra e sotto, per salvarmi la vita), capii benissimo che si trattava di ordini. Disposizioni ... che non mi davano scampo: in un caso o nell'altro, mi faceva sapere l'On. Andreotti, con quell'interrogazione pubblica, dovevo essere fucilato o arrestato da esecutori non meglio identificati, costituitisi in un plotone d'esecuzione e/o magistrati, di quelli che lui conosceva bene ... ed anche io! Parlava di fucilazioni, non al singolare, quindi avvertii anche l'altro sopravissuto alla Guerra Fredda Italiana, il Dr Franz. Forse, questa, era lo stesso tipo di reazione che ebbe nel 1979, a detta di una sentenza della Corte d'Appello di Perugia del 17 novembre 2002, all'epoca in cui un certo Mino Pecorelli, giornalista e direttore di OP, fu "fucilato" in una strada di Roma, dopo aver minacciato di pubblicare documenti inerenti i "misteri" del caso Moro. Io, però, non ho minacciato nulla, io ho pubblicato e depositato davanti alle Corti Internazionali di Giustizia la mia testimonianza, i miei ricordi e tutti i riscontri superstiti, come me, al tradimento che ci ha "cancellati" tutti!

Forse, se il Senatore Andreotti avesse avuto ancora intorno le stesse persone che lo servivano in quegli anni, magari a sua insaputa! Avrei anche potuto fare la stessa fine ... chissà? Ormai solo Dio può giudicare quegli avvenimenti, dopo tanti anni chi altri potrebbe farlo? Resta il fatto che non restai con le mani in mano e corsi ai ripari, organizzando una strategia a mia difesa da queste ennesime manovre e macchinazioni diffamatorie. Telefonai agli inviati di Famiglia Cristiana che mi confermarono di aver fatto visita al senatore dopo l'articolo, al quale mostrarono i documenti e che il suo commento fu negativo; infatti, il Senatore disse che, secondo lui, non erano autentici.

-"Perché, se Famiglia Cristiana è disponibile ad accollarsene le spese, non li fate periziare?" – risposi a Barbara Carazzolo.

-"Tu saresti disponibile a farli periziare?" – rispose prontamente lei.

-"Certo, alle mie condizioni sì, del resto sono stati già periziati, in America, nel '98, e sono risultati autentici. Chiaramente non sono disponibile a sottoporli a perizie artificiose e viziate da interessi diversi dalla verità, come potrebbero essere quelli dei CTU utilizzati dalle Procure che ho conosciuto fin troppo bene e di cui diffido completamente, ma da un laboratorio serio, indipendente ed interessato alla verità, non avrei niente in contrario a far fare tutte le perizie scientifiche del caso ... naturalmente alle mie condizioni.

Le mie condizioni riguarderebbero la mia sicurezza e non le modalità peritali; quanto a queste non voglio nemmeno sapere il nome del perito, mi basta sapere che non sarà agli ordini di nessuna Procura e di nessun potere politico di questa Repubblica".

-"Ne parlerò con i colleghi di redazione e ti farò sapere" – concluse Barbara.

-"Bene! ... aspetto vostre nuove" – replicai, attaccando la cornetta.

Pochi giorni dopo, senza alcun preavviso, facendo zapping con il telecomando, capitai su un'altra trasmissione di RAI 3 Primo Piano,

nella quale sentii fare chiaramente il mio nome. Stavano commentando l'articolo di Famiglia Cristiana e in studio c'erano un PM della Procura Generale di Roma, Antonio Marini, la vedova di Dantona, una vittima delle BR, ed eletta Senatrice per i DS, il figlio dell'On. Aldo Moro, Giovanni Moro, ed il Senatore Andreotti. Il senatore ripeté quanto già dichiarato in senato all'atto della sua interrogazione e ci fu un dibattito in studio, durante il quale si fece più volte il mio nome, ma nessuno si sentì in dovere di telefonarmi per chiedermi cosa ne pensavo di tutte quelle dichiarazioni a mio riguardo, più precisamente sulla documentazione superstite dell'organizzazione Gladio ... e alle quali non potei mai rispondere! Non mi sfuggì, comunque, il tono nemmeno troppo velatamente minaccioso del senatore Andreotti che auspicava nuovamente la "...fucilazione o l'intervento della magistratura" poiché, a suo dire, "speculavo sul 1978". Anzi, più precisamente, ribadendolo ancora una volta, disse: "...*Chi aveva vissuto il '78 non poteva permettere che si speculasse su quei tragici avvenimenti ...*". Pertanto richiamai Famiglia Cristiana per un sollecito e seppi le novità sulla mia offerta di collaborazione per una perizia scientifica sulle documentazioni in mio possesso. Mi rispose Luciano Scalettari, il quale aveva contattato, con i suoi colleghi, un laboratorio di Torino disponibile ad effettuare la perizia scientifica; si trattava di un laboratorio prestigioso e che aveva partecipato anche alla perizia sulla Sacra Sindone. Mi dissero che sarebbero venuti in Sardegna al più presto. Nel frattempo, il settimanale Famiglia Cristiana pubblicava un altro articolo sulla mia storia, dando voce anche a chi continuava a screditarmi, dichiarando false le mie rivelazioni e a "non riconoscere" i documenti pubblicati in appendice al libro L'Ultima Missione e dai giornali che ne davano notizia. Interessante, in particolare, quello sul numero 21 di Famiglia Cristiana del 26 Maggio 2003. L'articolo intervistava un altro ex, nome in codice "dottor Franz". Ecco il testo dell'articolo, dal quale vengo a sapere alcune cose che commenteremo alla fine della vostra lettura:
ESCLUSIVO
GLADIO MILITARE: DOPO ARCONTE, SPUNTA UN ALTRO "EX"
«*DIMENTICA TUTTO E STAI ZITTO*»
«*Il capitano del Sid Antonio La Bruna mi ordinò di tacere*», dice il

"dottor Franz", che pedinava i terroristi che si addestravano in Cecoslovacchia. «I nostri Servizi lo sapevano sin dal '74. C'era anche Franceschini».

«Alcuni terroristi delle Brigate rosse si addestravano nei campi cecoslovacchi di Karlovy Vary, Litomerice e Brno e i nostri Servizi lo sapevano fin dal 1974: tra i miei incarichi, infatti, c'era quello di pedinarli e fotografarli». A parlare è il "dottor Franz", all'epoca studente di medicina "arruolato" dal capitano del Sid Antonio La Bruna. Suoi compiti: raccogliere informazioni, fornire passaporti, pedinare sospetti terroristi, far scappare dissidenti.

La sua testimonianza, già resa nel 2000 al pm Franco Ionta, coincide in alcuni punti con quella di Antonino Arcone. Nel numero scorso di Famiglia Cristiana, Arcone ha raccontato di aver fatto parte di una "Gladio" che operava all'estero e ha mostrato un documento da cui risulta che la sua struttura sapeva in anticipo del rapimento di Aldo Moro. Come Arcone, anche Franz non risulta nell'elenco ufficiale di Gladio. E come lui, nell'86, si è trovato "cancellato": la loro divisione, la X, non esisteva più. «Il capitano La Bruna mi disse: "Dimentica tutto e taci"», sostiene Franz. «Molti di quei terroristi che pedinavo li ho riconosciuti sui giornali, quando venivano arrestati. Uno di loro era Alberto Franceschini». Secondo Franz, quindi, le Br sarebbero state addestrate nei Paesi dell'Est. Su questo «abbiamo trovato riscontri precisi», dice l'ex presidente della Commissione stragi Giovanni Pellegrino. «Però non siamo andati al di là della certezza che uomini delle Br e di Prima Linea furono addestrati in Cecoslovacchia».

Franceschini l'ha sempre negato, anche se sul suo passaporto fu trovato un visto per la Cecoslovacchia.

Molti dei misteri che ancora avvolgono il rapimento di Moro sono apparentemente legati a Gladio. «Ne abbiamo incontrato spesso tracce», dice l'ex deputato del Pci Sergio Flamigni, già membro della Commissione Moro. «C'è, per esempio, la perizia balistica dov'è scritto che 39 bossoli ritrovati in via Fani provengono da uno stock in dotazione a "forze militari non convenzionali", ed erano ricoperti da una vernice protettiva per essere conservati a lungo».

Potrebbero venire da un deposito di materiale, armi e documenti di Gladio, i cosiddetti Nasco, sparsi un po' in tutta Italia. Alcune fonti riferiscono che solo a Oristano i Nasco erano sei, nello spezzino oltre 400, in Friuli anche di più. Flamigni continua: «La stampatrice Ab Dik 360 usata dalle Br durante il sequestro e procurata da Moretti proveniva dal Rus, Reparto unità speciali, uno degli uffici del Sismi da cui dipendeva Gladio. Sia il Servizio, sia Moretti diedero spiegazioni poco convincenti di questa storia». (Ndr: le spiegazioni date sia dal servizio che da Moretti, combaciavano, infatti, entrambi dissero di essersi serviti dello stesso rigattiere al quale il servizio vendette quella stampatrice che Moretti, poi, acquistò!) C'è di più. Nel dicembre '90, l'ex carabiniere paracadutista Pierluigi Ravasio rivelò di aver fatto parte di un nucleo della VII divisione del Sismi, la stessa che dirigeva Gladio. «Interrogato dal magistrato De Ficchy, Ravasio parlò di un colonnello del Sismi, Angelo Guglielmi, che aveva un suo uomo infiltrato nelle Br», continua Flamigni. «Quella mattina Guglielmi si trovava a via Fani. Ravasio in seguito ritrattò tutto e Guglielmi, a sua volta interrogato, disse che era lì perché invitato a pranzo (alle 9.30 del mattino!) da un collega, il quale smentì l'invito. Il colonnello Guglielmi era un addestratore di Gladio e insegnava tecniche d'imboscata».

La prigione di Moro: Giuseppe De Lutiis, che ha esaminato come perito i documenti sequestrati nel dicembre del '90 negli archivi della VII divisione del Sismi, racconta: «Il 9 giugno 1991 Cossiga rivelò che reparti speciali degli incursori erano stati sul punto di intervenire dove si pensava fosse la prigione di Moro, e che un ufficiale medico si era offerto di fare da scudo col suo corpo all'onorevole». «Era Decimo Garau», dice De Lutiis, «un istruttore di Gladio. Garau ha spiegato ai magistrati che il reparto si era allenato, nei giorni del sequestro, nella caserma del Rud di Cerveteri, il centro di addestramento dei gruppi delle operazioni speciali del Sismi. Proprio della zona di Cerveteri erano le tracce di sabbia ritrovate sotto le suole delle scarpe di Moro e sui copertoni della R4. Morucci in seguito disse che la sabbia era stata messa a bella posta per depistare le indagini». Da noi rintracciato, Decimo Garau non ricorda molto: «È passato troppo tempo». Lei era un istruttore di Gladio? «Sì, dal 1967 al 1990». Ha mai conosciuto Arconte? «Non ricordo questo nome». Esiste una Gladio militare? «No, gli unici militari erano gli istruttori». Cosa ricorda del caso Moro? «Eravamo stati allertati nell'ipotesi d'intervenire per

liberarlo». Ma se non eravate operativi perché vi avevano allertati?
«Non lo so, operazioni non ne abbiamo mai fatte». Ma se Gladio è
stata dichiarata legittima, di cosa stiamo parlando? Secondo
Pellegrino, di «un'ampia struttura occulta distinta da Gladio. Non
solo i Nuclei di difesa dello Stato sarebbero cosa diversa da Gladio,
ma altre reti clandestine sarebbero state operative in quel periodo.
Una realtà polimorfa, capace di rapportarsi a diverse catene di
comando».   Arconte dice che lavorava al servizio dello Stato
italiano. Quale?
Firmato: Barbara Carazzolo e Luciano Scalettari.

In seguito alla lettura di quest'articolo, scrissi a Luciano Scalettari,
sperando di poter avere diritto di replica sullo stesso giornale, ma la
mia lettera non fu pubblicata nemmeno in forma riassuntiva, la
inserisco qui come commento all'articolo, eccola:

Ciao Luciano, ho potuto leggere su internet l'articolo "G-71 non
apparteneva alla "Mia" Gladio" e sicuramente concordo anch'io
che non appartenevo, né vi appartengo tutt'ora, alla "Sua" Gladio
(Visto che non risulto ancora congedato dallo Stato, permettimi di
non usare il passato). Infatti, io non sentii mai nominare la VII
divisione e tutti i documenti e gli ordini che ricevetti, arrivavano
sempre dalla X Divisione o Ufficio X che dir si voglia, mai dalla VII
Divisione. Tutti intestati, però, come può notare chiunque, dalla
Repubblica Italiana - Ministero della Difesa. Questo è d'uopo
precisarlo viste anche le vostre affermazioni circa lo Stato da cui
provenivano gli ordini da me eseguiti.   Leggo che il Generale
Inzerilli (anche lui mai sentito nominare all'epoca, ma conosciuto
per aver letto recentemente di lui come Capo di Gladio) non
riconosce nemmeno la sigla G - per Gladio. Sigla che, come ti dissi
di persona, indicava i Nuclei Gamma della Marina Militare, ossia i
Reparti Speciali della Marina che esistono da molto prima che lo
stesso Generale Inzerilli si occupasse di Servizi Segreti o Reparti
Speciali, in quanto sono gli stessi Reparti Speciali che durante
l'ultima Guerra attaccarono a bordo dei "maiali" (di cui immagino
che il Generale Inzerilli, non è il solo purtroppo, non abbia mai
sentito dire nulla) le navi della Flotta Inglese dentro le loro basi
navali di Alexandria d'Egitto, Gibilterra, Rodi, Cipro e Malta dove
furono scoperti, forse perché traditi, e in parecchi ci persero la vita;
per rispondere anche al Ministro della Difesa del 2000, On.

Mattarella, dirò che erano tutti iscritti d'Autorità alla Gente di Mare *delle capitanerie di porto Italiane e che, per ripetuti attacchi alla flotta Inglese nella fortezza di Gibilterra (ben tre prima di essere scoperti), usavano la copertura di macchinisti della Marina Mercantile, imbarcati in una nave da carico sequestrata dagli Spagnoli nel vicino porto di Algeciras, la T/n Olterra, sullo stretto di Gibilterra. Da questo, poi, uscivano attraverso boccaporti ricavati nello scafo e a bordo dei maiali (siluri a lenta corsa inventati dalla nostra Marina ed oggi copiati anche dagli Americani) raggiungevano la base Inglese minando le navi da guerra e facendole esplodere in porto. Ai Nostri Ministri della Difesa attuali, invece, risulta addirittura inverosimile che dei Gladiatori (dei nuclei G- della Marina), possano essere stati iscritti d'autorità nelle liste della gente di mare, perchè questo permetteva loro di passare inosservati in qualsiasi parte del mondo. Anche in paesi non riconosciuti dal Governo Italiano. Non commento la sigla che invece riconosce il Generale della VII Divisione, come in uso ai suoi Gladiatori: "00" ... come 007, James Bond licenza di uccidere?! ...possibile che parli sul serio? ... Ah ah ah!*

Posso immaginare la sintonia trovata con i giudici in caccia di misteri del tipo "Nuclei di difesa dello Stato" e Gladio nere, rosse, bianche e a pois! che sono certamente all'origine del pantano inestricabile che forma e circonda tutti i "Misteri d'Italia" ... nel quale peraltro mi sono sempre ben guardato dall'avventurarmi. Gli ordini in Nord Africa sarebbero stati svolti dai servizi e non da Gladio? ...politica parallela? Sembra il linguaggio di un giornalista che si occupa di politica ..."Politica parallela" non l'ho mai sentito usare altrove che sui giornali. Poi osservo: se l'Ammiraglio Martini ha ringraziato e congedato i "Gladiatori della VII Divisione", in seguito allo scioglimento della Gladio decretato dall'On. Andreotti nel 1990, e se l'ha fatto come capo del SISMI, servizio segreto militare, com'è che certe operazioni invece le faceva fare a qualcosa d'altro che non fosse l'Organizzazione Gladio, *come afferma il generale Inzerilli? ... mi sembra abbastanza contradditorio! Infatti, l'Ammiraglio Martini ha scritto un suo libro autobiografico, "Nome in codice Ulisse" con il quale conferma ciò che ho pubblicato io con il sito del 1996, non certo le rivelazioni sugli 00 ...del Generale Inzerilli. Lo stesso Generale non riconosce i documenti che citano indubbiamente il Ministero della Difesa, l'Ufficio X e che risalgono all'epoca degli anni '70 e '80? Eppure è la solita vecchia carta in uso al Ministero difesa Marina e riconoscibile da chiunque abbia fatto servizio in quegli anni sotto le dipendenze della FF.AA in indirizzo. Peraltro non ho mai avuto il piacere e l'Onore di vedere un ordine dell'epoca cui si tratta, diramato ai membri dell'organizzazione "Gladio del Generale Inzerilli", per poter dire la mia in merito, immagino che avessero avuto un'intestazione e che non fossero scritti sulle buste del pane. Immagino, altresì, che questa intestazione fosse indubbiamente "Ministero della Difesa - Repubblica Italiana", con aggiunta le specifiche del caso e, dove e quando occorresse, certificandone l'autenticità a terzi anche in bollo, perchè questa era la mania del tempo. Spero che oggi la "bollo mania" sia scomparsa, ma ne dubito e, comunque, all'epoca era così. Non voglio dubitare che gli ordini alla sua Gladio pervenissero su carte intestate con tutti i crismi e sigilli Ufficiali in uso, altrimenti occorrerebbe chiedersi a quale Repubblica facessero capo e chi desse gli ordini! Rilevo, infatti, che sarebbe il caso di pubblicarne qualcuno, per amore della verità, in modo da potercene fare un idea e capire finalmente in maniera verosimile quali erano i compiti di questa VII Divisione, visto che della Gladio della VII Divisione, si è sentito parlare recentemente dai giornali e si è potuto leggere un elenco presentato alle camere da un Presidente del Consiglio, (nel quale si dichiara che erano tutti civili, ma c'era anche qualche Generale, tra cui il comandante della Scuola SAS di Viterbo, Fabrizio Antonelli, inconfutabilmente il mio comandante dal 1970 al 1973) ma, oltre a questo, si sa solo che venivano condotti su aerei e pullman oscurati, ad addestrarsi alla disinformazione ed alla guerra psicologica che nessuno spiega cos'è: "...Forse è quella che stanno facendo adesso?". Peraltro mi appare davvero difficile immaginare il Colonnello Fabrizio Antonelli farsi trasportare con "vetri oscurati" in giro per la Sardegna Occidentale per farsi "addestrare alla disinformazione" ...?! Le mie sono solo domande ma pertinenti a fare luce, finalmente, su troppe stranezze, depistaggi e falsità ai quali non ho mai partecipato, oltre a tentare di impedire che si continui a perseguitarmi così, colpevole solo di essere testimone della vera storia di Gladio e di vent'anni di Guerra Fredda Italiana, così come l'ho vissuta io. La mia storia è tutta verificabile, ogni punto e ogni virgola! Spero davvero di vedere finalmente pubblicato uno degli ordini di servizio diramato ai Gladiatori della VII Divisione negli anni '70 ed eventualmente disponibili a farlo periziare per la datazione... Sarebbe sicuramente un onore ed un privilegio per noi tutti vederne uno! Riguardo alle dichiarazioni del Decimo Garau confermo anche io di non averlo mai sentito nominare, ma prima che tu Luciano me lo mostrassi in foto, senza dirmi il suo nome, avevo sempre detto di non conoscere nemmeno Licausi che, invece, incontravo tra il 1984 ed il 1985 a Trapani (nell'87, come dice il Generale Inzerilli, ero già stato "cancellato" e non avrei potuto incontrarlo).*

Era capostazione di una base di Gladio denominata in codice "Skorpio" e utilizzata durante le operazioni a Tunisi e nel Maghreb come stazione radio, un ponte radio dal Maghreb verso Roma . Come, infatti, si può facilmente dedurre, sulla costa Trapanese, dove si trovava, essa era rivolta verso la Tunisia e non verso la Padania! ...Anche Licausi fece una brutta e strana fine ...dopo essere stato congedato! ...In epoca non molto distante da quella di Ferraro. Concordo con lui che i Gladiatori erano tutti Militari, infatti, eravamo tutti istruttori abilitati al "training" di volontari, ma nei teatri della guerra fredda, non a Capo Marrargiu, dove Noi facevamo i corsi di sopravivenza, che ci furono utilissimi in Africa ... non a Padova! Sulle stranezze della gestione del Caso Moro non posso dir nulla, come sapete sarebbero solo ipotesi che, pure, ho fatto, ma come semplici ipotesi, nel mio libro L'Ultima Missione. Restando ai fatti, però, è indubbio che prima del sequestro dell'On. Moro, a Roma si sapesse, al punto da prepararsi, a cura di qualcuno, a ridurne le estreme conseguenze (anche questa è una mia ipotesi). Il fatto resta che Giovannone era un uomo di fiducia di Moro e non è credibile che non lo abbia avvertito appena saputo di cosa si preparasse. Le richieste scritte nelle lettere di Moro, durante la prigionia, perché Giovannone fosse fatto rientrare a Roma, lasciano intendere che tra i due ci fosse fiducia e, forse, dovuta anche alle avvisaglie da Moro ricevute... Che Moro abbia richiesto un'auto blindata poco prima della strage è anche questo un fatto, così come è un fatto che gli sia stata negata dal Ministero degli Interni competente a fornirla, retto da Francesco Cossiga! Compito di un servizio segreto, specie se con compiti di controspionaggio militare, è informare il comando ed eseguire gli ordini e questo, indubbiamente, è stato fatto!

Che uso sia stato fatto, poi, di queste informazioni è competenza del comando ricevente che, per ciò che ne so io, era al Ministero della Difesa della Repubblica Italiana, nelle FF.AA. nelle quali mi arruolai il 14 maggio 1970.

Un comando sparito nel nulla a detta di qualcuno ... ed anche questo è un fatto! Concludo le mie osservazioni sulle dichiarazioni lette nel vostro articolo dicendo che il Generale si sbaglia ancora una volta, sicuramente in buona fede! G-219, alias Ferraro, era a Beirut nel marzo 1978; nel 1986, invece, come lui stesso mi disse ed ha dichiarato anche ai giornali poco prima di morire nella sua lettera, ricevette l'ordine di raggiungere Beirut, ma non partì perchè, sono parole sue, era convinto che "sarebbe tornato con i piedi in avanti".

Nello stesso periodo, tra fine '85 e febbraio '86, anche Giovannone ebbe un incidente e morì ed io fui inviato al passo di Oujda... a morire! Anche il mio istinto mi avvertì e riuscii ad evitare la morte, ma non la cattura. Tutti noi, i tre di quell'ordine a distruzione immediata ...che non fu distrutto, dovevamo morire tra la fine del 1985 e i primi del 1986. Nel mio caso, però, come descrivo nel libro con dovizia di particolari, il tradimento non riuscì ... ed eccomi qui! Anche questo è verificabile, basta mettersi in contatto con il Vice Consolato d'Italia a Tangeri e lo studio legale dell'avvocato Vergata nella stessa Tangeri o andare nella fortezza di Tetouan e chiedere i registri dei prigionieri tra il 19 novembre 1985 (poco dopo quell'ordine) e la fine di gennaio 1986, quando fui liberato. Ma non c'è peggiore sordo di chi non vuole sentire. Per questo ho smesso di informare le autorità della "Repubblica Parallela" per usare lo stesso termine dei giornalisti e dei Generali e mi rivolgo, invece, al Popolo Italiano con ogni mezzo consentito, e alla Corte Europea dei Diritti dell'Uomo chiedendogli in ultimo di voler giudicare, (dopo le quattro condanne già ottenute allo "Stato Parallelo" in seguito ai miei ricorsi), anche il Tradimento di cui sono vittima ...anche a nome di chi non c'è più!

Risposta alla domanda del Generale Inzerilli: "E' credibile che un ordine simile abbia viaggiato per nave?

Possibile che il Generale comandante di Gladio, come viene

raccontato, ignorasse che: "L'aeroporto di Beirut era stato occupato dalle truppe Musulmane esattamente il pomeriggio del 13 Agosto 1975, da allora (io mi trovavo esattamente lì) tutto quello che entrava e usciva da quell'aeroporto non era segreto a chi lo controllava, attraverso i suoi servizi segreti in loco: il blocco Mussulmano e le varie sette in cui era diviso. Certamente i film di "00" 7, cari al Generale Inzerilli, avrebbero usato un Jet Executive, con bionde mozzafiato e serate in smoking nei saloni delle ambasciate a Beirut ...Ma quelli erano film! In realtà a Beirut la situazione era ben diversa e, specialmente nel 1978, la città era interamente distrutta e persino priva delle strutture indispensabili, acqua, elettricità, comunicazioni. La stessa Avenue de l'Europe (e le Ambasciate) era ridotta ad un cumulo di rovine accatastate che dividevano la città in zone di influenza: Drusi, Musulmani sunniti, Musulmani Sciti, Siriani, Hamal, Hezbollah, Cristiani Maroniti e Palestinesi Al Fatah di Arafat e quelli di altre corrispondenze, non ultimo Abu Nidal e Abu Habbas. Un'influenza che spesso cambiava giorno per giorno ...a deciderlo era l'esito dell'ultima battaglia strada per strada e che costringeva a muoversi, pronti a dover combattere anche il diritto di attraversare una Piazza. In che altro modo avrebbe potuto far pervenire in maniera sicura un ordine così riservato e con la certezza della consegna, la Gladio del Generale Inzerilli e ...Inviato a chi? Ma, osservo io, se, come non dubito, era ai vertici dell'Organizzazione Gladio della VII Divisione, come può ignorare la realtà del Libano di quegli anni, visto che avevamo una nostra stazione proprio lì? Immagino una dimenticanza ...non altro ...almeno spero! Da parte mia, anche quanto eseguito in quell'operazione, che non si limitò a Beirut e alla consegna di quell'ordine, è molto ben documentato e verificabile nei modi che ti ho indicato. Sempre a disposizione per questo scopo, portare a termine la mia Ultima Missione, rendere nota la verità.
Cordiali saluti.

Nei giorni che seguirono fui contattato telefonicamente da Giuseppe Dagata, redattore di un giornale romano, organo del partito di Rifondazione Comunista, "Liberazione", diretto da Sandro Curzi, ex direttore del TG3 che, perciò, conoscevo di vista. Mi chiese se potevo rilasciargli un'intervista per il suo giornale e acconsentii.

L'intervista riguardava gli stessi fatti pubblicati da Famiglia Cristiana e fu intervistato anche il Senatore Flamigni (DS), il quale, consulente della Commissione stragi, confermò l'attendibilità delle mie dichiarazioni e ammise che, all'epoca in cui la Commissione Stragi era ancora operativa, furono sottovalutate le mie dichiarazioni e che, forse, sarebbe stato opportuno sentirmi; la stessa cosa disse riguardo alla richiesta di essere sentito dalla Commissione, in trasferta a Hammamet, più volte sollecitata da Bettino Craxi che, nelle more dell'attesa, nel gennaio 1999, era morto in Tunisia. Ricordai quell'episodio: il senatore Pellegrino (DS), esattamente come fece due anni dopo il Senatore Andreotti, sentita l'intervista pubblicata a Novembre 2000 dal Tempo di Roma e da GQ, intervista con la quale venivano informati gli Italiani di quello che accadeva ad un uomo che testimoniava la verità di cui era a conoscenza sui "misteri d'Italia", affermava di voler proporre la mia audizione in Commissione Stragi, (un atto dovuto, visto lo scalpore suscitato da quegli articoli). In realtà, però, chiedeva anche lui pubblicamente che intervenisse la magistratura Romana. Cosa che, peraltro, la Procura di Roma fece, inviando i ROS a interrogarmi dove risiedo, il 23 novembre 2000, e ai quali confermai quanto detto ai giornalisti.

Nel frattempo, infatti, la sua Commissione stragi chiudeva i lavori senza avere sentito la mia testimonianza, nè quella di Bettino Craxi, che aveva chiesto più volte di essere sentito in merito e il Senatore Pellegrino pubblicava un libro intervista con il quale dichiarava che le stragi in Italia erano state opera dello Stato e degli Americani ...?! Ah ah ah! Eppure a me sembrava che proprio nei verbali della sua Commissione ci fossero le prove dell'esatto contrario, o almeno gran parte di esse.

Mah! ... Misteri d'Italia!

Non persi il mio tempo a congetturare su questi strani comportamenti, la mia situazione era tutt'altro che semplice e avevo ben altro cui pensare. Oltretutto, ero ancora sottoposto ai vincoli della mia libertà, conseguenti proprio agli "interventi" della "Loro" magistratura! Giuseppe Dagata e Roberta Serdoz, della RAI, mi annunciarono la loro visita a Cabras, per parlare con me. Accettai di riceverli, ma con le dovute precauzioni.

Capitolo V
La necropoli Punica e "la perizia scientifica"

Arrivarono di buon mattino, Franz andò a prenderli e li portò a Cabras, dopo essersi assicurato che non ci fossero trucchi dietro le loro intenzioni. Sembrarono a posto anche a me. Dissero di essere venuti solo a vedere se si trattava di una "bufala"; i direttori delle loro testate non volevano correre il rischio di dare risalto a una notizia che, poi, si sarebbe potuta dimostrare falsa.

Dissero esplicitamente che volevano vedere le documentazioni in mio possesso. Naturalmente non le tenevo in casa e, se volevano vederle personalmente, avrebbero dovuto prestarsi alle mie condizioni. Condizioni di sicurezza e non altro. Perciò ci accordammo con Franz che mi avrebbe dato una mano a far sì che tutto avvenisse con la massima tranquillità. Anche se non appariva così, continuavo a temere che avessero in mente qualche trucco, tipo far arrivare i Carabinieri con un ordine di sequestro della Procura di Roma mentre avevamo i documenti in mano. Questo è ciò che avevano tentato, ogni volta con tutti quei mandati di perquisizione in cerca di droga e armi, che cercavano immancabilmente, però, tra le mie carte. Resi, perciò, la cosa irrealizzabile... Come? Ora ve lo racconto:

-"Adesso vi porteremo in una necropoli della vecchia Tharros, una città Punica e Romana sulla costa – dissi – vi affaccerete con Franz a guardare il mare, in modo che a chiunque dovesse passare di là sembriate dei turisti a passeggio. Nel frattempo io scenderò nel cunicolo e, dopo circa un quarto d'ora, ritornerete sul ciglio della tomba ... da li potrete prendere visione di tutto il contenuto della valigetta che vi porterò. Queste sono le mie condizioni, se vi va bene possiamo procedere!"

Non ebbero niente da obiettare ed eseguimmo tutto senza incontrare ostacoli. Erano i primi giorni di Giugno, ma faceva già molto caldo, specie nel cunicolo dove mancava anche l'ossigeno. Quando ritornai in superficie sentii le voci e capii che erano già rientrati dalla passeggiata che gli avevo chiesto di fare per evitare di farsi notare troppo a lungo fermi sul ciglio della tomba d'ingresso. Li chiamai e si avvicinarono sedendosi sul bordo. Io ero in piedi nel fondo della tomba e la mia testa restava all'altezza dei loro piedi, non era possibile a nessun passante capire che stavano osservando, anziché il mare, i documenti che avevo estratto dalla sacca di plastica e dalla borsa nera che li conteneva.

Erano ben protetti in custodie di plastica trasparente, a loro volta inserite in catalogatori che sfogliavo, estraendoli e avvicinandoglieli perché potessero esaminarli attentamente. Gli feci notare che le macchie di muffa crescevano, anche rispetto all'ultima volta che li avevo presi, poco meno di due mesi prima per farne copie autenticate dal notaio a uso causa a Strasburgo e per farle avere all'Ammiraglio Accame che me le aveva richieste.

-"Purtroppo, là sotto, non ci sono le condizioni ottimali di conservazione e, ormai, tutta questa documentazione ha, più o meno, la bellezza di trent'anni sulle spalle e ne ha viste di tutti i colori. Del resto, se non l'avessi tenuta qua sotto, sarebbe sparita nel nulla come tutto il resto che riguarda l'Organizzazione Gladio" - gli dissi.

Ricordo che sembrarono commossi per le condizioni in cui mi trovavo e si scusarono per avermi costretto a scendere là sotto a prendere la documentazione. Non potevo vedermi altro che le braccia e le mani e vedevo che il sudore aveva fatto in modo che la polvere scura del tunnel si appiccicasse alla pelle, questo doveva essere successo anche al volto, dandomi un aspetto sicuramente impresentabile. Ma non stavo affatto male, reggevo bene il calore e glielo dissi, mentre riponevo i documenti nei catalogatori e, dopo averli infilati di nuovo nella sacca, accingendomi a ridiscendere nel tunnel, li salutai dicendo a Franz dove ci saremmo potuti incontrare una volta risalito a mani vuote! Nel tunnel, a un certo punto, occorreva strisciare e, sudato com'ero per il calore, finii per ridurmi come uno zombi ma tutto procedette senza intoppi e, circa mezz'ora dopo, li avevo raggiunti nel bar sulla spiaggia. Mi soffermai sulla battigia per darmi una risciacquata almeno sulle braccia e al volto: non volevo spaventare il cameriere, mi conosceva e avrebbe potuto chiedersi come mai ero ridotto così.

Un bel bicchiere d'acqua fresca e … anche questa era fatta!

I due inviati si scusarono ancora per avermi costretto a questa "performance" sotterranea e apprezzai questo comportamento, ma, in fondo, era finalizzato alla verità e, quindi, faceva parte della mia Ultima Missione e di ciò che consideravo ancora mio dovere fare, quindi, non c'era nulla di cui scusarsi. Glielo dissi e mi fecero sapere che avrebbero riferito a Roma, ai loro direttori, ciò che avevano visto. Mi avrebbero fatto sapere tra qualche giorno la data in cui avrebbero fatto ritorno per svolgere le operazioni che avevo già accordato anche con gli inviati di Famiglia Cristiana e inerenti la perizia scientifica da svolgere sui campioni da consegnare al perito scientifico.

Guardavamo il mare del Sinis, un magnifico spettacolo, come sempre del resto e non stavo più pensando a loro. Sentivo che parlavano con Franz, ma io andai con la mente altrove ... li sentii alzarsi. Avevano deciso di ripartire subito, Franz li avrebbe accompagnati, mi salutarono e andarono via, lasciandomi finalmente con i miei ricordi! La risacca sembrava parlarmi e tra gli spruzzi vedevo i volti di tanti amici che non c'erano più ... sembravano salutarmi ... Ave!

Dopo qualche giorno ricevetti un email da Giuseppe Dagata, inviato di Liberazione. Il suo direttore, Sandro Curzi, si era sentito col direttore Di Bella di Rai 3 ed avevano deciso, d'accordo con Famiglia Cristiana, di procedere con l'inchiesta; sarebbero venuti giù con le telecamere per un servizio Televisivo il 10 giugno. Avevamo già preso accordi anche circa il prelievo dei campioni da sottoporre a perizia, dal momento che la mia sfiducia non permetteva certo di consegnare tutta la documentazione a chicchessia, dopo averla potuta considerare una specie di assicurazione sulla vita! Arrivarono puntuali, guidati da Franz a casa mia. Avevano ricevuto istruzioni più precise dal perito scientifico, il quale, voleva che le riprese del prelievo dei campioni fossero effettuate senza mai staccare il mirino della cinepresa dalle operazioni in corso, altrimenti non avrebbe potuto considerare il tutto probatorio dell'autenticità dei documenti da periziare. Ascoltai con molta attenzione e Roberta Serdoz mi mostrò anche come far funzionare la cinepresa digitale, una Sony. Sembrava tutto molto semplice ... il perito sarebbe stato sicuramente soddisfatto delle mie riprese. Tentarono fino all'ultimo di convincermi a consegnargli tutto ... ma potete immaginare se avevano una sia pur minima possibilità di successo. Smisero di insistere quando capirono che per me potevano anche tornarsene da dove erano venuti. La perizia era qualcosa che interessava a loro, non a me. Io sapevo già che i documenti erano autentici. Andarono a dormire in un hotel vicino a casa mia e restammo d'accordo che l'indomani mattina, molto presto, sarei andato alla reception dove avrei trovato la borsetta con la videocamera, le batterie di ricambio che sarebbero state sotto carica tutta la notte e due videocassette di MiniDV per le riprese digitali. Prima di raggiungere San Giovanni ritornai a casa per fare una prova con la cinepresa ... se avessi fatto errori non avrei potuto correggerli, una volta effettuato il prelievo dei campioni.

Ripresi la colonna all'ingresso e poi fermai la registrazione per rivederla. Era davvero di uso semplicissimo ed anche la messa a fuoco e la luce erano regolate perfettamente dall'automatismo. Presi la torcia elettrica, ma come al solito mi portai dietro due candele ...mai fidarsi troppo della tecnologia! Partii, quindi, alla volta della necropoli. Era presto e non c'era nessuno nei pressi della tomba dalla quale usavo scendere per raggiungere il cunicolo e il camminamento sotterraneo che conduceva alla camera della morte dell'antica necropoli. Faceva caldo e lo spazio ristretto in cui dovevo strisciare, spingendo davanti a me la borsetta con la telecamera, me lo faceva sentire ancora di più. Era tutto completamente scuro e spesso mi fermavo ad accendere la torcia per evitare di prendere uno dei cunicoli errati ...sbagliare sarebbe stato drammatico, come girarsi per tornare indietro? Arrivai, alla fine, nella camera grande, quella dove era sepolto il padrone di casa. Non era rimasto nulla di lui; la tomba era stata saccheggiata da chi sa quanto tempo e qualche pezzetto d'osso rimasto non permetteva nemmeno di riconoscere se si trattava di ossa umane o di qualche animale selvatico rimasto intrappolato là sotto. Sopra la necropoli c'erano in corso lavori di urbanizzazione e la volta aveva ceduto in diversi punti aprendo delle crepe dalle quali filtrava flebilmente qualche raggio di sole, ma non nella camera, avvolta nel buio più totale. Avevo recuperato la borsa, sepolta nella sabbia del fondo del cunicolo, poco più avanti, ed ero indietreggiato, tirandomela dietro fino alla camera, dove potevo avere più spazio per muovermi. Avevo persino la possibilità di sedermi a gambe incrociate, sia pure tenendo curvata la testa. Come previsto la torcia faceva i capricci, l'umidità e la salsedine rendevano problematico il funzionamento delle torce a batteria. Fortuna che avevo sempre le vecchie candele, un colpo d'accendino e il problema fu risolto. Anche la tele camerina RAI faceva i capricci. Non potevo rischiare di registrare male operazioni di prelievo irripetibili, dalla mia borsa tirai fuori la mia sharp, senza pretese, ma funzionava anche in condizioni estreme come quelle. Le candele davano una buona luce, almeno per me che avevo abituato gli occhi al buio, ma consumavano l'ossigeno che là sotto scarseggiava. Iniziai a preparare la documentazione per le riprese ma prima volevo procedere al taglio del campione così come richiesto dal perito ai giornalisti. Avevo portato una squadretta e una taglierina affilatissima, in modo da non correre il rischio di rovinare il resto dei documenti. La carta era macerata dalla muffa e dall'umidità ed era meglio trattarli con la dovuta cautela. Per poterli riprendere con la telecamera e senza distoglierla mai da ciò che facevano le mie mani su di essi, smisi di descrivere ciò che facevo, (come mi aveva chiesto Roberta Serdoz) e strinsi tra i denti il mirino tenendolo in bocca e sempre puntato davanti a me; per avere una visione più a fuoco possibile mi ero sdraiato reggendomi sui gomiti, questo mi permetteva anche di avere le mani più libere. Una volta prelevato con successo il campione del bollo (preferito dal perito perché aveva la colla che nessuno poteva avere modificato, quindi, utilissima per la datazione del documento) e degli altri esempi di caratteri di stampa, misi davanti all'obiettivo la busta gialla che avevo per metterci il campione e la chiusi, sempre sotto l'obiettivo, ponendoci la mia firma a sigillo. Ripresi a filmare tutti i "documenti superstiti dell'archivio di Gladio" e, a quel punto, iniziai a tossire furiosamente ... la memoria immediata mi difettava. Pensai addirittura di non aver filmato nulla ... per fortuna l'addestramento al Forte Varignano mi fece capire di che si trattava: mancanza d'ossigeno! La candela, aggiunta alla mia respirazione, l'aveva consumato. Ero in carenza d'ossigeno. Rischiavo di perdere i sensi e restare la sotto per sempre. Chissà cosa avrebbe pensato un archeologo, tra qualche secolo, trovandosi davanti ad uno scheletro, munito di telecamera digitale, in una tomba Punica! Mi venne da ridere, ma non era una buona notizia ... è così che si muore in scarsità d'ossigeno, anche in uno scafandro da palombaro in fondo al mare: ridendo come un fesso! Mi rivoltai e iniziai precipitosamente a strisciare verso l'uscita abbandonando tutto nella camera, così come si trovava, ma spensi la candela e portai con me la borsa con la telecamera e le due MiniDV registrate. Sarei tornato per rimettere tutto a posto ... ora l'importante era uscire da lì! Il passo del leopardo mi permetteva di correre strisciando sui gomiti e le ginocchia aperte. La mente tornava a quei giorni alla SAS, quando per imparare a muovermi agevolmente così dovevo strisciare sotto un groviglio di filo spinato: impara l'arte e mettila da parte ...quanto è vero!

Respiravo a fatica e colpi di tosse asinina da parte dei polmoni informavano il cervello che chiedevano ossigeno! Alla fine di quell'interminabile corsa sbucai con la testa nella caverna grande, quella che di sotto era a picco sul mare e di sopra usciva in un buco insignificante nella scogliera ...quasi un nido di gabbiani.

Aspirai quell'aria a pieni polmoni e mi sembrò che stessero per scoppiare, come un palloncino troppo gonfio. Restai così qualche minuto ad assaporare l'aria ricca di iodio e ossigeno ed il rassicurante rumore della risacca delle onde che penetravano dal di sotto nella caverna. Com'era buona l'aria fresca, me la stavo gustando come una sorsata d'acqua in pieno deserto.

Nessuno può capire quanto valgano, se non ne prova la mancanza!

Iniziai a tirare fuori anche il resto del corpo dal tunnel. Facevo piano, con attenzione, cadere di sotto sarebbe stato drammatico: le rocce erano aguzze come coltelli affilati dal mare e dal vento che, penetrando da sotto, correva verso l'alto da millenni!

Mi avrebbero tagliato a fettine. Riuscii, nonostante la spossatezza, a compiere come sempre tutta l'operazione, ma la borsa non l'avevo chiusa bene e vidi il coperchio aprirsi d'improvviso e lasciar cadere una MiniDv e una delle due batterie al litio. Se fosse finita in acqua, avrei fatto tutto per nulla. Invece si arrestò, dopo qualche rimbalzo, tra le pieghe di una roccia due metri circa sotto di me. Richiusi freneticamente la borsa e la fissai incastrandola tra due rocce, poi, iniziai a scendere senza mai distogliere lo sguardo dal punto in cui l'avevo vista fermarsi. Non volevo perderla di vista poiché la torcia non si accendeva, le candele non sarebbero restate accese con tutto quel vento e la luce era davvero scarsa. Arrivai ad afferrarla e la strinsi forte tra le dita per paura che mi ricadesse di nuovo. Risalii e la rimisi in borsa, ben chiudendola questa volta e infilandola a tracolla. Cercai anche di recuperare la batteria, ma non ci fu niente da fare ...doveva essere finita in acqua e ...amen! Mi arrampicai fino in cima alla caverna, dove un'apertura appena accennata mi permetteva di sgusciare fuori. Prima gettai uno sguardo all'esterno, per vedere se ci fosse qualche turista proprio là sopra: una volta mi ero ritrovato proprio sotto le sottane di una bella ragazza che fotografava il mare ed i gabbiani ... non male!

Andai all'appuntamento con Franz e i giornalisti al bar di Tore, a San Giovanni del Sinis, ma non ci trovai nessuno. Guardai l'orologio era già l'una e mezza ... erano passate quasi quattro ore dall'ora accordata per il meeting.

-"In effetti – osservai - ho registrato due ore di filmato, più tutto il tempo occorso per arrivarci e rientrare ...i conti tornano!"

Raggiunsi l'auto che avevo parcheggiato in una traversa, e rientrai a casa. Mia moglie Graziella mi accolse con uno sguardo preoccupato: "Hanno telefonato più volte, sia Piero che Roberta, Giuseppe e Barbara ...erano preoccupati, ci stavi mettendo troppo tempo e non ti avevano visto nemmeno da Tore. Alla fine stavano preoccupando anche me ...cos'è successo?" – chiese.

-"Niente ... un contrattempo dietro l'altro. Prima la torcia che non funziona mai la sotto, poi le candele che mi hanno bruciato tutto l'ossigeno ...una tosse che non ti dico anche a causa della puzza di muffa che c'è là dentro. Aggiungici il caldo soffocante e le mie difficoltà nell'eseguire le riprese e non mi sono accorto del tempo che passava. In ogni caso non potevo metterci di meno di così, ho girato due cassette da un'ora l'una!"

Arrivò l'ennesima telefonata e risposi io ... stavano arrivando. Consegnai la busta sigillata dalla mia firma a Roberta Serdoz della RAI e le videocassette in MiniDV con l'accordo che, dopo l'uso del Perito ed estrapolato ciò che occorreva alla trasmissione TV, mi sarebbe stato restituito tutto. Avrebbero potuto trasmettere parti o tutto il video nel loro "Speciale Primo Piano" insieme ai risultati peritali ma, dopo, mi avrebbero comunque restituito tutto, con una relazione autentica del perito sul lavoro svolto. Questi erano gli accordi. Volevano farmi una dichiarazione scritta e firmata da tutti, ma considerammo che, essendo tutti testimoni, sarebbe stata del tutto superflua. Nel pomeriggio Roberta e il cameramen della RAI, fatto arrivare dalla redazione di Cagliari, ci intervistarono tutti, me, Graziella e Franz, poi, prima di andare via vollero vedere Capo

Marrargiu, dove verificare che non c'era alcuna base, come dicevo da anni, anche in questo preso per bugiardo, mentre invece erano tutti loro a mentire. A Capo Marrargiu, infatti, poterono costatare che vi era solo *arrocca e mudregu*, rocce e macchia mediterranea, dove facevamo i corsi di sopravvivenza e mimetizzazione negli anni '70. Partirono alla volta di Roma, sottoscrivendo l'impegno di farmi riavere indietro tutto il materiale, compreso il filmato di cui ero indubbiamente l'autore!

Sembrava che il perito avesse già dichiarato che avrebbe potuto consegnare i risultati della perizia a Settembre, perciò, fissammo un appuntamento a dopo l'estate ... L'estate del 2002.

Nell'attesa ricevetti una conferma ai miei timori. La Corte d'Appello di Perugia condannò il Sen. Andreotti a 24 anni di carcere quale mandante della "fucilazione" di Mino Pecorelli, Direttore del settimanale OP che stava seguendo, subito dopo la strage di Via Fani e l'assassinio dell'on. Moro, un'inchiesta sui motivi di quello che anche lui considerava essere stato un complotto dietro quei fatti che io dichiaravo essere stato un Golpe vero e proprio. Pochi giorni prima di essere "fucilato", Mino Pecorelli aveva annunciato, grave errore per un professionista come lui, l'imminente pubblicazione di documenti inediti che avrebbero dimostrato le sue affermazioni in materia. Aveva infranto la prima regola: mai annunciare le proprie mosse, si sta invitando chi è contrario a provvedere.

Il destino non gli diede un'altra chance!

Fu assassinato in strada, a Roma, a bordo della propria auto, a colpi di pistola. Anche noi non temevamo certo una fucilazione davanti ad un plotone d'esecuzione. Quella era una dichiarazione figurata, la quale, però, viste le numerose "fucilazioni" avvenute in Italia in danno dei testimoni di quei fatti, legittimava più di un sospetto che si trattasse di un invito, se non un ordine vero e proprio, a provvedere immediatamente. Questo mi spinse a sollecitare più volte Roberta Serdoz per avere la relazione peritale sulle analisi scientifiche svolte su quei documenti che con ogni mezzo si voleva far dichiarare falsi, prima da un'inchiesta Ministeriale e poi dalla Magistratura. In subordine, concludere il tutto con una bella *fucilazione,* com'è stato per altri. Roberta Serdoz, però, non era reperibile al telefono, sempre impegnata altrove e, una volta, ebbi la netta sensazione che fosse presente in redazione di RAI 3 dove l'avevo chiamata, ma che avesse fatto cenno a chi aveva risposto di negare la sua presenza. Questo mi fu confermato dalle telefonate che feci a Giuseppe Dagata, di Liberazione, ma anche a Luciano Scalettari e Barbara Carazzolo, i quali mi riferirono, con sincero entusiasmo, che la Dr.ssa Maria Gabella, la perita che avevano incaricato di effettuare la perizia scientifica sui campioni che gli avevo consegnato, li aveva invitati in studio, quali committenti con RAI 3, perchè aveva ultimato le operazioni peritali anche attraverso l'uso di acidi e reagenti i quali, necessitando di lunghi tempi di reazione, erano responsabili del ritardo. Giuseppe, in particolare, mi disse che loro stavano per uscire sul giornale con la notizia che la perizia aveva dato esito positivo: i documenti erano autentici e la Dr.ssa Gabella aveva spiegato, mentre era in video intervista davanti alle telecamere di Rai 3, portate in studio da Roberta Serdoz, che i campioni rivelavano che i documenti erano compatibili, per carte e inchiostri, con le date indicate nei documenti di comparazione forniti da un ex della Marina Militare, il sommergibilista Casu Egidio. Era stato contattato da Roberta Serdoz perché disponeva di documenti d'epoca, sicuramente provenienti dal Ministero della Difesa Marina, datati anni '70 e che apparivano essere stampati su carta simile a quella del documento riguardante l'on. Moro, datato 2 Marzo 1978. Sottoposti a perizia scientifica entrambi i campioni, essa poteva affermare che erano stampati su carta identica e con lo stesso tipo di inchiostro. Affermava inoltre in video intervista e davanti a tutti loro come testimoni che: *"Il documento è autentico e se fosse un falso, sarebbe un falso autentico, formato da menti raffinatissime, in grado di formarlo nel 1978, con materiale in uso dallo stesso Ministero della Difesa Marina Militare e questo era una contraddizione in termini!"*

Cosa per la quale concordarono tutti i testimoni presenti.

Sollevato alla notizia che il perito che avevano scelto non era parte dei falsari della storia d'Italia, che esistevano e erano ben collegati con elementi deviati delle Istituzioni, complici di tradimento della Patria, tentai ancora di contattare Roberta Serdoz con scarsi risultati. Eravamo così giunti a fine febbraio 2003 ed ancora nessun servizio era stato trasmesso da Rai 3 Primo Piano su risultati della perizia. Questo era veramente strano, anche alla luce del fatto che si trattava di aderire, da parte della redazione di RAI 3, alla mia richiesta di diritto di replica alle dichiarazioni velatamente minacciose e diffamatorie rese in trasmissione dal Senatore Andreotti e per le quali avevo diritto di replica che con questo comportamento, nonostante tutta la mia disponibilità a far periziare le documentazioni che si tentava di mettere in dubbio, mi veniva negato. Una di quelle sere, Antonello Zappadu, famoso fotoreporter di Olbia con il quale avevo un amicizia maturata attraverso internet, mi contattò via email, per farmi sapere che Pino Scaccia, suo buon amico, gli aveva chiesto di contattarmi per ottenere un'intervista che voleva mandare in onda in occasione dell'anniversario della strage di Via Fani, sullo speciale del TG 1 del 16 Marzo 2003. Indignato per il comportamento di RAI 3 rifiutai l'invito, nonostante Pino Scaccia fosse un inviato speciale noto per serietà professionale e che lo stesso Antonello mi presentava come persona serissima e correttissima.

-"Antonello, non lo metto in dubbio, ma anche quelli di RAI 3 Primo Piano sembravano personaggi serissimi e correttissimi, poi, dopo tutti i rischi corsi per fargli fare una trasmissione di quello spessore, per la quale chiesi solo la restituzione del materiale documentale e video che gli avevo fornito e la citazione della fonte delle informazioni, la mia autobiografia su internet, si negano al telefono e non mi hanno nemmeno restituito quel che gli avevo consegnato quasi un anno fa" - dissi.

-"Oh ... Rai 3 ... li conosco bene, lo sai che ho fatto servizi anche per la RAI. Pino è tutta un'altra cosa ... Niente a che vedere ... Dammi un appuntamento, ci parli di persona e poi deciderai" – rispose.

-"No, guarda, sono stufo ... sembrano tutti intenzionati alla ricerca della verità, poi scopro che non è affatto vero, sono solo interessati a nasconderla la verità e disposti a tutto, anche alla diffamazione pur di riuscirci. E' gente controllata da politici corrotti. So già come andrà a finire. Mi metto a disposizione, quindi un sacco di rischi, di lavoro, troupe in casa, dichiarazioni, riprese e ripetizioni, eppoi verrà fermato tutto dai controllori politici delle redazioni RAI, che Pino Scaccia lo voglia o no. Non è certo lui che comanda a Roma!" – confermai ad Antonello che continuava a insistere per avere un incontro tra noi, alla sua presenza come garanzia.

Cedetti, infine, alle sue insistenze ma a una condizione:

-"Senti Antonello, io non voglio offendere nessuno, ma non voglio essere preso per fesso ancora. Proprio stamattina ho letto sui giornali che alla signorina Monica Lewinsky era stata offerta la bellezza di cinquantamila euro per andare a Domenica In a farsi intervistare. Visto che sicuramente la signorina Lewinsky non rischia certo la sua vita nel farlo, rispondi a Pino Scaccia che voglio cinquantamila euro per andare in trasmissione dello Speciale TG-1. Almeno, se poi non lo manderanno in onda come prevedo, non avrò lavorato e rischiato per nulla. Mi avranno pagato e dell'intervista potranno fare quel che gli pare. Digli così e se accetta allora venite pure a trovarmi".

-"Va bene, ti ha sentito in viva voce, siamo in superstrada, tra un ora siamo da te … ne parlerete di persona … Sei a casa?" – mi disse Antonello sorprendendomi.

-"Si … sono a casa. *Arrori* … eri in *trassa*! …Va bene, vi aspetto. Ciao" - risposi sinceramente sorpreso da tanta furia d'incontrarmi.

Antonello corse come un pazzo in auto e dopo mezz'ora era già da me. Mi presentò Pino Scaccia che riconobbi subito. Era famoso come inviato speciale di RAI 1 ed effettivamente sembrava una persona seria. Gli spiegai quindi le mie ragioni e i motivi per i quali non avrei cambiato idea. Se la RAI voleva mandarmi in un suo speciale doveva darmi quel che chiedevo, non per lui, ma per quelli che a Roma non hanno rispetto di niente e di nessuno, tanto meno della verità. Pino comprese le mie ragioni e promise di parlarne in redazione per vedere se c'era interesse a realizzare uno speciale sulla mia storia; in quel caso sarebbe stato giustificato il pagamento della somma che chiedevo. A quel punto saremmo andati anche in Marocco, a Tetouan, a verificare la verità di quanto sostenevo. Però, nel frattempo, insisteva a chiedermi di concedergli un'intervista da inserire nello Speciale che stavano preparando. Lui aveva seguito la mia vicenda fin da quando, nel 1996, l'avevo pubblicata su Internet e l'aveva anche linkata nel suo sito, un blog giornalistico. Mi invitò a cena per parlarne meglio e davanti alla sua cortesia non potei rifiutare, anche se non avevo alcuna intenzione di cedere: o cinquantamila euro o niente. Perché essendo gravi le cose che dichiaravo e documentavo, non potevano restare senza reazioni da parte dei soliti "ignoti" Romani. Reazioni che dovevo subire a mie spese, com'era stato fino a quel momento.

A cena Pino insistette nel cercare di convincermi, illustrandomi vantaggi maggiori di quelli valutabili nei cinquantamila euro che avevo richiesto e che sarebbero venuti da una recensione della mia autobiografia, nello stesso speciale, che sarebbe stato trasmesso su RAI Sat in tutto il mondo.

Mi parlò dell'importanza dello Speciale e che se ne sarebbe occupato lui personalmente, facendo la recensione dell'*Ultima Missione* da mandare in onda all'interno di Speciale TG-1: questo, certamente, valeva più dei cinquantamila euro che avevo chiesto. In cambio di questo impegno da parte mia, mi disse che avrebbe fatto arrivare una troupe RAI da Cagliari, che in un ora sarebbe stata a casa mia, ed in un'altra ora sarebbe stato tutto registrato e portato a Roma da lui stesso. Non avrebbe fatto alcun taglio alle mie dichiarazioni e le domande sarebbero state chiare, senza possibilità di interpretazioni ambigue e le mie risposte esatte per come le fornivo in diretta.

A queste condizioni, convinto anche da Antonello che se ne faceva garante e testimone, accettai e per l'ennesima volta mi apprestai a lavorare per la RAI senza ricevere altro compenso che la recensione.

-"Sì, ok, riproviamoci! Però, se la trasmissione non andrà in onda, come già quella di Rai 3 Primo Piano, significherebbe, ancora una volta per me, aver lavorato in cambio di nulla per la RAI, questa volta RAI 1!".

Mi tranqullizzarono dicendo che la trasmissione sarebbe andata in onda perché gli speciali di Pino Scaccia non li aveva mai bloccati nessuno. Pino, in particolare, si meravigliò che RAI 3 non avesse trasmesso un servizio importante come quello e anche del fatto che la RAI non avesse restituito il materiale ricevuto in prestito. Mi promise che si sarebbe interessato, una volta a Roma, di saperne di più. Ancora una volta il salone di casa mia si trasformò in un set televisivo, cavi e luci abbaglianti che, al rientro di Graziella con la bambina, non la sorpresero: era ormai una scena consueta a casa nostra, tra RAI e TV private!

Tutti, però, tranne la RAI, avevano rispettato la mia richiesta di citazione delle fonti, le opere autobiografiche da cui erano tratte le informazioni e le documentazioni che mandavano in trasmissione o pubblicavano sui loro giornali. Semplice correttezza professionale, del resto!

Tentai poco dopo di rintracciare ancora Roberta Serdoz. Della trasmissione ormai non m'importava nulla ...ero furioso con quelli di RAI 3, ipocriti matricolati. Avrei dovuto citarli in giudizio per le diffamazioni per le quali non mi avevano concesso diritto di replica e rettifica di notizie non corrispondenti al vero, invece di mettermi a loro disposizione per accertare la verità: quelli non sanno manco cos'è la verità. Me l'avevano dimostrato ampiamente con il loro comportamento. Roberta Serdoz questa volta non si negò, rispose al telefono e ne restai sorpreso. Avevo fatto un ultimo tentativo senza crederci troppo. Mi limitai a chiedere notizie del mio materiale e del perché non fosse stato ancora trasmesso lo speciale di replica che avevamo concordato. Rispose che il materiale era ancora in lavorazione nello studio di montaggio, ma che appena avessero terminato mi sarebbe stato restituito. Disse anche che lo speciale sarebbe stato trasmesso e che il ritardo era dovuto alla programmazione RAI.

-"Va bene …allora mi farai sapere quando? Così potrò vederlo. Pino Scaccia mi ha già detto che il suo sarà trasmesso il 16 Marzo in prima serata su Speciale TG-1" – chiesi. Al che lei, sorpresa, chiese spiegazioni:

"Come Pino Scaccia? … Il 16 Marzo, ma sei sicuro?".

-"Sicurissimo, se cambieranno idea non posso saperlo, ma mi ha detto che l'intervista che gli ho concesso andrà in onda il 16 Marzo, anniversario della strage di Via Fani. Mi ha fatto le solite domande e ho dato le solite risposte. Andrà su RAI Sat e citeranno il mio libro autobiografico, la stessa cosa che chiedo sempre a tutti, come garanzia che le mie dichiarazioni non vengano travisate come qualcuno tenta sempre di fare!" – replicai, al che Roberta rispose secca: "Eh, no … dopo tutto quel lavoro non possono andare in onda prima di noi … lo manderemo in onda il 12!" – chiudendo il telefono repentinamente e senza darmi possibilità di replica. Ma, come il 12? Se non era ancora fatto il montaggio?! Strano davvero che, all'improvviso, fossero pronti a mandarlo in onda in pochi giorni. Eravamo già all'otto di Marzo …

-"Rapidissimi quando vogliono … ah ah ah!".

Informai di tutto Franz, col quale ridemmo di quel comportamento che denotava scarsa serietà professionale e mancanza di rispetto di chi, (anche lui) si era prestato a titolo gratuito nell'aiutarli a fare luce sulle ombre della Repubblica; quelle che nascondevano alla vista, grazie a comportamenti di questo genere, i traditori della Patria che la stavano uccidendo, soffocandola in un mare di corruzione.

Un ammorbamento totale contro il quale sembravano tutti impotenti, controllati com'erano dai poteri occulti e corrotti in grado, evidentemente, di decidere per tutti e gestire l'informazione.

Questo era gravissimo e preoccupante, ma io più di questo che potevo fare?

Oltretutto avevo appena avuto una buona notizia che riguardava Roberta Serdoz e, indirettamente, questa nostra collaborazione per la trasmissione "Vero o Falso" di RAI 3 Primo Piano. Roberta, che quando venne a trovarmi, ormai un anno prima, aveva una bambina piccola e non era sposata, precaria perché impiegata saltuariamente a RAI 3, quindi sicuramente una situazione difficile per una ragazza madre in una città come Roma, si sposava con Piero Marrazzo, un noto giornalista di RAI 3. Pensai che questo l'avesse resa più serena e ben disposta a portare sugli schermi un'inchiesta difficile e che sarebbe stata certamente osteggiata da politici molto potenti e molto corrotti a Roma. Entrambe le cose potevano farmi solo piacere.

Capitolo VI
Speciali Rai: Vero o Falso?

Il 12 marzo guardammo la trasmissione di RAI 3 Primo Piano: era tagliata nelle parti più importanti e si era evitato di rendere chiaro il risultato della perizia scientifica. Anche Franz, col quale mi sentii subito dopo, era deluso. La sua intervista era stata tolta e al suo posto era stata inserita quella di un briccone, di quelli che andavano dicendo, fin dal 1991, che Gladio era composta di civili mai stati operativi che, semplicemente, attendevano l'arrivo dell'armata rossa da est, attraverso la pianura padana per intervenire. Dicevano anche che non erano in grado di descrivere i luoghi dove si sarebbero recati per i corsi di addestramento, perché avrebbero viaggiato su aerei e pulman con i vetri oscurati ...Ah ah ah. Personaggi ridicoli e inverosimili ma protetti dai senatori Andreotti e Cossiga, che avevano tutto l'interesse ad accreditare queste sciocchezze, per screditare quanti, invece, erano testimoni di tutte le "merende" che essi avevano fatto col nemico di quel tempo, in danno della Patria.

Inoltre, veniva mostrata copia autenticata da notaio di quel documento del 2 Marzo 1978 che, in calce, portava la dichiarazione: "Proveniente dal SIMM e diramato dall'Ammiragliato", al Senatore Cossiga, invitato in trasmissione. Il Senatore, esaminandolo disse, abbastanza confusamente, di non riconoscerlo, ma lo dichiarava apocrifo con la motivazione che il SIMM non esiste e l'Ammiragliato è un edificio e non un centro di comando. In proposito ci sarebbe stato subito da replicare, perché l'Ammiragliato era anche un comando che, nel caso specifico, si trovava in Piazza Italia a La Spezia e riguardo al SIMM ... altro che non esistere: aveva la sua palazzina di comando alla fine di Corso Italia, sempre a La Spezia!

E non basta! Il Senatore Cossiga, al quale fu permesso in quel servizio intitolato *Vero o Falso* (...e per questo fui disponibile alla collaborazione con RAI 3 Primo Piano) di dichiarare apertamente il falso affermando che il SIMM non esisteva, smentiva platealmente perfino se stesso in un'intervista concessa al giornalista Odifreddi

(che l'aveva anche pubblicata in internet, nel suo sito), in occasione della recensione di uno dei tanti libri di cazzeggi ch'egli sfornava di continuo, in perfetta simbiosi con i giornalisti che glieli scrivevano. In quel libro, appunto, Cossiga citava chiaramente il SIMM, una delle dodici branche del SID, preposto dal Generale Vito Miceli alla criptazione e decriptazione di documenti riservati e Top Secret, altro che dichiarare al pubblico di RAI 3 che non esisteva. Lo stesso replicava in quell'intervista di recensione di quel suo libro, pubblicata nel Novembre 2002, quindi appena quattro mesi prima dell'intervista di Roberta Serdoz per Rai 3 Primo Piano, rispondendo alla domanda di Odifreddi:
-"Chi erano i migliori nella criptazione e decriptazione di documenti riservati?" - affermava inequivocabilmente:
-"Senz'altro quelli del SIM della marina Militare!" - in sigla, appunto, SIMM.
Per meglio completare il quadro di un altro tradimento della verità e degli accordi che avevamo preso con Roberta Serdoz, inviata di RAI 3, nella trasmissione fu mandato in onda appena qualche fotogramma del filmato registrato tra mille difficoltà. Inoltre Furono trasmessi, della video-intervista sulla relazione peritale della Dr.ssa Gabella solo meno di due minuti, esattamente quelli dove lei ipotizzava che se i documenti fossero stati un falso, sarebbero stati eseguiti da "menti raffinatissime". Una frase cara ai fabbricanti di misteri sulla storia d'Italia, ma nessun riferimento all'opera autobiografica da cui poter avere maggiori delucidazioni sulla vicenda trattata in trasmissione. Opera che, ovviamente, li avrebbe sbugiardati tutti nelle loro manovre depistatrici.
Era evidente, infatti, che era stata depistata ancora una volta la verità e, non citando la fonte per i telespettatori che volevano saperne di più, impedivano che il pubblico potesse scoprire questo loro comportamento, a mio avviso indegno di chi dovrebbe fare informazione e non disinformazione.
Ancora di più perché si tratta di servizio pubblico, mantenuto da tutti gli italiani attraverso il canone e nessun popolo paga per essere disinformato e ingannato così.
La mattina dopo telefonai a Roberta Serdoz, indignato per questo comportamento e mi rispose subito questa volta. Lei era contenta, perché la trasmissione aveva avuto grande audience e, in una sua

email appena ricevuta, mi scriveva che in redazione erano arrivate
migliaia di telefonate di telespettatori che chiedevano di saperne di
più. Approfittai di questa per ribadire il mio disappunto per il loro
comportamento:

-"Giusto di questo volevo parlarti Roberta: di tutti coloro che
avrebbero voluto saperne di più! Voi non avete detto a nessuno che
per chi vuole saperne di più c'è un sito internet ed un libro
autobiografico. Eppure, nel nostro accordo, erano stati chiari questi
punti che, oltretutto, richiedo come condizione sinequanon a tutti
coloro che mi richiedono interviste. Proprio per evitare che
succedano cose come quella che mi avete fatto voi, depistando i
risultati di un'inchiesta, su richiesta di quei due soliti "ignoti" – dissi
con rabbia.

-"Ma ... io... guarda ... Guarda che comunque ci torniamo, ci
dobbiamo tornare, questa era solo la prima parte ... ci sarà la
seconda parte ... vedrai..." – balbettò.

-"Ci tornerete? ... Con chi? ... Con me? ... bisognerà vedere se io
vorrò tornarci con voi! Le mie condizioni erano chiare: non
partecipo a pagliacciate. Vi avevo chiesto diritti di replica alle
dichiarazioni di Andreotti, com'era mio diritto di ottenere. E voi,
invece, avete permesso anche a Cossiga di fare lo stesso, dichiarando
bellamente il falso in pubblico e non permettendomi, ancora una
volta, alcuna replica. Ora vi chiedo la rettifica di dichiarazioni false e
diffamatorie. Inoltre provvedi a farmi riavere il mio materiale
immediatamente e quant'altro che mi devi restituire. Mi riferisco alla
relazione peritale in copia autentica, o una copia dell'intervista
integrale in video alla perita. Perché questi erano gli accordi, cui era
vincolata la mia partecipazione a quella trasmissione e la
concessione del materiale documentale e video di mia proprietà..." –
conclusi.

-"Ma ... ti sbagli. Noi abbiamo mandato in onda solo una prima
parte. L'intenzione era di tornarci con un seguito ... non è come
pensi ..." – replicò.

-"Ah sì? E' per questo, allora, che avete tagliato completamente le
mie dichiarazioni ed anche l'intervista di Franz, per sostituirla con le
menzogne di Cossiga e le burlate di quel burattino che è considerato,
dai giornalisti ancora seri di questa Repubblica, il personaggio più
screditato d'Italia per quante stronzate ha dichiarato, smentendo

persino se stesso a distanza di pochi mesi. Quello che andava con aerei e bus con i finestrini oscurati ad addestrarsi alla guerra psicologica, per evitare di dover rispondere a domande di cui non poteva conoscere la risposta, perché non la conosceva nemmeno chi lo imbeccava?!

Beh ... avete fatto male i conti! Io non ho nessuna intenzione di concedere interviste a chi agisce come voi e se avessi immaginato con chi avevo a che fare, sicuramente, non avreste avuto nemmeno questa. Comunque informa la tua redazione delle mie richieste, prima che finisca per dare mandato al mio avvocato di chiedervele lui le restituzioni dovute!" - ribattei, chiudendo la conversazione.

Ero davvero furioso, anche con me stesso, per essermi fidato di quella gente. Per fortuna non fino al punto di concedergli tutto il materiale. Se l'avessi fatto, cedendo alle loro insistenti richieste, sarei stato fregato di brutto. Esposto alla gogna di quei miserabili senza più strumenti di difesa.

Dovevo ringraziare il mio intuito: c'era qualcosa di falso in quella persona ... e il tempo, sempre galantuomo, mi ha dato ragione.

Peccato, un'altra occasione perduta di sbugiardare i traditori della Patria. Anche in questa circostanza, però, potevo assolvermi. Ancora una volta potevo affermare: Io, più di questo, che potevo fare?

Ricevetti le telefonate di Giuseppe Dagata e di Luciano Scalettari. Anche loro stupiti per com'era stata fatta la trasmissione.

-"Le cose erano ben diverse ... Noi, comunque, sui nostri giornali scriveremo le cose come stanno". E così fecero.

Il 16 Marzo vidi lo Speciale del TG-1, quello andato anche su RAI Sat ...corretto. Pino Scaccia fu di parola, non aveva tagliato le mie dichiarazioni, laddove affermavo che per noi, all'epoca, non c'erano dubbi che alla strage di Via Fani avevano partecipato anche agenti stranieri, non solo le BR che servivano solo per gestire il sequestro e depistare dai veri mandanti di quell'operazione strategica della Guerra Fredda ... Dunque, non solo un'azione terroristica.

Però, anche lui mancò gli accordi presi, perché non fece alcuna recensione al mio libro, come eravamo in accordo di fare in cambio della somma che avevo chiesto per la mia partecipazione.

Doppiamente truffato dalla RAI! ... Mi era insopportabile.

Scrissi un'email a Pino Scaccia, che continuavo a ritenere una persona seria, anche se quel comportamento serio non era. Mi arrivò, nella stessa giornata, una sua email dall'Afghanistan con la quale si mostrava sorpreso e dispiaciuto di quel che gli dicevo.

-"Nino, sono stato mandato a Kabul, per i reportage della guerra. Mi trovo qui da poco dopo il nostro incontro. Ti posso assicurare che avevo lasciato disposizioni ben precise su quelle che erano le tue richieste e che dovevamo recensire il tuo libro nella stessa trasmissione. Ora da qui non posso fare niente, ma appena rientro sentirò e vedrai che troveremo una soluzione".

Potei vederlo in TV fare i suoi reportage da Kabul, con le bombe che piovevano tutt'intorno e questo mi diede la certezza che era una persona seria e non mi aveva preso in giro. Tuttavia la situazione era intollerabile.

Scrissi alla Presidente della RAI, Lucia Annunziata, esponendole tutte queste azioni disoneste commesse da persone di cui era responsabile e le chiesi di volersi attivare per farmi restituire immediatamente il mio materiale da RAI 3 e di farmi avere le scuse ufficiali della RAI per tutte queste azioni spregevoli: non ricevetti alcuna risposta. Così mi rivolsi all'Avvocato Siffu, che già conosceva la storia con la RAI fin dal principio. Egli mi disse che si poteva fare una raccomandata per ripetere le mie richieste e sicuramente a lui avrebbero risposto, poi, in base alla risposta avremmo deciso il da farsi.

L'Ufficio legale della RAI rispose, sia per quanto riguardava le doglianze con RAI 3, affermando che il mio materiale era custodito nei loro archivi RAI a mia disposizione se volevo consultarlo, ma anche a disposizione della magistratura se avessero voluto esaminarlo per la causa di servizio che stavo per incominciare; negavano che ci fosse stato un accordo per avere una copia della relazione peritale e sulla citazione del mio libro. Davvero facce come il deretano di un elefante ... anche se lo studio legale Rai era sicuramente in buonafede, o almeno si spera!

Con riguardo allo speciale del TG-1 dissero, evidentemente informati anche da Pino Scaccia e pertanto non potendo negare il tenore degli accordi tra le parti, che pur non ammettendo alcun obbligo in quel senso, erano disponibili a venirmi incontro, facendo recensire il mio libro nella Rubrica "I Libri" che andava in onda dopo la mezzanotte, la domenica.

E questo varrebbe cinquantamila euro secondo loro?!

Da non credersi, se non l'avessi visto con i miei occhi. Davvero vergognoso: questi erano un'istituzione pubblica italiana e si permettevano comportamenti da cialtroni di strada.

Dovevamo anche fare presto a fargli sapere la nostra decisione e, infatti, facemmo prestissimo ... Ah ah ah.

Pur conoscendo lo Stato della Giustizia italiana e i lunghi anni che sarebbero trascorsi per avere una giusta sentenza, citammo RAI-3 e RAI-1 per le inadempienze contrattuali e RAI 3 anche per appropriazione indebita del materiale che non intendeva restituire. Prima mi assicurai che i testimoni fossero disponibili a testimoniare il vero, perché in Italia bisogna accertarsi anche di questo. E' talmente bassa la fiducia nella Giustizia che non è raro che un testimone, per non avere fastidi, si rifiuta di testimoniare o si trincera dietro i *non ricordo*. Non avendo fatto contratti scritti, dovevo necessariamente dimostrare la verità degli accordi attraverso i testimoni, altrimenti sarebbe stata la mia parola, contro quella dei responsabili RAI. Benchè, in verità, l'essenziale l'avevano ammesso.

Per fortuna nessuno si rifiutò di testimoniare il vero e questo mi permise di far causa alla RAI. Sono passati ben otto anni da allora e i testimoni hanno tutti confermato, in tribunale, la verità dei fatti e degli accordi. Per RAI-1 visto che la mia richiesta per partecipare alla trasmissione era stata di avere cinquantamila euro, poi in sede di trattativa sostituita da una recensione al mio libro nello stesso speciale ...e che non c'è stata, richiedevo la condanna a risarcirmi con i cinquantamila euro della mia richiesta iniziale. Infatti, la recensione, come confermò lo studio legale RAI, non c'era stata perché: "*In piena autonomia redazionale avevano deciso di non farla!*" Come se io fossi un loro dipendente e non la controparte in un accordo contrattuale ... Che razza di gente!

Il processo è terminato da oltre due anni; come detto i testimoni hanno tutti confermato il vero, anche i dipendenti di RAI-1 e RAI-3, nonostante qualche immaginabile pressione contraria. La stessa Roberta Serdoz venne a testimoniare e non negò gli accordi. Nel frattempo avevo anche saputo che si era sistemata in pianta stabile a RAI-3 e che si era sposata con Piero Marrazzo, il quale era stato candidato alla Presidenza della Regione Lazio ed eletto Governatore. Dunque, i fatti sono stati abbondantemente chiariti e gli abusi commessi dalla RAI anche, ma non possiamo ancora avere la sentenza in quanto manca un giudice per scriverla: quello che c'era è stato trasferito e l'altro è arrivato a Novembre 2011 e alla prima udienza ha rinviato tutto al 29 Settembre 2012, per fissare l'udienza di precisazione delle conclusioni. Pertanto l'udienza finale e la successiva sentenza ancora non sappiamo a quando andrà, ma questo è normale in Italia ... Siamo ormai a dieci anni dai fatti!

Nel frattempo, però, altri fatti conseguenti alle azioni dei Senatori Cossiga e Andreotti si sono definiti. Soprattutto quelli riguardanti l'interrogazione del Senatore Andreotti al Ministro della Difesa Martino dal quale presero le mosse quelli della RAI per organizzare quelle trasmissioni "ritoccate".

In seguito all'interrogazione dell'On. Senatore Malabarba, fu promossa un'inchiesta del Ministro della Difesa per sapere se quei documenti fossero veri o falsi. Egli presentò in seguito una nuova interrogazione al Ministro, sempre a risposta scritta, per conoscere cosa ne era stato di quell'inchiesta, dal momento che, a tre anni di distanza, si era ormai nel 2005, niente era trapelato circa gli esiti avuti. Il Senatore Malabarba, tramite il presidente dell'associazione che tutela le famiglie delle vittime delle Forze Armate, Ammiraglio Falco Accame, aveva saputo che non ero stato nemmeno disturbato da un semplice avviso di garanzia e, considerato il tempo trascorso, era ovvio dedurre che nessuna falsità era stata accertata e che, perciò, quell'inchiesta fosse finita archiviata.

Potemmo ridere della risposta sia dell'On. Martino, il quale, in Parlamento, recitò una baggianata messagli in bocca dal furbastro che aveva scritto quel testo. Il Ministro Martino, infatti, mettendomi in bocca mendacità ch'ero da sempre impegnato a contrastare, rispose: "Antonino Arconte ha dichiarato che dietro le BR che sequestrarono e uccisero l'on. Moro e la sua scorta in Via Fani c'erano la CIA e i servizi deviati Italiani. Questo non è vero, pertanto l'Arconte mente!"

Davvero esilarante, se non fosse in realtà un grave sintomo dello stato penoso in cui erano ridotte le Istituzioni.

Pur di continuare a screditarmi erano disponibili a dichiarare apertamente il falso e confermarlo, anche attraverso una risposta ad un'interpellanza Parlamentare. Cosa ancora più grave, nessun organo d'informazione italiano rilevò queste falsità evidenti. Chiunque avesse letto il mio sito internet, (quasi un milione di persone); tutti coloro che avevano letto il mio libro e le interviste rilasciate a giornalisti liberi che ancora c'erano in Italia, poteva meravigliarsi delle dichiarazioni del Ministro della Difesa Martino.

Contattai anche l'Ansa per avere diritto di replica, ma fu tutto inutile. Solo negli Stati Uniti, il giornalista Italo-Americano Stefano Vaccara, pubblicò in prima pagina lo sbugiardamento del Ministro Martino.

-*"Arconte, ha sempre detto che per lui, dietro le BR che sequestrarono ed uccisero Aldo Moro c'era il KGB e non la Cia o i servizi deviati Italiani".*

Dunque le dichiarazioni del Ministro suonavano davvero stonate. Nel mio libro si legge chiaramente, infatti, che si trattò di un Golpe organizzato dal KGB e dalla sua rete di spie in Italia e non in ambienti comunisti, altrimenti a che sarebbero servite? Gli ambienti comunisti e filo sovietici parteciparono comunque, giacché non volevano perdere il controllo acquisito sulla società Italiana che, il progetto di trasformare il più potente partito comunista d'occidente in una socialdemocrazia, portandolo fuori dal Comintern, l'internazionale comunista controllata da Mosca, avrebbe causato. Ambienti che permeavano le Istituzioni e di cui oggi, gli attori di allora e i loro burattinai, sono impegnati a nascondere le prove e a far sparire i testimoni o intimidirli, come tentavano di fare con me; non riuscendoci e screditandomi in questi modi insulsi, che solo grazie al pieno controllo dell'informazione potevano portare avanti.

Un Golpe andato a buon fine e realizzato con la collaborazione di alcuni personaggi interni alle Istituzioni, molto potenti e resisi responsabili, secondo quanto racconto e documento, del reato di Alto Tradimento, reato gravissimo del quale sono riusciti a non essere mai giudicati e nemmeno indagati.

Il Senatore Malabarba fu informato dall'Ammiraglio Accame di queste falsità nella risposta del Ministro, ed essendo all'opposizione non si fece sfuggire l'occasione di ribattere chiedendo maggiori spiegazioni. A quel punto, il Ministro Martino non rispose più, ma delegò il Ministro per i rapporti col Parlamento, On. Giovanardi, di leggere la risposta a quell'ultima interrogazione. Certamente una scelta dovuta al fatto che, l'On. Martino, aveva saputo che le sue menzogne erano state scoperte e sbugiardate, sia pure a New York e non in Italia: i giornali Italiani dipendono tutti dai contributi pubblici che ricevono. Decine di milioni di euro che gratificano soprattutto i direttori con stipendi straricchi, del tutto ingiustificati rispetto alle copie vendute. Ovvio considerare che, in cambio, quei direttori, tutti rigorosamente iscritti all'ordine dei giornalisti, senza la firma dei quali in Italia non può essere pubblicato nemmeno un giornalino qualsiasi, sono disponibili a organizzare campagne diffamatorie e denigratorie a comando e, sempre a comando, nascondere al popolo Italiano notizie che disturbano i soliti "ignoti" Romani.

Un'altra vergogna di cui l'Italia è vittima e contro la quale non potevo far nulla, se non informare l'opinione pubblica come potevo, attraverso Internet, pubblicando la verità dei fatti di cui ero a conoscenza.

La vera e propria cupola di potere mediatico, l'Ordine del Giornalisti, peraltro, decide chi è giornalista e chi no.

Un ordine che non esiste altrove, dove l'informazione è libera ed è giornalista chi scrive cose che altri sono disposti a pagare per leggere tenendo, in questo modo, attiva una libera informazione che svolge vere inchieste per interessare i lettori e vendere, quindi, molte copie.

Altrove gli stipendi di direttori e giornalisti sono proporzionati agli incassi dati dalle vendite e dai proventi pubblicitari conseguenti.

Un esercizio di effettiva Democrazia che, in Italia, è stata soffocata. Nei giornali italiani, presenti in numero davvero esorbitante e tutti al soldo del contributo pubblico, non si leggono più inchieste, a meno che non si tratti di azioni pilotate a comando e da considerarsi, piuttosto, come insopportabili campagne diffamatorie; in alternativa i lettori subiscono nauseanti, quanto parossistiche ormai, passerelle di opinioni: cos'hanno detto tizio, caio, sempronio … Politicanti di cui riportano anche la più piccola scoreggia sul più insulso degli argomenti. Idem per quanto riguarda le testate televisive. Chi viaggia o ha viaggiato all'estero sa che in nessuna testata televisiva si vede una simile passerella di politici nei TG.

Peraltro la mendacità, altrove, è severamene punita; in Italia, ormai, la Verità è solo un optional perorato dai pochi eroi che perseverano indefessi.

Tornando al prode Ministro per i rapporti col Parlamento, On. Giovanardi, è utile ricordare quel che fece. Beninteso, tutto ben documentato e agli atti del Senato dato che, avendomi l'esperienza largamente insegnato, io sto molto attento nel non dare appigli ai soliti "ignoti" Romani ai quali non sembrerebbe vero di potermi scatenare addosso le ennesime macchinazioni e/o azioni giudiziarie. Cito, come efficace esempio, l'incredibile azione persecutoria da me subita quando credevo di poter pretendere dallo Stato il rispetto dei miei diritti e dei termini del mio ingaggio a contratto del 1970.

Contratto di arruolamento stipulato col Ministero della Difesa Italiano, non del Ruanda Burundi, e davanti a fior di testimoni presenti, mio padre e Generali, Colonnelli e Capitani dell'esercito italiano, perché, per le leggi del tempo, ero ancora minorenne.

Potei leggere la risposta del Ministro Giovanardi al Senatore Malabarba, degna di tutte le altre che erano state pubblicate agli atti del Senato e che ho conservato e pubblicato nel CD Rom, distribuito come allegati probatori all'Ultima Missione, per sopperire alla scarsità d'informazioni sulla verità di questi fatti.

Il Ministro, in maniera davvero convinta, tanto da farmi pensare a un altro lettore in buona fede di baggianate scritte da altri, confermò ciò che non potevano più negare: "L'inchiesta per falso contro Antonino Arconte è stata archiviata nel maggio 2004 dal GIP di Roma, su richiesta del PM … ma non perché non ci fosse il falso … ma perché mancava la querela … Difetto di querela."

Tutta da ridere questa! L'inchiesta avrebbe verificato che il falso c'era, ma i soliti "ignoti" Romani si erano dimenticati di presentare querela ... Ah ah ah!

Ovviamente non mi limitai a ridere. Chiesi alla Procura di Roma, come persona che era stata indagata, sia pure senza ricevere alcun avviso, di saperne di più e di poter ricevere copia degli atti per posta, vista la mia distanza da Roma.

Il cancelliere fu molto gentile e ben informato. Mi disse che non avevo ricevuto alcun avviso di garanzia poiché, fin dalle prime fasi delle indagini, la Procura aveva verificato che non c'erano gli estremi del reato ipotizzato per procedere. Nell'intestazione del fascicolo si poteva leggere il titolo del libro oggetto d'indagine, L'Ultima Missione, ma questa si era conclusa con la richiesta di archiviazione per infondatezza della notizia di reato, art. 408 C.p.p. Mi disse che per ricevere gli atti a domicilio dovevo mandare una busta già affrancata in base al peso, che doveva verificare, e copia di un documento d'identità con autocertificazione. Spedii tutto il giorno stesso. Non vedevo l'ora di verificare cosa avevano combinato di nuovo ... anzi di vecchio, perché si trattava di gente vecchia anche nel cervello, altrimenti non avrebbero continuato a fare stronzate simili. In fondo, ormai, era chiarissimo a tutti che io volevo solo il mio regolare congedo, come avevo richiesto e insistevo a richiedere, perché era mio diritto!

Non mi ero e non mi sarei fatto intimidire da nessuno ... Possibile che non l'avessero ancora capito?

Mi arrivò un pacco da almeno un chilo di documenti giudiziari, ma anche del SISMI che esaminai con molta attenzione, mandandone una copia, com'era doveroso fare, all'Ammiraglio Accame perché rendesse nota la verità anche al Senatore Malabarba, che ne aveva diritto. Certamente non ai Senatori Andreotti o Cossiga, perché loro, la verità, la sapevano già e fin nei dettagli!

Alla lettura degli atti apparve evidente che il Ministro Martino, attivato dall'interpellanza del Senatore Andreotti che chiedeva di sapere, attraverso un'appropriata inchiesta Ministeriale, se i documenti pubblicati da Famiglia Cristiana e altri, per opera di Antonino Arconte, fossero veri o falsi, aveva incaricato il SISMI di svolgere indagini.

Il SISMI, però, aveva risposto e da nessuna parte di quei verbali d'indagine si poteva desumere che io avessi affermato che dietro le BR che avevano rapito Moro ci fossero stati la CIA e i servizi italiani. Oltre a farmi piacere ciò dimostrava le menzogne create da politicanti e non da agenti d'Intelligence.

Il SISMI, anzi, testualmente affermava, alla fine della sua relazione: "*Si tratta di semplici Indizi/Informazioni* (dal gergo burocratico si traduce voci di corridoio-pettegolezzi!) Sui quali si pone il divieto di divulgazione!"

Il divieto di divulgazione non credo sia stato posto da agenti del SISMI. Questo genere di divieti può essere ordinato solo da chi dirige il SISMI, (all'epoca il Generale Pollari) e/o per ordine ricevuto da chi, al Governo, ha la funzione di comando del Servizio Segreto Militare, cioè il Ministro della Difesa Martino.

Se non l'ha ordinato lui, ma uno dei soliti "ignoti Romani", è lui, tuttavia, ad averne la responsabilità, essendo lui il Ministro della Difesa incaricato.

Erano quindi questi personaggi, ben identificati, ad aver posto il divieto di divulgazione di quei risultati d'indagine e il motivo era evidente: non far sapere che le accuse di falso ipotizzate erano del tutto infondate ... diffamazioni e pettegolezzi!

Non facciamolo sapere a nessuno! ... Come i monelli che rubano la marmellata!

Astutamente, inoltre, gli irriducibili "ignoti" Romani idearono un piano ... un altro dei loro.

Nello stesso tempo che si manteneva il segreto sui risultati deludenti dell'inchiesta del SISMI, fecero trasmettere gli atti dell'inchiesta ai ROS, i Carabinieri dei Reparti Operazioni Speciali ... chissà che loro non potessero fare meglio.

Cosa, questa, in chiara violazione della legge 801/77 che regola l'attività dei Servizi Segreti. Recita quella legge, infatti, che il SISMI deve trasmettere all'autorità Giudiziaria solo le "notizie di reato", non gli indizi/informazioni, ossia i pettegolezzi e le voci di corridoio, fossero pure stati diffusi da personaggi all'apparenza illustri!

E' ovvio considerare che gli uomini del SISMI conoscevano bene la legge sui Servizi Segreti, ma era altrettanto evidente che anche questo comportamento abusivo era stato ordinato dai soliti "ignoti" Romani e che essi, trovandosi in servizio permanente effettivo, non potevano non obbedire.

L'inchiesta dei ROS era stata accurata e approfondita: avevano tentato in tutti i modi di arrampicarsi sugli specchi pur di screditarmi.

I vari uffici coinvolti dichiararono che non risultava nulla. Questo a conferma delle mie accuse che era stato distrutto tutto, come risultava per documenti in mio possesso ed anche da atti giudiziari di inchieste precedenti, nei quali non era ipotizzabile alcuna falsità.

Erano tutti in copia autenticata da Notaio, (quindi sicuramente non una mera fotocopia che chiunque poteva ritoccare e modificare senza lasciare tracce). Così anche per quella del mio "Libretto personale del Militare del CEMM, nel quale era ben evidenziato che ero stato destinato, nel Dicembre 1973, per ordine d'autorità, ai Reparti Speciali di Stay Behind (in codice Gladio). Questo risultante anche da copia fotostatica del foglio matricolare, inviatomi dall'Ufficio X, a dimostrazione dell'effettivo servizio svolto, da custodire per futura memoria nell'apposita tasca sulla copertina del libretto stesso.

Una prova disarmante della verità, che solo un'aperta dichiarazione di falsità, da parte dello Stato Maggiore della Marina che li aveva emessi, poteva confutare. Chiaro che nessuno degli alti Ufficiali dello Stato Maggiore fu disponibile a commettere reati per assecondare i desideri dei soliti "ignoti" Romani.

Anche un'altra cosa andò male ai soliti "ignoti": contemporaneamente alla loro indagine, la Procura Militare di Roma chiuse l'inchiesta promossa da un esposto dell'Ammiraglio Accame che aveva chiesto, nell'anno 2000 alla Procura Militare, di voler appurare se documenti e dichiarazioni di Antonino Arconte fossero veri oppure falsi. Il PM Intellisano inviò per competenza alla Procura penale di Roma copia conforme agli originali di quella stessa documentazione che i soliti "ignoti" tentavano con artifizi e raggiri di far dichiarare falsa.

Fu così che tutti i membri di quella banda Bassotti s'incartarono nelle loro stesse trame e non trovarono di meglio che accontentarsi di falsificare le risposte alle interrogazioni parlamentari. Tanto i giornali li controllavano benissimo ed erano certi che nessuno avrebbe osato proferire parola sulla verità che avevano, ancora una volta, occultato.

Io, però, non ero certo controllabile, tantomeno dalla banda Bassotti e, mentre prendevo appunti sui risultati dell'inchiesta, potei comprendere il vero motivo del decreto di archiviazione del GIP di Roma, in data 7 maggio 2004. Non era certo quello che aveva annunciato l'on. Giovanardi, nelle sue funzioni di Ministro per i rapporti con il Parlamento.

Il GIP identificò Antonino Arconte come parte offesa, però, da *"Ignoti"* che non si era potuto identificare!

Già … tutta opera dei soliti "ignoti"! Anche se in realtà era assolutamente possibile identificarli, se solo si fosse voluto.

Capivo bene che non tutti possono essere disponibili a farsi perseguitare dalla banda Bassotti per identificare … Cip e Ciop!

Tanto più che sarebbe stato del tutto inutile: tutte le strade, anche quelle giudiziarie, portano a Roma e … a Roma c'è la Cassazione che, quando si tratta dei soliti "ignoti", sistema tutto.

A proposito, non ho detto che cosa ne fu di quella condanna, inflitta al Senatore Andreotti dai Giudici di Perugia a ventiquattro anni, quale mandante dell'assassinio di Mino Pecorelli. Gli avvocati del Senatore fecero ricorso in Cassazione e la Cassazione lo assolse senza rinvio, mettendo la parola fine a quell'inchiesta!

Non bisogna dimenticare, inoltre, che questo è il Paese dei "tengo famiglia!" Solo io e pochi altri non la ... teniamo!

Naturalmente gli eventi in progress mi liberarono dai timori sui motivi reconditi per i quali il Senatore Andreotti auspicava, per l'inchiesta che aveva promosso, che fossimo arrestati; essendo, viceversa, i miei atti probatori risultati autentici, mi rincuorai pensando che non avremmo dovuto essere "fucilati": non stava ordinando a nessuno un assassinio, il nostro, ma solo usando una circonlocuzione verbale per esprimere il suo sdegno.

Sarà ...! Noi, tuttavia, non smettemmo di guardarci le spalle e bene facemmo. Non era finita qui, infatti.

Il Tempo di Roma fin dall'anno 2000 aveva pubblicato una serie di articoli d'inchiesta sul caso Moro, divulgando anche alcuni di quei documenti, per esempio le lettere autografe dell'on. Craxi nelle quali egli ci chiedeva di tacere per evitare reazioni illiberali, garantendo però che il Governo stava procedendo con la regolarizzazione del nostro stato di servizio. Lettere che furono riconosciute autentiche da chi, a lui vicino, ben riconosceva calligrafia e firma dell'on. Craxi e si mise subito in contatto con Stefano Mannucci, il redattore del Tempo che svolgeva quell'inchiesta per confermarlo.

Nel Dicembre 2000, Stefano Mannucci pubblicò un articolo che smentiva completamente il cazzeggio, quello solito dei soliti "ignoti", mirato a nascondere che si erano avute informative e avvisaglie di quello che si preparava in danno dell'On. Moro asserendo che lo stesso Moro ne era stato correttamente informato, visto che pochi giorni prima della strage di Via Fani aveva richiesto di poter avere un auto blindata e che l'allora Ministro degli Interni, On. Cossiga, gliel'aveva negata.

Notizia che non fu smentita e, certamente, vista la gravità di quelle affermazioni, se fosse stata falsa sarebbe costata una querela per diffamazione a mezzo stampa a Stefano Mannucci e al suo giornale.

Tra l'altro, quando a New York, nel Giugno 2003, furono pubblicate le verità sulle bugiarderie dichiarate nella detta risposta del Ministro Martino, mi rivolsi anche a Stefano Mannucci per fargli sapere come stavano le cose, ma ... il giornalista, con tono abbastanza umiliato, mi fece intendere che era stato cambiato il direttore e, di conseguenza, la linea del giornale era cambiata. Non gli davano spazio per replicare a quelle che anche lui sapeva essere falsità, avendomi intervistato più volte e ben sapendo, quindi, che il Ministro della Difesa aveva mentito al Parlamento. Potei verificare che quanto detto da Stefano Mannucci era vero. Non solo, ma l'Ammiraglio Accame mi inviò via fax una pagina del Tempo di Roma, nel quale, in una rubrica da lui curata, il Senatore Andreotti rispondeva, sempre nel 2003, a un lettore che gli chiedeva notizie di quelle documentazioni che: *"L'inchiesta del Ministro della Difesa aveva appurato che si trattava di falsi"* ...Ah ah ah!

L'Ammiraglio Accame mi consigliava di rispondere per evitare che passasse per vera quell'affermazione, ma cosa potevo fare? Chiedere diritto di replica? Lo feci e non ebbi alcuna risposta. Avrei potuto querelare certo, la legge lo consente ma ... La legge? ... Denunciare Andreotti, a Roma, per aver dichiarato il falso in una sua rubrica su un suo giornale, o controllato da lui fino a quel punto?! ... Ah ah ah! Non era il caso di sprecarci nemmeno la carta. Anche se fosse finita in mano ad un Magistrato leale alle leggi e alla Repubblica, corretto nello svolgimento delle sue funzioni, ci sarebbe stato l'Appello e, poi, andando a buon fine anche l'Appello, la Cassazione avrebbe sistemato tutto. Magari dichiarando semplicemente il reato prescritto, passati che fossero i tempi di decantazione di almeno dieci anni.

Cercai di far pubblicare una dichiarazione sulla verità anche di quei fatti, ma potei farlo solo su internet. Nessun giornale italiano si mette davvero contro il potere della menzogna che, viceversa, permea l'informazione italiana; in questo sistema sono i direttori delle testate che decidono cosa si pubblica e cosa no e, quelli, sanno bene come comportarsi per mantenere l'incarico.

Questo è sempre il paese di chi "tiene famiglia"...!

Nell'aprile 2005, venni anche a sapere che l'inchiesta sulla morte di un mio ex commilitone, Tano, avvenuta nell'arcipelago del Cabo Verde il 13 Maggio 1998, promossa dall'anziano genitore che non vedeva chiaro su ciò che gli era stato detto in proposito, era stata archiviata dal GIP di Oristano, in seguito a una nota di servizio del Direttore del SISMI, all'epoca il Generale Pollari, con la quale rispondendo alla domanda del GIP, nel febbraio 2002, diceva che: *"Antonino Arconte è solo un fantasioso millantatore"*. Questo successe mentre l'inchiesta su di me era ancora in corso e quando risultò che non ero affatto un fantasioso millantatore, ma parte offesa dai soliti "ignoti", certamente il Generale Pollari non lo fece sapere al GIP che a causa della sua nota aveva archiviato l'inchiesta. Dovette, suo malgrado, ammettere che trattavasi di omicidio, nella migliore delle ipotesi colposo e che non era stata chiesta nessuna indagine per rogatoria, come prevede la legge. In questo modo non si era venuto a sapere nemmeno il nome di chi avrebbe ucciso in maniera colposa il mio ex commilitone. Sembrava la stessa storia della pallottola vagante che aveva ammazzato, a Mogadiscio, Vincenzo Licausi: anche in quell'occasione non vi fu alcuna richiesta di rogatoria e, pur essendo noto anche il nome del sicario che aveva sparato la pallottola vagante, tale Nour Hassan Alì, nessuno andò a disturbarlo al suo indirizzo a Mogadiscio.

Una volta verificate le prove che a mio avviso erano sufficienti per presentare un esposto e raccolta la documentazione a sostegno delle mie dichiarazioni in merito, mi predisposi a esporre i fatti a diverse procure, giacché non avevo idea di quale fosse competente tra Roma, Perugia e Palermo. L'esposto, un insieme documentato nei dettagli, di fatti certi, di ben 45 pagine, poteva essere, da solo, argomento per un libro sui "*misteri*" d'Europa.

Vi erano correttamente rappresentati i fatti che, a partire da Novembre 2000, avevano visto l'attivazione di vecchi poteri, (sempre nuovi in Italia), agire dietro le quinte per deviare alcune inchieste dalla verità.

Per saperne di più, si può andare a leggere in appendice l'intero esposto e la documentazione allegata, così che vi possiate meravigliare con me del fatto che, nonostante avessi richiesto di essere informato dell'esito avuto dall'inchiesta ai sensi di legge, art. 406 e 408 Cpp, io non abbia mai saputo che fine abbia fatto ... pur potendolo senza dubbio immaginare.

V'invito a farlo per conoscere molte verità e trovare tutti i riscontri che possono aiutarvi a capire il perché delle situazioni più attuali.

Non è una lettura noiosa!

Voglio chiosare, per completezza, anche sulla vicenda del Ministro per i rapporti col Parlamento, On. Giovanardi. Ovvio dire che in tutto quel marasma di menzogne e falsità belle e buone, non potevo trascurare di fare il mio dovere di denuncia anche nei confronti dell'On. Giovanardi, il quale, come Ministro della Repubblica, avrebbe dovuto sentirsi in dovere di scusarsi con me, vittima di quelle false accuse, una volta appurato che di questo si trattava, anziché preoccuparsi che la verità non fosse pubblicata dalla stampa. Il Senatore Malabarba e l'Ammiraglio Accame, peraltro, sottoscrissero con forza, in loro interrogazioni a risposta scritta, che non poteva essere considerato lecito poter impunemente accusare un cittadino di essere un falsario e poi non sentirsi in dovere di scusarsi con lui nemmeno quando da più inchieste Giudiziarie Ministeriali e del SISMI era stato indubitabilmente accertato non essere vero. Presentai, indignato, un documentato Esposto diretto alla valutazione e decisione del Comitato Parlamentare per i procedimenti d'accusa e lo inviai il 6 Luglio 2006, chiedendo di essere informato, in caso di un ulteriore dichiarazione di incompetenza, (come poi è stato!), di chi dovesse essere, dopo la riforma dell'art. 90 della Costituzione Italiana, la competenza a giudicare i fatti esposti.

Non fui informato nè della data di discussione dell'Esposto, nè del suo esito. Tutto si svolse in gran segreto, almeno per quanto mi riguardava!

Mesi dopo, cercando di avere notizie venni a sapere che era stato esaminato e archiviato per incompetenza dal Presidente … l'On. Giovanardi!

Questa era davvero da avanspettacolo … da macchiette del Macario Show! L'esposto, contro il comportamento perlomeno disdicevole del Ministro per i Rapporti col Parlamento On. Giovanardi, era stato esaminato e archiviato, senza nemmeno informare gli interessati, dal Presidente del Comitato d'Accusa On. Giovanardi! Badate bene, non si trattava di omonimia … No! Era lui, proprio Giovanardi che, avendo cessato l'incarico da Ministro era diventato, per grazia ricevuta, Presidente del Comitato per gli atti d'accusa che doveva valutare il suo comportamento e quello del Ministro della Difesa. VERGOGNOSO!

Ammettiamolo: queste cose nel mondo civilizzato si possono vedere solo in Italia. Forse anche in alcuni staterelli del terzo mondo possono accadere, ma in maniera più rozza, perché in quei governi sono quasi sempre tutti parenti, quindi uno zio valuta il nipote, che controlla il fratello e il padre, che controlla i suoi cognati nell'amministrazione della cosa pubblica. Siad Barre in Somalia, per esempio, faceva così e com'è finita la Somalia lo sappiamo bene. Mobutu Sese Seko, nel Congo, faceva la stessa cosa, ed anche il

Congo, ex Zaire, abbiamo visto com'è finito!

L'Italia fa le stesse cose ma, miracolosamente, è proprio il caso di dirlo, sta ancora in piedi, non senza spaventosi scricchiolii che sembrano annunciare crolli istituzionali sempre procrastinati ... ma fino a quando?

La forza dei movimenti separatisti si nutre proprio di questi comportamenti e come sempre nella storia della civiltà umana, di Giustizia che non funziona e di conseguenza, di criminalità dilagante. In Italia si sta andando verso spinte separatiste sempre più potenti proprio perché guardare alle proprie istituzioni per cercare motivi d'unità è perlomeno difficile. La Lega è ad ogni elezione più forte e il suo cavallo di battaglia è il separatismo della Padania, in Sardegna si rafforzano i partiti ed i movimenti separatisti e anche dove non c'erano sorgono: in Sicilia, in Calabria, in Campania, nell'ex Regno delle due Sicilie nascono movimenti che vorrebbero addirittura riportare i Borbone sul trono.

Come contrastarli? ... "Stringendoci" alle nostre Istituzioni Nazionali? ...Brrrr!

Appare chiaro a tutti ormai, che sarebbe una stretta mortale e non aggiungo altro perché l'attualità è il miglior commento.

A chiosa della vicenda RAI, che ormai necessita solo della giusta sentenza, occorre aggiungere un aggiornamento che mi lasciò sbalordito: Nella Via Fani 96, a Roma, l'indirizzo del covo dei Brigatisti che sequestrarono Moro ed oggetto di quella trasmissione e della collaborazione mia e di Franz, fu scoperto che il Governatore Piero Marrazzo, marito di Roberta Serdoz, si intratteneva con alcuni travestiti. Affari suoi, certamente, ma risultò che ci spendeva cifre davvero esagerate, che della vicenda entrò a far parte anche una brutta storia di cocaina e che lo spacciatore morì di overdose pochi giorni dopo, mentre una delle travestite brasiliane coinvolte nella vicenda, pare sua amante, fu trovata morta bruciata nel suo letto, sempre in Via Fani 96... Strano epilogo, non trovate? Dell'inchiesta non si è saputo più nulla, ma l'ex Governatore sembra che sia stato identificato come parte offesa dai ricatti di alcuni Carabinieri, i quali, avrebbero fatto irruzione nell'appartamento e chiedendo, poi, denaro, per tenere segreto ciò che avevano scoperto ... Credo che anche questa finirà nell'archivio dei "mistèri d'Italia", come quella ben più grave, ma sempre legata alla "misteriosa" Via Fani 96.

Capitolo VII
L'inchiesta sulla DSSA e... falsità

Ad Aprile 2005, ci fu un convegno al quale fui invitato. Non avrei voluto partecipare: so che suscito sempre scalpore e reazioni feroci da parte dei soliti "ignoti" e che non riesco a fare di me un ipocrita non dicendo ciò che penso, se interpellato. Era un convegno sulle servitù Militari e l'Uranio impoverito, organizzato al cinema Miramare sul lungomare Valencia ad Alghero. M'invitarono degli amici, tra questi il mio Avvocato e ci andai. Appresi cose interessantissime, grazie alle dettagliate relazioni di ricercatori intervenuti, che mi fecero capire cos'era l'uranio impoverito e quali conseguenze avesse avuto sui militari che erano entrati in contatto con esso, e sulla popolazione vicina alle basi e ai poligoni militari. Al salto di Quirra, in particolare, c'erano state parecchie morti sospette e molti militari, ammalatisi di linfoma, erano morti ancora giovani. Una situazione davvero incresciosa. Mi fu chiesto di prendere la parola e, come prevedevo, profittai dell'occasione per introdurre una nota polemica, anzi più d'una.

-"Perché oggi, nel terzo millennio, epoca nella quale si può evitare addirittura di far esplodere testate nucleari, essendo sufficiente simularne gli effetti sui computer; nei quali si può evitare di far rischiare la vita ai piloti in fase di addestramento, perché basta farli sedere in una cabina e farli decollare, atterrare, combattere in volo, tutto in simulazione al computer ... si continua, invece, a bombardare e colpire in ogni modo la nostra povera Terra? Mi è difficile capire! Io propongo di chiudere tutte le basi militari in Sardegna. Sono obsolete, almeno quelle dove sono sparati proiettili e bombe, che siano all'uranio impoverito oppure no. Potremmo invece proporre di riaprire la scuola d'Intelligence, quella che hanno chiuso pensando che con la fine della Guerra Fredda non sarebbe servita più. Profonda idiozia di chi l'ha pensato. Prima il mondo era diviso in blocchi contrapposti, ma ben ordinati. Ora è tutto un casino. Proprio ora che si dovrebbero potenziare i Servizi d'Intelligence e qualificare meglio il personale, si è finiti per stracci con la consueta prassi, utilizzata per tutti i posti pubblici, di cooptare persone di fiducia dei soliti "ignoti", poco importa se professionalmente incapaci. Costoro, in primis, hanno opportunamente acquisito il controllo sui servizi segreti" – dissi al microfono a un pubblico molto attento, compresi i giornalisti intervenuti e alcuni Onorevoli giunti da Roma. Continuai entrando nei dettagli:

-"Possiamo fare un esempio, citando alcuni casi di uomini del SISMI che sono stati recentemente uccisi in zona di guerra, le quali, anche se ora si chiamano peace keeping, zone di guerra erano e zone di guerra sono rimaste. Uno di essi è salito su un taxi che si è scoperto essere in uso ai Talebani. Ma quando mai, un agente in servizio, può andare a infilarsi in un taxi, in una zona infida come quella dell'Afghanistan? Significa proprio essere all'ABC dell'Intelligence, in classe prima, nel senso di dover proprio cominciare il briefing dalla prima lezione. Per non parlare del comportamento tenuto da Calipari, che in zona di guerra ha agito come avrebbe agito un poliziotto che a Roma prende in consegna un ostaggio: corre in auto a tutta velocità verso il comando, dove procedere a un interrogatorio a caldo dell'ostaggio per avere informazioni fresche sui rapitori; organizza una conferenza stampa per i comunicati, quindi subito dal medico per la visita di rito all'ostaggio liberato. Calipari, infatti, era un poliziotto anche sicuramente bravissimo, ma di Intelligence Militare ha dimostrato di saperne ben poco, altrimenti non avrebbe agito così. Se avesse frequentato un corso d'addestramento per il Servizio d'Intelligence, avrebbe saputo come si agisce in zona di guerra. Una zona sempre divisa in quadranti d'influenza e responsabilità. Così com'era stato fatto a Bagdad, giacché c'erano diverse FF.AA. a occupare la zona. Oltretutto, con tutti gli attentati con auto bomba e kamikaze che colpivano proprio i check point, era obbligatorio considerare quanto fosse pericoloso non rispettare i protocolli. I quali, chiaramente, prevedevano che chi avesse dovuto attraversare un quadrante sotto controllo, per esempio dei Danesi, doveva essere annunciato e presentarsi con tutta calma al check point per essere preso in consegna e scortato fuori da quel quadrante, per essere preso in consegna da quello successivo … così fino a quello che l'avrebbe scortato all'aeroporto. Tale procedura era stata concordata in interforze al fine di evitare inutili problemi e il pericolo d'essere scambiati per terroristi in cerca di vittime.

Calipari è morto grazie a questo sistema che l'ha mandato allo sbaraglio, senza un minimo di preparazione adeguata. Un'efficiente Scuola d'Intelligence per preparare nuovi agenti otterrebbe due risultati: poter disporre di un Servizio d'Intelligence davvero competente e non vedere più agenti finire in questo modo. La morte farà sempre parte di questo mestiere, certo ... ma non così! I Servizi devono essere adeguati e gli agenti scelti per merito distinto, non per cooptazione di politici ... interessati soprattutto a far le creste sulle spese non controllabili, perché coperte addirittura da segreto di Stato. Forse, però, è proprio per questo che si preferisce avere agenti inadeguati. Avete visto che figura per il sequestro di Abu Omar? Erano in quarantaquattro gatti, in fila per sei col resto di due e si sono fatti vedere, scoprire e denunciare! Se un paio di pastori Sardi avessero avuto l'incarico di sequestrare l'Imam, certo non li avrebbe visti nessuno, inoltre quelli delle alte sfere avrebbero risparmiato di sicuro! Penso, tuttavia, che sia proprio questo che non va: spendere poco!" – conclusi tra gli applausi e le risate del pubblico.

Tutti, però, avevano ben capito che c'era poco da ridere, avevo appena descritto la situazione degradata in cui versavano le nostre Istituzioni.

Sapevo che non sarebbe finita così e che, in qualche modo, avrei pagato queste dichiarazioni contro i soliti "ignoti" Romani: ancora non sapevo come, ma un discorso contro le basi militari in Sardegna e a favore di un Intelligence ... intelligente per davvero! Me l'avrebbero, senza dubbio, fatto pagare caro.

Io ero pronto, come sempre.

Ricevetti dall'Ammiraglio Accame copia dell'interrogazione presentata dal Senatore Malabarba il quale, preso atto della falsità dichiarata dal Ministro Giovanardi con la replica all'interpellanza precedente, chiariva che su Arconte non era risultata alcuna falsità e che, anzi, era stato identificato come parte offesa da ignoti. Chiedeva pertanto se il Ministro della Difesa non ritenesse opportuno scusarsi con Arconte, poiché ogni norma di buon Diritto rendeva inaccettabile che un cittadino potesse essere accusato di falsità in Parlamento e, poi, mendacità di tale accusa accertata processualmente, nessuno si senta nel preciso dovere di scusarsi con il cittadino vittima d'ingiustizia e calunnia.

Questa interrogazione fu bellissima e da me certo condivisa, ma, potete scommetterci! nessuno si sentì in dovere di scusarsi con me.

Solo il Presidente del Senato, on. Marini, mi scrisse una lettera di protocollo, per dirmi, testualmente che: *"Le scuse che mi erano dovute dovevano essermi rese da coloro che mi avevano offeso e, lui, come Presidente del Senato, non aveva il potere di imporgliele. Gli atti relativi e la richiesta di scuse sono stati versati agli Atti del Senato"*.

Una bella soddisfazione, non c'è che dire: per sempre, tutta questa vergognosa vicenda e i suoi protagonisti sarebbero risultati agli Atti del Senato! Ma, se nessun organo di informazione ne avesse dato notizia, restava un fatto noto ai soli addetti ai lavori e, come potete immaginare ... nessun giornale italiano fu autorizzato a rendere pubblica la cosa.

Viceversa, a New York l'intera vicenda fu pubblicata da Stefano Vaccara sul suo giornale America Oggi e online anche su Oggi7.info. Per dirla tutta anche Piero Mannironi, de La Nuova Sardegna provò a divulgare la notizia, ma poté pubblicarne solo una prima parte, perché a Sassari, un solito "ignoto", comprò una mezza pagina di pubblicità con la quale coprire gran parte dell'articolo. Contestualmente il Direttore fu cambiato e, da allora in avanti, anche Mannironi non poté pubblicare più niente sull'argomento.

Mio figlio Marco, doveva partire per Londra la mattina del 1 luglio 2005: aveva il volo ad Alghero per l'Inghilterra. Alle sei in punto stavo aprendo la porta per uscire e caricare i bagagli in auto, quando lo squillo del campanello mi sorprese. Sapevo che a quell'ora del mattino poteva essere solo la polizia o i carabinieri, per una perquisizione domiciliare su mandato di qualche Procura. Ne avevo subite tante e sempre su mandati "stimolati" dai soliti "ignoti". Erano, però, cose di molti anni prima e devo dire che le consideravo opere intimidatorie ormai concluse. Chiesi al citofono:

-"Chi è?"

-"La Digos di Genova, abbiamo un mandato di perquisizione".

-"Addirittura da Genova ... e che è successo?" – dissi aprendo il cancelletto del giardino.

-"E' tutto scritto qui, lo legga, è l'avviso di garanzia col mandato di perquisizione" - disse quello che sembrava comandare la squadra di cinque persone, tre Genovesi e due della Digos di Oristano.

-"Prego, fate pure. Mio figlio deve prendere l'aereo ad Alghero, me lo fate accompagnare? Voi intanto potete cominciare, c'è mia moglie in casa ..." – replicai ingenuamente.

-"No, lei non può andare da nessuna parte, deve restare con noi, semmai può accompagnarlo sua moglie, ci farà controllare la valigia." – precisò il Genovese.

Avrei dovuto pensarci, erano lì per una perquisizione ma, se avessero trovato quello che cercavano mi avrebbero arrestato su mandato della Procura di Genova.

-"Cosa cercavano?" – pensai, mettendomi a leggere quei documenti mentre gli agenti controllavano la valigia di Marco e la borsetta di Graziella che, preoccupata, si era preparata per accompagnarlo ad Alghero.

Abbracciai Marco che vedevo ansioso di lasciarmi solo in quella situazione.

-"Non ti preoccupare Marcolino, son le solite cazzate! Non so proprio chi li ha mandati, anche se posso immaginarlo. Pensa al bel viaggio che devi fare e salutami gli amici di lassù". Li guardai montare in macchina e partire e tornai alla Digos ... alle faccende di cosa nostra! ...Oopss ... di casa nostra! ... un lapsus

Con forte accento Genovese il capo squadra mi disse:

-"Ma come fa a essere così tranquillo lei? ... Ma ha letto quelle accuse?"

-"Sì, ho letto: associazione a delinquere finalizzata all'usurpazione di pubbliche funzioni, reati commessi a Genova, a Firenze e a Milano. Non so nemmeno di che cosa stiano parlando. Qui dice che dovete trovare documenti trafugati al Viminale ... Di sicuro non ci sono mai stati documenti del Viminale a casa mia e, inoltre, non ho mai usurpato pubbliche funzioni, nè a Genova, nè a Firenze e nè a Milano. Perché dovrei preoccuparmi? Per essere preoccupato dovrei sospettare che siete disonesti e che siete qui per fingere di trovare documenti del Viminale a casa mia e non lo penso, quindi sono tranquillissimo" - conclusi, poggiando sul tavolo l'avviso e aprendo la zuppiera dove c'erano i due tesserini che pure stavano cercando. In realtà ero tranquillo come sempre, perché a casa mia documenti del Viminale non ce n'erano mai stati e, quelli miei, quelli soliti che sicuramente volevano trovare chi li aveva indirizzati ancora una volta da me, erano ben distanti e al sicuro!

-"Eccovi i tesserini che cercate, li ho ricevuti per posta poco tempo fa e li ho messi in zuppiera in attesa di capire che dovrei farne. Scrivete nel rapporto che ve li ho consegnati io e che si trovavano nella zuppiera sul tavolo di cucina" – controllai che lo facessero e lasciai che proseguissero la perquisizione. Si attardarono soprattutto nel seminterrato, dove c'erano scatole di documenti in fotocopia, specie su quelli più datati.

-"Non avevo dubbi, siete sempre mandati qui in cerca di documenti. Credevo che l'avessero capito, ormai, che non si trova nessun documento d'epoca a casa mia. Evidentemente sono duri di comprendonio, ma ci vuole pazienza" – commentai. Un agente accese la Tv dopo che al cellulare un collega gli aveva detto che stavano dando notizia dell'operazione su tutte le reti. Così sentii parlare di "polizia parallela" e il solito cazzeggio su servizi deviati e Gladiatori che stavano preparandosi a un Golpe e altre sciocchezze del genere, ma solite all'immaginario collettivo costruito dai media italiani.

In quel momento mi fu tutto chiaro. Era la risposta al convegno di Alghero, all'esposto dell'aprile 2005 contro chi mi voleva screditare come falsario e che continuava a tentare di riuscirci con questi mezzi da serpe velenosa!

Andarono avanti fino alle 11 del mattino; misero la casa sottosopra, ma furono abbastanza corretti. In finale, però, fecero qualcosa di davvero spiacevole per me. Mi dissero che dovevano portare via il PC, solo l'hard disk, perché doveva essere sottoposto a perizia informatica per vedere se conteneva i file del Viminale ... quelli che secondo le ipotesi d'accusa sarebbero stati sottratti. Portarono via anche diverse MINIDV e alcuni CD Rom. La sottrazione del PC mi costrinse nella spiacevole situazione di dover andare all'internet point anche solo per scaricare la posta.

Erano davvero dei gran bastardi incarogniti ... non certo la Digos o i PM che avevano dato retta a un mucchio di cazzate e simulazioni. Ormai sapevo bene che funzionava sempre nello stesso modo. Usano qualche lestofante con un piede dentro la galera e gli fanno fare cose finalizzate a incasinare i soggetti delle loro attenzioni.

Ancora, nella circostanza, non potevo immaginare chi e cosa, ma l'avrei capito presto.

Il fatto che se ne andavano senza invitarmi a seguirli significava, tuttavia, che non avevano trovato niente contro di me e la dichiarazione di esito negativo della perquisizione domiciliare fu posta a chiosa del bordello nazionale in atto. Andati che furono gli uomini della Digos, accesi di nuovo la televisione e sui TG e su televideo ancora sparavano titoloni sulla DSSA, la polizia parallela.

La massiccia campagna di stampa, attuata da media controllati come quelli italiani, la diceva lunga sull'origine dell'inchiesta e su chi la stava spingendo. I soliti "ignoti" Romani ... sempre loro!

Anime in pena con la coscienza nera come la pece.

Ricevetti la telefonata di Graziella, mi disse che Marco era partito, tutto bene, nonostante tutto! Durante il viaggio in macchina, alla radio, avevano sentito degli arresti fatti a Milano e a Firenze tra gli uomini del Dipartimento Studi Strategici Antiterrorismo e Marco era molto preoccupato per me, piangeva in auto ed anche mentre saliva sull'aereo.

-"Mi dispiace Graziella, non posso farci niente. Gli telefonerò per tranquillizzarlo. Sono andati via; esito negativo come sempre, ma si sono portati via il PC per farlo frugare, a Genova, da un tecnico informatico" – dissi.

-"Cosa significa? Polizia parallela ... ma che vogliono?" – chiese.

-"Vogliono sempre la solita cosa: rompere le palle e intimidirmi, dandomi un'altra dimostrazione della loro potenza criminale e di cosa sono capaci di fare. Sono codardi e mi misurano col loro metro; non possono rendersi conto che non siamo tutti codardi al mondo, c'è anche chi non s'intimidisce, chi s'incazza! Preparati, hanno messo la casa sottosopra, ci vorrà un po' a rimettere tutto a posto".

Sapevo che Graziella aveva delle brutte reazioni a vedere cassetti e armadi frugati dalla polizia e pensai fosse meglio prepararla.

-"Oh, nooo! Basta, ma quando la finiscono?" – fu la sua reazione sconsolata.

La salutai e chiusi il telefono. Ero incazzato come una belva che non può mordere, ma vorrebbe farlo!

Misi in ordine le carte sparpagliate dappertutto. Si erano portati via anche le foto delle armi che avevamo a Miami. Per evitare che fossero usate per una qualche denuncia per porto abusivo d'armi, scrissi agli amici laggiù, per farmi inviare via email copia di tutti i permessi di detenzione d'armi da guerra delle autorità di Miami. Le avrei mandate al più presto alla Procura di Genova. Ai soliti "ignoti" Romani, non sarebbe sembrato manco vero di potermi denunciare per porto d'armi abusivo, sia pure a distanza!

La mattina dopo mi recai al bar, dove ero solito fare colazione di sabato e alcuni amici mi salutarono sorpresi:

-"Già liberato? ... com'è andata?"

-"In che senso? – chiesi – che vuol dire già liberato?"

-"Non hai letto i giornali? Sull'Unione c'è scritto che ti hanno arrestato, insieme all'altro ex della Gladio Militare perché vi hanno trovati in possesso di materiale per falsificare tesserini e distintivi della polizia ... Guarda!"

Vidi qualcosa di veramente mostruoso e vile!

Effettivamente l'Unione Sarda riportava la notizia del ritrovamento di materiale idoneo a falsificare tesserini della polizia ... Pazzesco, ma da dove gli era uscito? La Digos mi aveva rilasciato certificato che la perquisizione aveva avuto esito negativo e, poi, di quali falsità parlavano? Nell'avviso di garanzia non si faceva alcun riferimento a falsità di alcun genere. Falsificare tesserini della polizia ...

E per farne che? Entrare al cinema gratis?

Corsi subito alla redazione dell'Unione Sarda di Oristano, con gli atti consegnatimi dalla Digos di Genova all'arrivo e alla partenza.

Lì davanti incontrai Franz, anche lui con gli stessi atti e furioso per ciò che aveva letto. Lui era l'altro della Gladio Militare che sarebbe dovuto essere in carcere dal giorno prima, perché trovato in possesso di materiale per falsificare tesserini ...?!

Entrambi indignati per la falsità della notizia salimmo dal capo redattore di Oristano e mostrammo gli atti giudiziari dai quali si evinceva, senza ombra di dubbio, che la notizia diffusa in prima pagina e in terza era falsa. Chiedemmo la rettifica immediata, come prevede la legge, o avremmo presentato querela per diffamazione a mezzo stampa. Il caporedattore parlò al telefono col Direttore dell'Unione Sarda, Paolo Figus, e ci disse che avrebbero provveduto alla rettifica. Mi chiese, però, per tutelare il buon nome del giornale, se potevo accettare che rettificassero la notizia inserendola in un'intervista che avrebbero pubblicato l'indomani, Domenica 3 Luglio. Non ebbi niente in contrario e risposi a domande sulla base navale dell'isola di Santo Stefano, appena rilasciata dagli Americani e che suscitava in quei giorni curiosità tra i Sardi. Soddisfatti da queste promesse, uscimmo con Franz dalla redazione e cercammo di calmarci al bar, sicuri che l'indomani mattina sarebbe stato chiarito l'equivoco. L'indomani, invece, non fu chiarito proprio nulla: l'articolo uscì a tutta pagina e con grande risalto, ma in nessuna parte si faceva riferimento alla dovuta rettifica delle diffamazioni del giorno prima.

La vista di quell'articolo con la mia foto, dopo le notizie circa l'arresto per falso del giorno prima, portò a commenti poco lusinghieri tra i miei detrattori. Molti amici, infatti, mi riferirono che certuni, nel vedermi in libertà nonostante trovato in flagranza di reato di falso, avevano commentato: "Itae 'ddi faint ai kussu?!" Ovvero: ma cosa gli fanno a quello?! Significava che si erano convinti che non mi avessero arrestato, nonostante l'evidenza del reato, (perché il giornale non può mentire!) perché godevo di una sorta di immunità dovuta a corruttele varie, tra me e certi poteri occulti ... Ah ah ah!

Incredibile come si possa riuscire, controllando la stampa, a sovvertire la verità.

La mia fortuna e quella di Franz fu che, evidentemente, la PM di Genova, Dr.ssa Nanni, non partecipava alle macchinazioni Romane, altrimenti mi avrebbero messo in custodia cautelare e non avrei nemmeno potuto protestare per ottenere la rettifica prevista dalle leggi sulla stampa all'Unione Sarda. La stessa situazione che vissi, invece nel 1991, quando simularono il reato di spaccio in pineta, trovando però ben altro genere di magistrati a occuparsene.

La notizia falsa, però, doveva essere rettificata o avremmo querelato. La legge sulla stampa era chiara e inequivocabile!

Contattammo il Direttore al telefono e via fax. Pretendevamo con insistenza la rettifica e lui ce la prometteva ogni volta per il giorno dopo, ma continuava a non rettificare nulla. Infine, visto che nemmeno la richiesta scritta del mio avvocato lo induceva a fare il suo dovere, con Franz ci recammo in Procura con la copia del giornale, gli atti della Digos e l'avviso di garanzia nel quale non si faceva alcun riferimento a ipotesi di falso: notizia completamente inventata dal Direttore dell'Unione Sarda, Paolo Figus e dal Giornalista Luigi Almiento. Il 12 luglio 2005, avendo, probabilmente, saputo che era stato querelato, il Direttore fece pubblicare tra le opinioni dei lettori, accanto alle notizie mortuarie, la lettera con la quale richiedevamo la rettifica presentata come una nostra qualsiasi opinione.

Ormai era chiaro: trattavasi di diffamazione aggravata dall'attribuzione di un fatto ben preciso e costituente reato di falso.

Il lecito dubbio, riflettendo sul comportamento del Direttore dell'Unione Sarda, il quale avrebbe potuto evitare ogni conseguenza penale e civile di quel reato semplicemente pubblicando la rettifica ai sensi di legge, rifiutandosi, viceversa, di rettificarla nonostante l'evidenza dei fatti, fu che egli avesse obbedito a ordini arrivati dai soliti "ignoti" Romani.

Alla fine del mese di Luglio, ricevetti la notizia che ero stato estromesso dal registro degli indagati, poiché esaminando i risultati delle indagini fu evidente, al PM di Genova Dr.ssa Nanni, che non avevo niente a che vedere con le accuse di usurpazione di pubbliche funzioni, nè di aver trafugato documenti riservati del Viminale (non essendo mai stata formulata alcuna accusa di falso, nemmeno verso gli altri indagati).

Inviai il decreto di Genova, via fax, al Direttore dell'Unione Sarda, insistendo ancora affinché ne desse notizia, inviandolo per la stessa ragione anche all'Ansa. Nessuna notizia fu pubblicata, nè dall'Unione Sarda, nè dall'Ansa: Associazione Nazionale Stampa Italiana ... Bella associazione pure quella, non c'è male!

Ebbi la netta certezza che tutti stavano partecipando alla campagna denigratoria ai miei danni che, ormai, proseguiva da anni e che mi aveva visto, in prima battuta, essere accusato di spacciare hashish impastato con vinavil (la famosa colla ad acqua), reato tipicamente commesso da pusher di strada.

Tali gravissime e inverosimili accuse non impedirono, tuttavia, a certi magistrati di arrestarmi in una simulazione di flagranza per un reato mai commesso e solo simulato da veri lestofanti che, probabilmente, erano riusciti a ingannare la loro buona fede. Fu compito della Corte d'Appello di Cagliari far luce sull'intera vicenda, liberandomi dall'incredibile intreccio diffamatorio e rendendomi giustizia.

A quelle, peraltro, si erano affiancate altre accuse di appropriazione indebita di ridicole somme, promosse da altri farabutti, sincronicamente spuntati nello stesso momento in cui denunciavo le vere falsità; quelle che erano spacciate per verità e che il Presidente della Repubblica e il Presidente del Consiglio, gli On. Cossiga e Andreotti, stavano rendendo pubbliche in sedi mediatiche totalmente prive di contradditorio.

Si dava notizia degli scopi, finalità e uomini dell'Organizzazione Gladio. Era il gennaio del 1991 ed io attendevo, da un giorno all'altro, che le promesse ricevute circa la regolarizzazione del mio stato di servizio venissero, finalmente, rispettate.

Di questo ho raccontato i dettagli, anche documentandoli, nell'Ultima Missione. Le accuse, come ho detto, furono tutte annullate in Corte d'Appello perché i fatti non sussistevano, ma molti anni dopo! … mentre i giornali che avevano dato ampio risalto al mio arresto e alle condanne di primo grado, riservarono solo due righe alle notizie d'assoluzione.

Nessuno approfondì che, il 2 marzo 1991, poco dopo aver denunciato la manipolazione degli elenchi di Gladio e la cancellazione del nostro stato di servizio, io fui effettivamente fatto oggetto di simulazioni di reato e arresto illegale perché avvenuti in assenza delle condizioni di flagranza previste dalle leggi. Sarebbe bastato volerlo, giacché era evidente da un semplice e corretto esame dei fatti … ma, questo è il Paese ormai e così funziona la macchina giudiziaria!

Rimuginavo continuamente sulle persecuzioni che subivo con la mia famiglia; un senso d'impotenza mi attanagliava lo stomaco in maniera insopportabile; mi stressai in modo esagerato. Stetti davvero male. Finii al pronto soccorso con una crisi di nervi e dispnea (mancanza d'ossigeno) e da lì fui mandato d'urgenza al centro di terapia intensiva cardiologica dell'Ospedale San Martino di Oristano. Il mio cuore era andato in tilt, 120 battiti al minuto, in aritmia da fibrillazione atriale parossistica. Rischiavo un ictus o una trombosi. Fui messo in terapia anticoagulante orale e mi furono comminate due scosse elettriche da 360 Kj per rimettere in ritmo il battito cardiaco. L'intervento ebbe successo, ma solo per pochi mesi. Il problema non rientrava perché la mia situazione di stress, che ne era la causa, restava invariata. Non potevo non riflettere su quello che subivo … e ogni volta ricascavo in quello stato.

Cominciò un lungo iter terapeutico-ospedaliero spessissimo di nuovo in terapia intensiva per essere sottoposto alle ormai solite scariche elettriche.

Non intendevo arrendermi e continuai imperterrito a perorare le mie cause. Nel corso di quegli anni feci più volte richiesta di avocazione delle indagini alla Procura Generale di Cagliari, vista l'inattività del PM che si occupava dell'inchiesta contro l'Unione Sarda: la legge consentiva che la Procura Generale, in caso di provata negligenza del PM, avocasse a se le indagini e le chiudesse in pochi giorni con la richiesta di rinvio a giudizio.

Il PG respinse, ogni volta, le mie richieste, asserendo che non risultava alcuna negligenza e/o ritardo nello svolgimento delle indagini. Certo io non potevo essere d'accordo: c'era un articolo di stampa che affermava cose non vere e che costituivano il reato di falso; c'erano le prove in atti giudiziari che quel che era stato scritto nell'articolo era un falso ... dunque? Che altro ci voleva per chiudere le indagini e procedere con il giudizio dei colpevoli?

Dopo circa tre anni dai fatti, invece, ricevetti tale risma di notizie riguardo all'inchiesta: il PM incaricato di svolgere le indagini, m'informava che aveva chiesto al GIP l'archiviazione per infondatezza della notizia di reato.

Un vero colpo al cuore ... Un altro!

-"Ma com'è possibile!? ..." – mi chiedevo ripetutamente. Tenevo quel foglio tra le mani leggendolo e rileggendolo. Diceva proprio che aveva chiesto l'archiviazione. Cioè non c'era stata alcuna diffamazione. Non doveva essere rettificato alcunché.

La cosa era davvero vergognosa, indegna di un paese civile. Avevo visto di peggio, però, e non mi persi d'animo. Mi recai a Cagliari, in Procura, nella Cancelleria penale. Dovevo farlo rapidamente perché avevo appena dieci giorni di tempo per prendere visione degli atti e presentare opposizione motivata al GIP. Avevo tutte le intenzioni di farlo. Non potevo permettere che quei farabutti la facessero franca grazie al comportamento perlomeno negligente, per non dire di peggio, di questo PM. Ritirai copia di tutti gli atti d'indagine, davvero pochini, come avevo ben immaginato. Intanto non aveva svolto nessuna indagine mirata a identificare i mandanti Romani di quelle diffamazioni e falsità. Il mio punto di forza fu, allora, esser consapevole di dover trovare la sorgente cui si abbeveravano tutti i mammalucchi!

Produssi con cura certosina tutte le prove di queste connessioni e chiesi che fossero verificate, in modo da poter sperare nel rinvio a giudizio per diffamazione degli esecutori e dei loro mandanti.

Finalmente i soliti "ignoti" sarebbero diventati noti!

Non fu così.
Dire di più, in un paese com'è ridotto questo, significherebbe dare ai soliti "ignoti" un'arma e un appiglio contro di me che certamente non voglio dargli. Con tutti gli "amici degli amici" che vantano dentro le istituzioni, era bene restare lisci come uno specchio. Ma lo feci presente, nei dovuti termini, al GIP Luisanna Melis, che si occupava di esaminare la mia opposizione, concludendo con dichiarazioni di principio che un Magistrato vero non poteva ignorare:
-*"I giornalisti erano stati opportunamente informati della reale falsità delle notizie riportate in prima pagina, col massimo del risalto e poi riprese in terza, ma non hanno scientemente provveduto a rettificarle scusandosi pubblicamente con i lettori e le vittime di tali indubbie diffamazioni così come prevede la legge.*
La libertà di stampa è un bene prezioso, ma non è libertà di diffamazione!
Affinchè sia effettivamente Diritto di cronaca, come prevede la legge, la notizia deve essere corretta. Infatti, i giornalisti hanno il dovere di verificare le informazioni eventualmente ricevute da terzi, perché sono responsabili della verità di quanto pubblicano. Se la Sv Ill.ma dovesse accogliere la richiesta di archiviazione presentata dal PM, si creerebbe un precedente mostruoso. Significherà, cioè, che ogni giornalista potrebbe pubblicare qualsiasi menzogna in danno di un malcapitato e, poi, dopo una decina di giorni, quando e se ne avrà voglia, pubblicherà la lettera di protesta della sua vittima tra le opinioni dei lettori, accanto agli annunci mortuari e questo sarà sufficiente a impedire ogni azione penale da parte delle parti offese. Non è questo che dice la legge sulla stampa e il PM dovrebbe saperlo. Le chiedo, quindi, di voler accogliere la mia opposizione e ordinare al Pm di formulare le dovute imputazioni ai responsabili".
Il GIP fu molto corretto e del mio stesso avviso e ordinò al PM di formulare, entro dieci giorni, le imputazioni per diffamazione aggravata al Direttore dell'Unione Sarda Paolo Figus e al giornalista Luigi Almiento. Lo stesso accadde dal GUP Dr.ssa Malavasi, la quale, concorde col GIP, ordinò il giudizio degli imputati per il 7 luglio 2010. Tutto stava procedendo velocemente, come accade quando a occuparsi della Giustizia, sono Magistrati veri.
Fu il PM ... quel PM a protrarre i tempi del procedimento.
Quando ricevetti la richiesta di archiviazione, incredulo, volli cercare

di sapere quale poteva essere il motivo che avesse spinto quel Pm ad agire così. C'è sempre un movente dietro ogni azione e volevo capire quale fosse il movente per richiedere quell'incredibile archiviazione. Visitando il sito internet dell'Unione Sarda per stampare la pagina nella quale l'articolo diffamatorio ancora campeggiava e dimostrare così ancora meglio la malafede del Direttore e la continuità del reato di diffamazione aggravata, mi venne l'idea di digitare nella finestra di ricerca dell'archivio il nome del PM che per tre anni aveva tenuto bloccata l'inchiesta. Era mia intenzione conoscere meglio chi aveva aggiunto offesa alle offese dell'Unione Sarda tentando di far archiviare le accuse. Impostai anche la data di ricerca a partire dal 2 luglio 2005, non m'interessava andare oltre quel momento, circa tre anni. Restai di sasso nel vedere scorrere pagine su pagine col suo nome sopra. Erano centinaia di articoli! Mi sforzai di contarli, per non lasciare niente al dubbio e mi fermai a 500 … ma non erano terminati! Articoli a tutta pagina, alcuni con la sua foto in toga, che informavano i lettori dell'Unione Sarda relativamente a ogni azione riguardante quel PM. Su poco più di mille giorni esaminati, a conti fatti significava che era stato in cronaca un giorno sì ed uno no … un record che forse nemmeno George Clooney poteva eguagliare, non sui quotidiani almeno.

Ora avevo più di un sospetto sul movente che spingeva quel PM a tentare di ottenere l'archiviazione delle accuse al Direttore ed al Giornalista dell'Unione Sarda. Considerai che quantomeno il PM avrebbe dovuto astenersi, perché visto il rapporto di stima reciproca tra lui e l'Unione Sarda, non poteva garantire l'imparzialità nello svolgimento delle sue indagini.

- "I miei Diritti dovrebbero soccombere di fronte alla vanità? … Non credo proprio!" – mi dissi e, ricordando che avevo presentato un esposto nell'immediatezza del fatto, informai di questa situazione che avevo scoperto anche all'ordine dei giornalisti. Pensavo, ovviamente, che un simile comportamento dovesse essere censurato dall'Ordine: esisteva pure l'etica professionale, non solo il codice penale, a regolare la professione dei giornalisti. Non mi degnarono di alcuna risposta, avrei dubitato che l'avessero ricevuta, se non fosse che avevo voluto avere riscontro di consegna. A me, del resto, poco importava dei comportamenti indegni altrui. Mi preoccupavo di essere sempre corretto io … e certamente lo fui anche in quell'occasione!

Quella del 7 luglio 2010 era un'udienza *di smistamento*.

La Giustizia Italiana aveva ideato tale formula per dare la precedenza ai procedimenti più datati e il nostro, grazie al comportamento del PM, lo era diventato: quasi sei anni dai fatti.

Gli anni trascorsi inutilmente nella cancelleria penale ne avevano fatto quasi un fossile.

Il Giudice monocratico Dr. Pintori fissò udienza per sentire i testimoni, le parti civili, io e Franz, al 10 ottobre 2010.

Mi faceva piacere vedere che erano fissate udienze a così breve intervallo una dall'altra. Potevamo sperare di vedere una giusta sentenza entro l'anno. All'Udienza del 10 Ottobre, la Procura sostituì il PM. Ce n'era un altro, non era più quello che si era occupato delle indagini, che non avevo mai visto di persona, ma solo nelle foto sul giornale. Anche questo, però, chiedeva l'assoluzione degli imputati, seguendo esattamente la linea del suo predecessore.

In quell'udienza risposi alle domande del Giudice e dell'avvocato dell'Unione Sarda. Non avemmo mai l'onore e il privilegio di vedere il giornalista e il Direttore. Non si presentarono mai, nè dal GIP, nè dal GUP e tantomeno dal Giudice monocratico. L'avvocato dell'Unione Sarda fu astuto e cercò di provocare le mie reazioni con domande subdole. Cercò persino di confondermi, facendomi dire, con un suo gioco di prestigio, che effettivamente i tesserini della Polizia di Stato somigliavano a quelli della DSSA. Ribadii, prontamente, che ciò non era vero, benché nulla sarebbe cambiato se fossero stati simili, poiché simili non significa falsi! Poi diede lettura di un foglio, indirizzato all'ordine dei giornalisti e usandolo per tentare di farmi accusare di calunnia nei confronti del sostituto procuratore che aveva cercato di far archiviare la loro posizione di imputati.

-"Lei in questo esposto all'ordine dei giornalisti scrive che il PM, chiedendo l'archiviazione del reato di diffamazione aggravata, l'avrebbe fatto perché veniva messo sul giornale in cronaca centinaia di volte su circa tre anni ... Lei sta calunniando un Magistrato!"

-"Io non sto calunniando nessuno, ho esposto all'ordine dei giornalisti la stessa situazione che ho esposto qui, sia nelle memorie depositate agli atti, sia iniziando la mia deposizione. Vorrei denunciare questo comportamento, è vero, ma a chi? Questo è un

152

tribunale ... lo sto denunciando adesso ... E' lecito agire così? Io devo subire oltraggi di questo genere alla mia reputazione, immagine, onore ... e anche la beffa di vedere archiviare tutto, perché un PM deve apparire in cronaca e magari fare carriera politica? Non li abbiamo visti mai questi imputati in aula ... forse perché erano comunque certi di non arrivare mai al giudizio e non subire alcuna condanna?" – replicai, alzando troppo la voce. La rabbia mi aveva fatto perdere il controllo e, per dirla tutta, la finii a urla.

Il Giudice non poteva ammetterlo e sospese l'udienza.

-"No, lei non può alzare la voce così ... si deve calmare. Sospendiamo per dieci minuti, poi riprenderemo" - ordinò.

Antonio, il mio avvocato, era scosso. Non si aspettava, conoscendomi, di vedermi perdere la calma per così poco.

-"Ti sei fatto amici in Procura ..." – disse con un mezzo sorriso che non nascondeva la sua preoccupazione. Sapeva che ero stato condannato per aver denunciato, giustamente, magistrati che avevano abusato dei loro poteri.

-"Di simili amici non ne voglio Antò ... meglio averli di fronte come nemici, piuttosto che alle spalle tra gli amici! Renditi conto, se ancora non ti è chiaro, che in questo procedimento le parti civili si devono scontrare in questo modo contro la pubblica accusa che dovrebbe tutelarle e invece se lo trovano di fronte, dalla parte degli imputati, come se fosse il loro avvocato ... dimmi se ti sembra normale!" – gli risposi, seguendolo verso il Bar del Tribunale.

Mi ci voleva proprio un bicchiere d'acqua. Il cuore aveva ripreso a fibrillare di brutto e non volevo stare male; volevo andare avanti con questa testimonianza e non lasciare possibilità a nessuno di farla passare liscia a quei due bugiardi patentati.

-"Hai visto che uso che hanno fatto all'ordine dei giornalisti del mio esposto? Bell'etica professionale, non c'è che dire! Sicuramente non ci sarà da aspettarsi sanzioni disciplinari per il comportamento di due giornalisti che pubblicano notizie false e si rifiutano di rettificarle, nemmeno di fronte all'evidenza che l'hanno fatto su commissione. Nient'altro, infatti, può giustificare tutto questo".

-"Sì, ti capisco, ma non devi perdere la testa ... il loro avvocato sta tentando di fare proprio questo: metterti in cattiva luce davanti al giudice ... non ci cascare".

-"Non ci sono cascato Antò. Anzi, ci sono cascati loro. Ho colto l'occasione per dirgli le cose che volevo e sono stati proprio loro a permettermelo con questa sparata dell'esposto all'ordine che avrebbe offeso il PM ..." - gli risposi, con un sorriso che lo tranquillizzò, prima di rientrare in aula.

Alla ripresa dell'udienza l'avvocato dell'Unione Sarda cercò di riprendere da dove aveva lasciato ed io ero abbastanza calmo da rispondere senza esagerare, ma il Giudice fu di diverso avviso. Bloccò la mia risposta e disse all'avvocato che non era pertinente, impedendogli di andare avanti.

-"Posso e voglio rispondere" – insistetti, ma il Giudice fu irremovibile, dimostrando la sua estrema correttezza, come dovrebbe essere per ogni Magistrato.

In effetti, il mio esposto all'ordine dei giornalisti, niente aveva a che vedere col processo per diffamazione aggravata contro l'Unione Sarda, le azioni di quel PM avevano rovesciato il corso del processo, o almeno ci provavano ... sembravamo noi gli imputati!

Imputati di avere osato protestare contro quei furbetti e di pretendere Giustizia? ... Ah ah ah!

Di lì a poco un'altra sorpresa.

Il Giudice disse guardando il fascicolo processuale:

-"Ma ... qui però non c'è nulla. Nemmeno la copia del giornale dove sarebbero state pubblicate le diffamazioni e manca anche l'atto di querela ... su cosa dovrei basare la mia decisione?"

Incredibile, un paio di chili di documenti probatori e nel fascicolo processuale non cera nulla? E dov'era finito tutto? Dal PM c'erano e dal GIP pure, come anche dal GUP e ora, invece, dov'erano?

Fui lasciato libero, toccava a Franz testimoniare e lo fece con molta calma, poi il Giudice rinviò all'udienza dell'11 novembre, per deposito di documenti.

Anche questa manovra era andata male ai furbetti. Qualcuno sperava che finisse tutto con un'assoluzione per insufficienza di prove e indovinate chi! Avevamo davvero corso questo rischio ma quel Presidente era uno dei tanti Magistrati corretti, che pur ci sono, e ordinò un breve rinvio perché si potesse depositare correttamente le prove d'accusa che il PM aveva lasciato fuori dal processo, nella sua cancelleria.

Mi lamentai col mio avvocato al quale, fino all'ultimo minuto, avendo da tempo ben compreso con chi avevamo a che fare, avevo chiesto se aveva verificato che le prove d'accusa fossero state trasmesse dalla cancelleria della procura e depositate nel fascicolo del processo e lui mi aveva assicurato che doveva essere così. Sostenne che la cancelleria del PM le trasmette d'ufficio.

-"Solitamente doveva essere così, ma qui è tutto insolito ... non dirmi che non te ne sei accorto. Stiamo battagliando con la Procura per far condannare i colpevoli! Ci fossero prove d'innocenza lo apprezzerei, il garantismo davanti all'innocenza degli imputati fa onore ad un Procuratore. Ma qui ci sono solo prove di colpevolezza risultanti dal processo e l'arroganza di chi si crede al di sopra delle leggi! - affermai – domattina veniamo io e Franz in cancelleria del PM, voglio proprio vedere dove sono finite. Se non si trovano, le riproduciamo e le depositerò personalmente facendomi fare ricevuta. Ma io ti avevo chiesto di controllare e non l'hai fatto!" - chiosai.

La mattina dopo ci presentammo, con Franz, nella cancelleria del PM. Le cancelliere mi trovarono il fascicolo del procedimento e potei verificare che le prove c'erano tutte, non mancava niente. C'erano persino quelle che avevo inviato per chiedere l'identificazione dei mandanti di quelle diffamazioni, sempre le stesse, diffuse su internet su un sito a disposizione dei soliti ignoti, che il PM probabilmente non aveva nemmeno guardato. Chiesi alle cancelliere:

-"Come mai non sono state prodotte al processo? Il Giudice non si è trovato nemmeno l'atto di querela! Abbiamo subito un rinvio che poteva essere evitato se fossero state trasmesse correttamente alla cancelleria del Giudice".

-"Ma doveva essere il vostro avvocato a farlo ... Il PM ha facoltà di non farlo se crede. Non è obbligato, decide lui cosa portare all'udienza e cosa no!" – disse una di loro.

-"Ah, si? Cosicchè, il PM può riuscire ad ottenere anche l'assoluzione per insufficienza di prove di un colpevole, semplicemente perché ha deciso, a sua facoltà, di non portare in giudizio le prove d'accusa, oppure far condannare un innocente, non portando in udienza, sempre a sua facoltà, le prove d'innocenza? Bello!!!" – replicai sbalordito alle cancelliere che sembrarono imbarazzate, o ... forse era solo una mia impressione.

-"Ma lei non ha un avvocato?" – chiesero a loro volta.

-"Si, ne abbiamo due e sono anche bravi ma, forse, credono ancora di avere a che fare con persone corrette!" – conclusi uscendo da quell'ufficio.

-"Ma ... non ritiriamo i documenti?" - chiese preoccupato Franz.

-"Per farne che? ... Ho gli originali e farò tutte le copie necessarie, ci metterò anche prove digitali e video che daranno dimostrazione della nostra reputazione internazionale che, questi cialtroni, hanno offeso, dopodiché torneremo a depositarli personalmente noi nella cancelleria del Giudice, a costo di restare tutta la mattina in coda.

Ci faremo rilasciare ricevuta e saremo certi di non avere altre sorprese all'udienza successiva! – gli dissi, ottenendo il suo assenso soddisfatto – Abbiamo un mese di tempo, a me basterà una settimana".

Questa volta controllammo personalmente la correttezza del deposito di tutto il dossier accusatorio nella cancelleria del Giudice Pintori, anche offendendo Antonio, il mio Avvocato, che mise le sue dimissioni a mia disposizione.

Le rifiutai scrivendogli un'email con la quale gli spiegavo meglio che non ritenevo di avere alcun motivo per revocargli il mandato, ma nemmeno ne aveva lui per farsi da parte. Io ero ben consapevole che l'errore era dovuto alla convinzione, in buona fede da parte sua, di avere a che fare con persone corrette. Io, che avevo avuto molte brutte esperienze, ero malfidato nei confronti della Magistratura. Sapevo anche altrettanto bene che c'erano paste diverse di Magistrato e il fatto che, anche in questo caso, mi fossi opposto nella convinzione che avrei trovato Magistrati Giudicanti corretti lo dimostrava.

-"I fatti mi han dato ragione e, ora, sarebbe da sciocchi farsi infinocchiare dai soliti furbetti per eccesso di fiducia che sarebbe meglio definire ingenuità. Tu pensa a fare l'avvocato, che sai farlo benissimo ... il resto lascialo a me e non ti offendere se m'incazzo col PM ed eseguo controlli miei, scavalcando te. Ognuno faccia la sua parte, come in guerra. D'altra parte sai bene cosa mi hanno fatto certi Magistrati a servizio degli "ignoti" Romani, dunque, perché ti meravigli della mia diffidenza?" - concludevo così la mia lettera, chiedendogli di continuare ad assistermi e fui convincente, giacché all'udienza conclusiva del primo Dicembre, Antonio diede lettura della sua arringa ripercorrendo con precisione i fatti, lasciando anche intendere che dietro di essi non c'era l'errore di cui potersi semplicemente scusare con i lettori, ma la volontà dei mandanti occulti, rimasti "ignoti" anche questa volta ... nonostante, in realtà, avessimo prodotto abbastanza elementi da identificarli, (se solo il Pm avesse fatto il suo dovere in quella ben indicata direzione) e concluse chiedendo la condanna ad un giusto indennizzo per danni morali, d'immagine, alla reputazione e alla salute, come si era certificato. Una bella arringa! La stessa cosa fece l'Avv. Angioni, che rappresentava l'altra parte Offesa, Franz, alias Piero Cancedda. Entrambi, sentimmo le conclusioni del giovane PM che la Procura aveva nominato per quell'Udienza conclusiva in sostituzione di quello che chiedeva l'assoluzione degli imputati. Un intervento ben diverso, il PM stava chiedendo la condanna a otto mesi di reclusione, perché dagli atti era evidente la sussistenza del reato e la volontà di non rettificare ai sensi di legge la notizia falsa. Questo dimostrava due cose, la prima: che vale sempre la pena battersi perché giustizia sia fatta; la seconda: che è ben vero che ci sono magistrati ancora leali alle leggi della Repubblica e che battendosi per i diritti gli si da la possibilità di opporsi dall'interno alle deviazioni che hanno distrutto la Patria del Diritto.

Attendemmo in corridoio, a questo punto serenamente, che fosse fatta giustizia e nell'attesa non mancai di mettere alcuni puntini sulle "i" con Antonio.

-"Si Antonio, hai fatto bene a complimentarti col sostituto, per aver modificato così radicalmente la linea della procura in questo procedimento. Ma non dimenticare che questo è il risultato della chiassata che feci in udienza a Ottobre. Il Procuratore ne è stato certamente informato, ha visto, verificato e ha deciso secondo giustizia. Questo a me non può fare altro che piacere, senza dimenticare, però, il comportamento di quel PM e quello che mi ha fatto passare per la sua vanità! Continuo a voler sapere dove si denunciano i PM!"

-"Ma lascia perdere ... non serve. Ha fatto una figura che è peggiore di qualsiasi provvedimento disciplinare. Ora ci rifaremo in sede civile per i danni. Il Giudice, infatti, ci riconoscerà una provvisionale per i danni da quantificare in sede civile. Pensiamo a questo e dimentica il resto ... non ne ricaveresti nulla! Lo sai no?" – replicò saggiamente Antonio, ricordandomi i precedenti d'intoccabilità dei magistrati italiani su cui ero andato a sbattere.

-"Sì ... si, lo so bene purtroppo! L'ho fatto altre volte e si rischia addirittura di ritrovarsi processati e condannati senza nemmeno diritto a un ricorso in Appello, per aver calunniato i Magistrati, sono davvero intoccabili! Nella migliore delle ipotesi, sia il CSM che il Procuratore Generale presso la Cassazione, archiviano affermando che sono problemi circoscrizionali non di loro competenza. Aggiungerei un'altra beffa al danno! Purtroppo è risaputo anche in sede di Corte Europea dei Diritti dell'Uomo che in Italia non esiste una legge che responsabilizzi i magistrati per le negligenze, gli errori e gli abusi che possono commettere impunemente" - conclusi, entrando in aula ad attendere la sentenza, che non si fece attendere.

Il Giudice condannò pienamente l'Unione Sarda, anche alla pubblicazione della sentenza di condanna con lo stesso risalto dato alla notizia falsa; al risarcimento di una provvisionale; alle spese legali sostenute e ai danni alla salute da quantificare in sede civile. Niente reclusione, però, nonostante il PM l'avesse chiesta perché così era giusto, fu sostituita da una multa da cinquecento euro a testa. A distanza di sette mesi da quella sentenza, il 9 Luglio 2011, tuttavia, l'Unione Sarda ha sì pubblicato la sentenza di condanna, ma a pagina 34 e questo non può certo dirsi lo stesso risalto di diffamazioni pubblicate in prima e terza pagina e nemmeno altri giornali, tra cui l'Ansa, hanno pubblicato la sentenza di condanna: è proprio vero che cane non mangia cane!

Alcuni giornalisti mi dissero che avrebbero cercato di pubblicarla, anche se dubitavano che i loro direttori l'avrebbero permesso. Purtroppo è risultato vero, solo Internet mi ha consentito di rendere pubblica quella sentenza.

Antonio è ricorso a un atto di precetto che è stato notificato a mezzo Ufficiale Giudiziario per far pagare immediatamente le spese legali e la provvisionale, cosa che hanno fatto subito, per evitare i pignoramenti. Ora occorre attendere la Corte d'Appello, alla quale hanno presentato ricorso per far ripetere la pubblicazione della condanna con l'effettivo stesso risalto dato alla notizia falsa. Ma come si fa a far pubblicare una rettifica se il Direttore e l'Editore, certo Zuncheddu, non vogliono? In Italia non è facile far giustizia, nemmeno dopo una giusta Sentenza! Comunque faremo considerare anche questo come ulteriore danno in sede civile, anche perché, nella medesima sentenza, il Giudice affermava che l'articolo ancora presente sul giornale online, continuando a diffamarci, non poteva far parte di quel procedimento. Era vero, lo scoprii molti anni dopo la querela, quindi non potevo denunciarlo subito, ma dovevo richiedere in sede civile la sua eliminazione dal giornale online. Incredibile, ma vero!

Nonostante tutte le prove che si tratta di una notizia falsa e la sentenza di condanna relativa, continuiamo a essere diffamati a sette anni di distanza. Che altro commento si può fare su questo? …Bah!

Sia io che Franz, non siamo personaggi che sopportano di lasciarsi trattare così impunemente. Visto che quella azione diffamatoria non faceva parte di questo procedimento, e siamo convinti che il Giudice abbia ragione, allora farà parte di un altro procedimento. Abbiamo presentato nuova denuncia per diffamazione aggravata questa volta col mezzo di Internet contro l'Editore Zuncheddu, il Direttore Figus e i giornalisti responsabili del giornale online unionesarda.it pretendendo che la Procura faccia il suo dovere, perseguendo i responsabili. Questo è il miglior modo di onorare e difendere la Patria che fu culla del Diritto … ahimè un tempo lontano! Pochi mesi dopo, però …rapidissimi questa volta! Fu richiesta ancora una volta l'archiviazione. I motivi? Dal momento che erano stati già condannati, non si poteva processarli penalmente di nuovo per la seconda volta, il Codice penale lo esclude. Il PM dichiarava che era una vicenda civile da far valere in sede di quantificazione dei danni. Avevano ragione, dobbiamo procedere civilmente e i tempi della giustizia civile sono ancora peggiori di quelli penali.

Morale: a ormai sette anni dai fatti, l'Unione Sarda non ha ancora rettificato il falso, nonostante una sentenza ci condanna in primo grado. Si è limitata a pagare le spese legali e le provvisionali per evitare che l'Ufficiale Giudiziario procedesse col sequestro di beni mobili e immobili fino a concorrenza del credito. Grazie anche ai nostri avvocati, non possiamo chiedere la liquidazione dei danni in sede d'appello, anche se già dimostrati e quantificati in base alla tabelle in vigore attualmente e saremo costretti a ricorrere al tribunale civile per chiedere la liquidazione. Nei suoi motivi d'appello, anzi, ci calunnia, dichiarandoci addirittura arrestati su ordine della Procura di Genova e affermando che quanto avevano scritto circa l'inchiesta sulla DSSA era vero, ignorando completamente le sentenze del GIP di Genova e del GUP di Milano che sentenziarono il non luogo a procedere perché i fatti non sussistono! Non basta ancora, sul giornale online dell'unionesarda.it alla data del 2 luglio 2005, appare ancora indisturbata la notizia falsa che continua a diffamarci ancora adesso! Per farla oscurare, dobbiamo richiederlo al Tribunale civile e attendere che il Giudice prenda visione dei fatti e proceda con un ordinanza specifica...

Questo è il Paese ormai! ... ma noi continueremo a pretendere il rispetto dei nostri diritti, se non altro per non sentirci complici di questo tradimento della nostra Patria, che fu la culla del diritto e pubblicherò sul blog www.g-71.blogspot.com anche la sentenza d'appello, appena verrà emessa.

Lo stesso dicasi di tutti gli altri sviluppi della vicenda.

L'udienza del Processo d'Appello è fissata al 31 maggio 2012.

Il male teme la luce, perché alla luce si vedono le sue opere e noi le mostreremo tutte, illuminandole a giorno grazie a internet, perché per ciò che concerne i media italiani ... di tutto questo non hanno fatto menzione e non credo che renderebbero noto il finale, essendo coinvolto nelle malazioni, se non altro per negligenza, l'intero ordine dei giornalisti e, nella diffusione di notizie false, tutti gli organi d'informazione della ex Italia!

In quei giorni faceva molto freddo persino qui in Sardegna. Non come in alta Italia però, dove aria polare aveva portato le temperature anche a meno venti gradi. La TV dava notizie disastrose ed anche in Sardegna nevicava. Non qui, in riva al mare, ma vedevo in lontananza le cime del Gennargentu innevate e non era uno spettacolo solito. Marco, a New York, restò bloccato in ufficio, al Sofitel di Manhattan, il Grand Hotel sulla 44° strada, perché i manager che dovevano dargli il cambio non erano potuti uscire da casa. Una vera tormenta polare di neve e vento gelido aveva bloccato la grande mela.

Lo chiamai attraverso skype e lo trovai "affranto", mentre se la rideva sotto i baffi come al solito:

-"Marco ... ma che succede stai bene?"

-"Ciao babbo, si sto bene, sono chiuso in ufficio, non ho potuto lasciare l'hotel venerdì e la direzione mi ha dato una camera qui per farmi restare. Vogliono che lo guidi io fino a che non passerà la tempesta di neve. Sono praticamente l'unico manager in sede. Tutto

l'hotel è in mano mia e così sono rassegnato a dover stare qui, prigioniero, fino a che non si calma un po'… Ora sto cenando con aragosta e champagne … in camera, una suite. Queste camere sono di una comodità e di un lusso incredibili!"
-"Marco … povero … prigioniero al Sofitel … hai provato ad affacciarti alla finestra e gridare aiuto?…" – lo prendo sempre in giro, perché è nato con la camicia, gli va sempre bene, anche quando sembra che gli vada male. "Prigioniero al Sofitel …?! Io quando sono stato prigioniero, lo sono stato nella Fortezza di Tetouan, sull'Atlante, ospite mio malgrado di Re Hassan II del Marocco e dei suoi callisti! Però va bene così … abbiamo già dato, sia io che mio padre e il nonno … ci fa piacere che Marco abbia il meglio, se lo merita". Pensare che dopo tre anni di scuola alla SSAT di Bellinzona, non aveva ancora discusso la tesi, solo superato gli esami, ma aveva avuto già tre chiamate, dall'Australia, da Montreal in Canada e da New York, che naturalmente scelse, anche su mio consiglio. Montreal è una città bellissima, ma d'inverno è "tzaddaina" da orsi polari … poco adatta per i Sardi.
-"Hai visto Marco, se avevi scelto Montreal … quell'aria gelida arriva da là, t'immagini? A New York durerà qualche giorno, poi passa e se torna sono comunque giornate, non mesi di gelo. In ogni modo anche qui sta facendo freddo, stamattina ha persino nevischiato … Riguardati. Ciao"
Marco stava proprio bene a New York, in un Paese libero!
New York fu la prima città Americana che conobbi. Era il 1976 e la città era molto diversa da com'è adesso. All'epoca era in un testa a testa con Saigon, nella classifica per il titolo di città più pericolosa del mondo! Ricordavo uno sketch di Bob Hope, un famoso comico Americano, recitato alle truppe in Vietnam, nel quale fece ridere tutti quando, alla domanda perché era venuto a Saigon, rispose:
-"Perché l'alternativa era New York … Troppo pericolosa!"
Saigon stava per essere attaccata dai Vietcong … ma aveva ragione, attraversare Central Park di notte, oppure circolare nella 44th street, proprio dove ora c'è il Sofitel, nei primi anni settanta, era più pericoloso della Jungla Vietnamita.
Un giorno di quelli, sulla scogliera a Capo San Marco, dove ero andato a fare un po' di allenamento, mi colse una bufera di vento, pioggia e nevischio che poi divenne grandine; ero in tuta da

ginnastica e in un attimo fui zuppo. Dovevo trovare un rifugio, ma il faro era troppo lontano, ed anche la vecchia torretta di guardia, costruita in tempo di guerra, era distante da me. Ero sul lato occidentale della scogliera, rivolta al mare aperto, verso la Spagna e ricordai che scalandola, una volta, mi ero imbattuto in una specie di nicchia addossata alla parete. Sembrava qualcosa di antico, forse di epoca nuragica. Era a poche decine di metri da me, avrei dovuto passare di roccia in roccia, a mezz'altezza, a dirupo sul mare fino ad arrivare a quella che sembrava una vecchia murata. Uno sperone di roccia soprastante mi avrebbe riparato. Capo San Marco era un luogo molto pericoloso per quelle tempeste improvvise. Tra breve sarebbero schizzate le saette e se non mi fossi rifugiato subito, potevo anche beccarmene una. Altro che scossa elettrica del centro cardiologico … queste carbonizzano!

Pensavo queste cose mentre mi spostavo di lato sulla scogliera. Sotto di me i flutti sbattevano sulle rocce più basse e il vento riusciva a tirar su, fino a me, parte di quella schiuma.

-"Perfetto, acqua di sopra, acqua di sotto … mancano solo un bel paio di branchie e sarei a posto!" – pensai mentre m'issavo sulla postazione di vedetta. Mi addossai alla parete in fondo, cercando di ripararmi quanto più possibile. Ero bagnato come un pulcino e il tempo non accennava a migliorare, anzi, nuvole nere in arrivo dal mare lasciavano intendere che la tempesta sarebbe aumentata ancora. Ma lì potevo resistere, ero alto sul mare e con una maestosa prua di roccia sopra la testa. Mi disposi ad attendere con pazienza di avere la possibilità di tornare all'auto, a circa cinque chilometri da li.

Quello che mi dava fastidio era il freddo … ero troppo leggero, appena la tuta di cotone e la maglietta sotto e, il vento era ghiacciato.

-"Speriamo passi presto, o finirò assiderato e in questa posizione chi mi ritroverebbe? Forse i posteri, tra qualche secolo, mummificato dalla salsedine e si chiederanno come posso essere morto. Come stanno chiedendosi per la mummia del Similaun".

Cazzeggiavo per far passare il tempo, quando presi a tornare con la memoria a un'altra epoca, ma a un freddo simile … anzi, sicuramente peggiore, ma almeno ero ben coperto, non seminudo come adesso…

Capitolo VIII
Piazza Dzedzjinsky

La faccia schiaffeggiata dalle raffiche di vento gelido misto a nevischio, mi ricordava che era lo stesso anche allora, ma lì non c'era il mare ... erano giorni e giorni che vedevo solo tundra e foreste ghiacciate, su quell'interminabile pista ferrata che costeggiando il Lago Bajkal, gelato in quella stagione, mi aveva portato oltre gli Urali, a Mosca.

Giano era seduto comodamente nell'auto dell'ambasciata Italiana, aveva accompagnato Ulisse, a quel tempo addetto Militare nell'Ambasciata di Belgrado e inviato a Mosca per missioni diplomatiche, cose burocratiche ... da alte sfere.

Giano scortava l'Ammiraglio Fulvio Martini, Ulisse in codice. Gli aveva indicato proprio alcune di quelle persone che cercavano di evitare le raffiche di quel vento polare stringendosi contro il muro.

-"Vedi quelli? Là ce ne sono alcuni che sono dei nostri, lo so, ma non li posso avvicinare e nemmeno tu! – disse Ulisse - Anche se sapessimo quale tra quelli è il nostro agente e lo vedessimo in grave pericolo non potremmo fare nulla, per lui sarebbe peggio". Allo sguardo interrogativo di Giano continuò:

-"Noi siamo tutti schedati. Chiunque lavori per un'ambasciata o ci entri e ci esca almeno una volta nella sua vita, diventa titolare proprietario di un fascicolo nell'archivio del KGB ... siamo sicuramente seguiti e controllati anche adesso. Chiunque avviciniamo, sarà seguito a sua volta, è così che funziona il KGB!"

Giano guardò meglio quel gruppetto di persone che ora erano a pochi passi dall'auto, sul marciapiede a destra.

L'auto procedeva lentamente, doveva accostare per farli scendere; erano arrivati nel palazzo in cui Ulisse aveva un incontro Ufficiale, una specie di party tra Ambasciatori.

L'autista consigliò di attendere qualche attimo che almeno le raffiche più violente miste a nevischio e ghiaccio che sbattevano rabbiosamente sul parabrezza dell'auto si attenuassero. L'auto era una Zavod Imeni Likhachova, modello 115, una Zil 115, nera ovviamente. Le limousine che il Cremlino metteva a disposizione delle personalità in visita diplomatica e, conoscendoli, è facile immaginare il perché di tanta cortesia.

A guardarla, però, attraverso quella tormenta e sapendo che aveva un motore da 8000 cc e un riscaldamento adeguato, veniva voglia di saltarci dentro, non importa quante microspie si sarebbero attivate.

Giano, però, aveva la visione inversa, lui era dentro la Zil, ben al calduccio e vedere quella scena fuori dal finestrino appannato, per lui era impressionante, faceva venire i brividi.

Una donna, spinta dal vento, era scivolata sul ghiaccio ed era caduta proprio vicino all'auto. Istintivamente Giano aprì la portiera per aiutarla … la sensazione fu tremenda, in auto non indossava il cappotto e si sentì letteralmente gelare, chiuse gli occhi per il vento che lo colpì violentemente al volto e l'attimo dopo si ritrovò vicino uno del gruppetto che stava rasente il muro. Aveva preso per le ascelle la donna e la stava sollevando … tra le raffiche della tormenta sentì chiaramente gridare: " …Ayò!"

A gridare ero stato io. Giano si girò di scatto e mi vide in faccia, i nostri sguardi s'incrociarono per un attimo. Ricordava dove aveva già visto G-71, sapeva ch'ero il Gladiatore che stava attraversando l'URSS per raccogliere informazioni dai nostri contatti da passare in occidente. Ne aveva sentito parlare come di una notizia Top Secret; nemmeno era certo se fosse vero o solo una leggenda. Si chiese se lo stesso Ulisse fosse lì per caso o se stava verificando che tutto procedesse come stabilito. Giano si rinfilò in auto, nella grossa Zil, certo non lussuosa come le auto diplomatiche occidentali, ma era spaziosa, comoda e calda e questo la rendeva preziosa in mezzo a quella tempesta di neve. Erano bloccati lì, accostati al marciapiede davanti a quel palazzo. Dovevano attendere che la bufera si calmasse un po' per entrare senza difficoltà. Loro, certo, non correvano pericoli, quell'auto pesava qualche tonnellata e non risentiva nè del freddo polare nè del vento, ma noi eravamo fuori, su quel marciapiede, addossati al muro e semi assiderati.

Giano aveva le mani ghiacciate e ci soffiava l'alito caldo sopra con scarsi risultati. L'autista ridendo disse qualcosa in cirillico e gli passò un manicotto di pelliccia dove infilò entrambe le mani con sollievo: quel tepore era tutto ciò che voleva sentire in quel momento.

-"Una mossa davvero imprudente! - disse Ulisse sorridendo – Poteva costare cara in tutti i sensi" – bisbigliò, indicando con gli occhi l'autista e il suo vice.

Poi si girò a guardare di nuovo il marciapiede. I passanti sorpresi dalla tormenta, normale in Russia d'inverno ma non tanto ad Aprile, si erano spostati oltre il portone del palazzo dove erano diretti.

A giudicare da come potevano camminare, adesso il vento si era calmato non poco. Ulisse aprì lo sportello e Giano lo seguì.

Il palazzo riceveva ospiti stranieri, c'era un ricevimento per chissà quale ricorrenza. Giano passò il tempo passeggiando tra i saloni e sorseggiando Vodka ghiacciata. I Russi usano tenerne una bottiglia sempre in fresco sul davanzale delle finestre, immersa nella neve ed è sempre ghiacciata al punto giusto.

Nessuno badava a lui, erano tutti impegnati a presentarsi a vicenda. C'erano molte belle donne, ma tutte accompagnate ... non poteva far altro che aspettare la cena.

Una serata come tante per gli ospiti stranieri delle ambasciate a Mosca.

Tutti sapevano che erano organizzate per spiare, conoscere e farsi conoscere; una specie di passerella dello spionaggio internazionale, gioco di società spesso mortale.

A sera il vento si era calmato e Ulisse disse che voleva fare una passeggiata alla stazione, licenziando l'auto. Dovette insistere molto, perché gli autisti, in realtà, erano uomini della Lubianka e l'auto era imbottita di microfoni, ma alla fine dovette rinunciare di fronte alle 'cortesi insistenze'.

-"Le distanze tra i viali Moscoviti sono enormi e sicuramente è meglio se lo accompagniamo noi in auto tovarish Ammiraglio" - rispose in buon Italiano l'autista.

Con un sorriso accondiscendente Ulisse montò in auto, era chiaro che non era altro che un invito, una gentilezza, ma all'autista sarebbe costato caro perdere i suoi passeggeri e niente avrebbe potuto allontanarlo.

Raggiunsero la stazione centrale, non era come le nostre, piene di gente e di luci fino a sera tardi. Era piuttosto desolata, senz'altro che pochi lampioni a illuminare le sale d'aspetto, tutte di "quarta" classe, e altri lungo le linee ferrate a permettere ai passeggeri di trovare i treni.

Tuttavia era una bella stazione, molto antica con fregi di ferro battuto e tutto quanto ci si aspetta da una stazione ottocentesca. Ma Giano non capiva perché Ulisse avesse voluto fare due passi proprio alla stazione quella sera.

All'improvviso capì.

Stavano camminando lungo un binario dove un treno si preparava a partire verso Leningrado. Gli autisti avevano scoperto che anche a loro avrebbe fatto bene fare una passeggiata lungo i binari e si tenevano a cortese distanza permettendogli di scambiare due parole senza essere uditi.

Ulisse si fermò guardando l'ingresso di un vagone, aveva la pedana di legno ed anche i sedili interni erano in legno; in Italia non si usavano più da molto tempo. Giano pensava che stesse guardando quell'antichità incuriosito, ma si accorse che con la coda dell'occhio, invece, osservava un uomo alto, col cappello di pelliccia, fermato da due guardie rosse che stavano controllando il contenuto di una cassetta di legno. C'erano tute da meccanico, stivali, lenze e ami di grosse dimensioni, sembrava il bagaglio di un marinaio o di un pescatore. C'era anche una caffettiera Moka, il fornello a gas, zucchero e caffè. Parlavano col marinaio e controllavano i suoi documenti, ma la voce non arrivava e, per via dei passeggeri che salivano sul treno in partenza e gli sbuffi di vapore di quella vecchia locomotiva a carbone, a volte non si vedevano nemmeno più. La tensione di Ulisse era tangibile, mentre continuava a guardare il vagone. Poi riprese a muoversi lentamente e quando le guardie restituirono ridendo i documenti al marinaio sembrò molto sollevato, ma perché?

Quando il marinaio si girò per montare in treno che sbuffava sempre più vapore sui binari, (era davvero da fine secolo, anche nella locomotiva a carbone e legna), Ulisse sembrò ancor più sollevato …nemmeno lo guardò, ma si girò verso gli autisti per rientrare.

Giano, invece, lo vide di nuovo bene in faccia … era lo stesso del marciapiede in piazza Dzedzjinsky, quello che disse *Ayò* a quella donna caduta, solo a un Sardo poteva succedere … a me!

-"Era quella l'Operazione Leningrado che racconta G-71 nel suo memoriale. Per questo Ulisse era così sicuro che ci fossero documenti sovietici in qualche modo in mano a quell'uomo, che poi seppi essere G-71. Ma ormai a chi e per cosa potevano interessare?"

Giano mi raccontò tutto questo quando ci ritrovammo, moltissimi anni dopo ... in un'altra epoca. Il muro era caduto ed io stavo cercando di lasciare l'Italia, spinto dalle macchinazioni di una banda di traditori. Lui l'aveva già fatto, era in America, a New York. Gestiva un ristorante suo e non aveva voluto saper più nulla dell'Italia. Era la primavera del 1998. Sentirgli raccontare di quella volta, a Mosca, in cui le nostre strade s'incrociarono, m'impressionò. M'impressionò perché sentivo raccontare da chi mostrava di avere buona memoria, come me, una situazione che ben ricordavo, ma vista da una prospettiva contrapposta, dall'altro lato della visuale. Questo era davvero strano, mi colpì profondamente.

Lo ricambiai raccontandogli i motivi di quell'incontro a Mosca, quello che ignorava e che nessuno gli disse mai ...

-"Era la Mosca di Breznev, l'orso sovietico. Nessuno come lui interpretò quel mito in maniera più appropriata. Quel tiranno che amava mostrarsi con un petto di medaglie e in uniforme, in realtà non aveva mai combattuto alcuna battaglia! Non sapeva nemmeno cosa fosse la guerra. Per questo era ansioso di scatenarne una, la terza, quella nucleare. Nella sua lucida follia aveva ordinato la costruzione di Mosca 2. Un progetto ciclopico che vedeva l'URSS costruire una seconda città, antiatomica, all'interno della quale rifugiare la nomenclatura sovietica mentre l'armata rossa attaccava l'Europa Occidentale con l'invasione delle divisioni corazzate. Lui e gli altri vecchi orsi del Cremlino erano convinti che se fossero stati abbastanza rapidi da occupare di sorpresa, con centinaia di divisioni corazzate lanciate all'assalto, almeno metà dell'Europa Occidentale, l'America non avrebbe potuto lanciare le testate nucleari contro l'Armata rossa, già asserragliata in Germania occidentale, nel nord Italia, in Belgio e Francia. Mentre loro avrebbero lanciato i loro missili sull'America, rifugiandosi nella Mosca 2 e attendendo che passassero le nubi radioattive per tornare all'aperto. Un piano demenziale, da folli, ma ci credevano e stavano procedendo. Alcuni non erano d'accordo, e non avevano altro modo, per fermarli, che farli conoscere ... non certo sulla Pravda! Volevano farli conoscere all'Occidente, in modo che fosse sventata la possibile sorpresa su cui contavano Breznev e le altre cariatidi sovietiche. Questo, li avrebbe spinti a rinunciare. Costruire Mosca 2 era un'impresa impegnativa che, se mancava la sorpresa, era destinata all'insuccesso e all'inutilità. Lo stesso popolo dell'URSS si sarebbe rivoltato contro i suoi leader. Io ricevetti le mappe, i progetti e i piani, e li portai fuori dall'URSS attraverso il porto di Leningrado, verso Ys, in Finlandia. Stetti in quel mondo in grigio per parecchi mesi, un'esperienza davvero desolante ... non ne potevo più.

Ulisse ti aveva portato con se per far credere che fosse una missione diplomatica, una delle solite. Tu eri bruciato, cioè schedato come addetto militare ad ambasciate e consolati ... Ah ah ah. Non fare quella faccia, era un ruolo invidiabile, sempre in mezzo ai ricevimenti in lussuosissimi palazzi, al fresco d'estate, al calduccio d'inverno ... chi stava meglio di te?" – dissi a conclusione di quel racconto.

-"Non è per questo che mi arruolai! Sognavo avventure, mille pericoli da affrontare e, invece, il massimo dei rischi che ho corso è di essere beccato mentre procuravo cocaina a uno dei corrotti che scortavo, o trovarmi la pistola di qualche marito geloso e cornuto puntata addosso, perché aveva scoperto che la moglie non faceva la segretaria al Ministero della Difesa, ne avevo la nausea!" – rispose.

-"Non l'avevo mai vista sotto quest' aspetto ... mi dispiace! Ti capisco, anche io non l'avrei sopportato a lungo un andazzo simile. E' vero che è stata dura, che ho perso tantissimi fratelli d'armi e alcuni li ho visti morire senza poter fare nulla ma, quando guardo indietro con la memoria, posso davvero dire che è stata una vita che è valsa la pena vivere!" – dissi, poggiandogli una mano sulla spalla, ma non lo consolò per nulla, anzi.

-"La guerra fredda è finita, me la sono persa ... e i miei ricordi, invece, mi fanno schifo! E devo tutto a quei ladroni matricolati! Non li potrei perdonare mai e quel che è peggio è che non posso nemmeno vendicarmi ... di chi? Non saprei come e con chi prendermela ..." - concluse Giano, poco prima del mio rientro da New York, nel Giugno 1998.

Il vento sulla scogliera non accennava a calare urlando tra le rocce e i flutti, che sotto di me s'infrangevano fragorosamente, mi riportarono a Capo San Marco. Aveva smesso di piovere e di lampeggiare. Una buona occasione per levarmi di lì e raggiungere la macchina. Raggiunsi un sentiero tracciato tra la macchia e le rocce a picco sul mare dall'acqua piovana che, scorrendo verso il basso, sembrava messo lì apposta per me. Era scivoloso, l'argilla bagnata m'impediva di procedere più velocemente, di questo passo mi ci sarebbero voluti non meno di 40 minuti per raggiungere l'auto e, nel frattempo, poteva riprendere a diluviare. Tremavo ancora di freddo, la tuta bagnata esposta a quel vento non aiutava il riscaldamento naturale della marcia.

Pensai a climi tropicali … Africa … chissà che non funzioni?

Non funzionò, ma non aveva ripreso a piovere e raggiunsi l'auto intirizzito. Nemmeno il climatizzatore al massimo poteva fare molto, bagnato e infreddolito rientrai a casa.

Lungo il tragitto pensai ancora a Giano. Strano personaggio, difficile da capire il suo rancore verso lo Stato. In fondo gli aveva regalato una bella vita, ambienti lussuosi, in giro per ricevimenti e occasioni mondane, incarichi magari poco edificanti, come diceva lui, ma come poteva essere certo che vivere davvero la vita di cui aveva sentito parlare, che credeva di volere, gli sarebbe piaciuto?

-"A tanori de su stampu su baballotti Giano" – pensai a voce alta – a ognuno la sua vita Giano. Se l'hai vissuta fino in fondo, significa che era proprio la tua. Può anche esserti piaciuto immaginarti in tutt'altro tipo di operazioni, ma non c'eri. Ti è piaciuta la parte che hai immaginato, come se fosse un film, leggendola nel mio libro sul sito e tra le mie carte, e te la sei rappresentata per come ti sarebbe piaciuto che fosse anche per te. Non hai mai avuto la sensazione di dover stringere la vita tra i denti per evitare che ti fosse strappata via. C'è poco di mitico in una piaga purulenta che si riempie di vermi; non c'è nulla di glorioso nei lamenti dei feriti cui non puoi dare nulla, nemmeno acqua … Non c'è niente di leggendario in un corpo tormentato dalle cimici e dalla scabbia nell'oscurità delle segrete di Re Hassan. In quelle operazioni c'era anche questo e tu non hai voluto vederlo!" - Gli dissi queste cose l'ultima volta che lo rividi, dopo quel viaggio a New York. Mi ringraziò, credo che gli sia servito, non tanto per capire, quanto per accettare la sua vita e accettarla e accettarsi per com'era. Secondo me era stato in gamba e glielo dissi.

Mi era piaciuto soprattutto quel che aveva fatto in quell'occasione a New York, ai primi di giugno 1998. Nessuno lo obbligava a farlo, anzi, avrebbe avuto dei vantaggi ad agire diversamente ma, non lo fece. Riferì, a chi gli aveva chiesto di pedinarmi e riferire, che intendevo sparire in America per non tornare mai più. Una diserzione insomma, anziché una strategia d'attacco e difesa in piena regola, com'era in realtà. La sua collaborazione alla mia Ultima Missione fu preziosa e se aveva qualcosa da rimproverarsi, con questo l'aveva riscattata.

Certo, ero comunque preparato a reagire adeguatamente in caso avesse deciso diversamente, cioè eseguire gli ordini che aveva ricevuto, ma non fu necessario e di questo gli fui grato.

Eppoi, anche se è uscito di scena, dedicandosi a gestire il suo ristorante a New York e godersi la sua famiglia Americana, so che, con la discrezione che gli era propria, mi ha dato una mano perché Marco trovasse quell'incarico al Sofitel. Mio figlio ha un futuro in un paese libero adesso … a 25 anni appena compiuti è il più giovane executive manager d'America. Esattamente nel momento in cui avevo cominciato a scrivere queste pagine, la catena di ristoranti italiani Cipriani, di Piazza San Marco a Venezia, stava facendo le pratiche per il visto permanente, la green card, per affidargli la gestione di un suo ristorante in America, quello di Central Station, il Cipriani Dolci.

Già nel primo anno di training al Grand'Hotel Sofitel, nella 44Th di Manhattan, ci aveva spedito una cartolina dalle cascate del Niagara, con la quale ci scriveva: "Grazie per la vita meravigliosa che mi state facendo vivere!" Una bella soddisfazione, vi pare?

Pensare che questo risultato l'ho ottenuto sotto il fuoco di fila della persecuzione dei traditori della Patria, mi permette di considerarla l'operazione più difficile, ma anche meglio riuscita di tutta la mia vita! Nel momento in cui chiudo questo aggiornamento, Marco già da due anni a New York, ha avuto dal Sofitel delle note "eroiche".

Il General Manager, gli ha dato atto che durante il disagio della tormenta di neve, quando ha sofferto la "prigionia" al Sofitel, rinchiuso in una suite da qualche migliaio di dollari a notte, lui, guidando il suo staff, era riuscito a garantire ai loro ospiti, lo stesso livello di comodità e sicurezza a cui erano stati abituati dalla catena alberghiera.

Oggi è conteso da uno dei più esclusivi club di New York, quindi d'America, che vuole affidargli l'amministrazione del loro ristorante.

E' ormai al sicuro in un paese libero, il piccolo Marco Polo della fortezza di Tetouan!

Capitolo IX
Hotel Tetouan

Davanti ad un bel caminetto acceso, fa persino piacere sentire scrosciare la pioggia a catinelle e vederla scorrere sui tegoli del tetto del garage, di fronte alla finestra del salone, radunarsi in rivoli sulle canalette di scolo e cadere giù, fragorosamente, sul pavimento del giardino ... rumore d'acqua che batte, scorre, casca ... il suono eterno della vita.

Mi lasciai ipnotizzare dal fuoco che mi riscaldava dopo una bella doccia e ripresi a ricordare ...

Tornai al tradimento, quello che diede origine a tutto questo, per quella parte che Giano, ma non solo lui, tralascia di acquisire per continuare a sognare avventure invidiabili e romantiche, come quelle dei film ... ma la realtà è ben diversa e questa, poi, parla di tradimento, tanfo di carogne!

Il tepore del fuoco mi aiutò a ricordare il Nord Africa ...

Novembre 1985, campo di addestramento di Tabellah, sabbie del Grande Erg, a Ovest di Tindouff.

In una zona desertica uomini armati sparano con mortai e con mitragliatrici sotto lo sguardo attento di alcuni istruttori che urlano ordini. Sembra un campo di battaglia, in realtà si tratta di un campo di addestramento per volontari da inviare in Afghanistan a combattere contro l'esercito sovietico che occupa il paese.

I Volontari, alla fine dell'addestramento, saranno Mujaheddhin. Combattenti della resistenza Afghana all'Armata Rossa che aveva invaso l'Afghanistan.

Vestivo una tuta mimetica sahariana, stavo insegnando a quei volontari l'uso delle armi. Coperto di polvere appiccicata al sudore ricevetti un giovane Berbero, era un portaordini e mi consegnò una raccomandata a mano scritta in italiano e intestata Ministero della Difesa.

L'ordine, a distruzione immediata, come tutti quelli MR: di massima riservatezza, o TS: Top Secret per i codici Nato, mi chiedeva di portarmi al passo di Oujda (Ushda) ed era controfirmato da Ulisse (il nome in codice del comandante di Gladio), impersonato dall'Ammiraglio di squadra Fulvio Martini, all'epoca, contemporaneamente, Direttore del SISMI durante il Governo Craxi. Là giunto dovevo incontrarmi con altri che operano in Algeria per le operazioni di Akbar Maghreb, ancora in corso. L'Ordine, come sempre, non ammetteva repliche.

Mi preparai pertanto a partire verso il Nord, indossando abiti civili.

Dovevo attraversare la catena Montuosa dell'Atlante per raggiungere il passo di Oujda, si trovava verso il Mediterraneo, al confine con l'Algeria. C'erano dei passi di montagna e una linea di corriere variopinte che potevano portarmi lassù.

Salendo sull'Alto Atlante e poi scendendo i tornanti del RIF diretti verso il passo di Oujda, i canti Berberi diffusi dalla radio coprivano il rumore del motore. Osservavo sempre incantato, come fosse la prima volta, lo spettacolo dei boschi e delle montagne incontaminate tutt'intorno, le irte vette e i dirupi scoscesi sotto le ruote di quella corriera mi davano sempre un brivido ... anche perché la strada era bianca, per niente ben tenuta e quegli autisti correvano come pazzi. Era stato un lungo viaggio e non vedevo l'ora di scendere dalla corriera stipata di Berberi, Beduini e commercianti di vario genere che portavano con sé le loro mercanzie di cui il tetto della corriera era stracarico all'inverosimile. Speravo che dopo sarei potuto rientrare a casa per qualche giorno, ero sposato da un anno e Graziella aspettava il nostro primo figlio, doveva nascere a gennaio.

La corriera si arrestò nel piazzale della stazione di Oujda. Sentii qualcosa di strano, una sensazione indefinibile, ma estremamente negativa. Mi ritrovai di colpo con tutti i sensi all'erta. Sentii di essere atteso, ma non dagli amici che dovevo incontrare. Restai tra la folla accalcata e osservai attentamente tutto. Alcune persone tra la folla cercavano qualcosa. Sentii che cercavano me ... il mio istinto non mi aveva mai tradito. Seguii la folla che si allontanava dalle corriere e mi riparai dietro un portico da dove osservare non visto alcuni uomini, troppo ben vestiti rispetto all'ambiente. Erano agenti di Re Hassan, ne ero certo. Si aggiravano tra la folla osservando tutti quelli che scendevano dalle corriere e specialmente quella da cui ero sceso io, proveniente dal Sud, da Querzarate.

Fortuna che al primo campanello d'allarme del mio sesto senso mi ero avvicinato alla portiera sul retro ed ero saltato a terra alla prima frenata, mischiandomi tra la folla, mentre l'autista faceva le manovre per entrare nel piazzale. Capitava, a volte, di dovermi considerare eccessivo, ma a volte no, e questa era una di quelle.

Mi cercavano ... come mai? E soprattutto perché? Tutte domande alle quali potevo darmi una sola risposta, ero stato tradito e quell'appuntamento era una trappola. Non c'era altra spiegazione.

Ora, però, prima di chiedermi chi e perché, dovevo trovare il modo di sfuggire alla trappola. Anche uscire da lì era diventata un'operazione delicata. Mentre mi tenevo più basso della folla che mi circondava, una corriera in uscita mi passò accanto e senza indugi vi saltai sopra e m'infilai dentro, dalla portiera sul retro. Mi sedetti sui gradini, così non sarei stato visibile dall'esterno.

Non sapevo dove era diretta quella corriera, ma l'importante, per il momento, era che mi portasse lontano da lì, fuori da quella trappola. La Corriera era uscita dal centro abitato e si dirigeva nuovamente verso le montagne, nessuno l'aveva fermata, evidentemente non sospettavano di essere stati scoperti ed attendevano ancora l'arrivo dell'agente italiano con le corriere provenienti dal sud.

Mi rivolsi a un Berbero, coperto dalla sua Jellaba nera col cappuccio a punta, tipico delle tribù del Rif.

-"Hola amigo, hacia dónde va este autobús?

-"Tetouan" – rispose, mentre sistemava la sua pipa da kefe.

La corriera era ormai nuovamente sui tornanti dell'Atlante, ma si dirigeva verso nord-ovest, verso Tetouan, la città ai piedi del Rif, rivolta al Mediterraneo. Riflettei per tutto il viaggio, mi serviva un piano per salvarmi o questa poteva essere la mia fine. Sapevo che non potevo uscire dal Marocco senza passare i controlli. Avrei potuto tentare di farlo passando con una pattera (barca di legno a motore) di trafficanti d'hashish e di clandestini lo stretto di Gibilterra, ma sarebbe stato troppo pericoloso per me. Oltretutto i trafficanti avrebbero potuto tradirmi, non sarebbe stato un episodio desueto da quelle parti.

Ricordai Ceuta, l'enclave spagnola in terra marocchina. C'era un lungo tunnel protetto da una rete metallica che costeggiava tutta la spiaggia interna tra Ceuta e Tetouan. Passare da lì per evadere i controlli doganali sarebbe stato impossibile, ce ne sono due, uno marocchino e subito dopo uno spagnolo. C'è anche un passo sulla montagna di Ceuta, ma non sarei potuto arrivare fin lì: sarei stato catturato tentando di lasciare il Regno ... accusato di attività di spionaggio e fucilato, senza alcuna possibilità di difesa in Giudizio.

Capii che la soluzione era lì, al passo di Bab Ceuta e per tutto il viaggio pensai a una strategia valida e a come attuarla. Passai in rassegna anche tutti i volti amici che potevo ricordare a Tetouan, cercando quello al quale avrei potuto rivolgermi per avere una mano senza dovergli dire troppo di più. Uno su tutti: Abd El Krimm ... Mi doveva la vita, l'avevo salvato durante la Guerra del pane, senza il mio aiuto sarebbe stato catturato dalle guardie del Re e, probabilmente, oggi sarebbe ancora in carcere o morto sotto le torture.

La corriera arrivò alla stazione di Tetouan, lungo il percorso avevo messo a punto un buon piano, non mi restava che attuarlo. Camminai velocemente verso la Casbah, nel fiume di folla che si muoveva silenziosa mentre dal Minareto, il Mullah, recitava la preghiera della sera.

Arrivai davanti ad un portone di legno scuro borchiato di bronzo. Il magazzino di Younes, un mercante di tappeti, arazzi e marocchinerie.

Bussai e la porta si aprì, un volto affilato sotto il cappuccio Berbero, era Younes.

Mi riconobbe e mi fece entrare controllando se fossi stato seguito ...sempre prudente Younes.

-"Salam Aleiqum Gissa".

-"Aleiqum salam Younes".

Seguii Younes all'interno del magazzino di tappeti. Tutt'intorno un ambiente da mille e una notte ... specchi dalle cornici riccamente decorate e tappeti variopinti, oggetti in ottone scolpiti a mano e tavolini riccamente intarsiati, diffondevano nell'aria il tranquillizzante profumo del legno di sandalo, stoffe di ogni colore e abiti ricamati in oro.

Ci fermammo in fondo al locale e sedemmo su cuscini davanti ad un tappeto e, subito, un mamudh portò una teiera con tè alla menta servendola eseguendo il rituale. Gissa ... Non ricordavo più di essermi presentato con questo nome a Younes durante la Guerra del pane. Gissa, perché presentandomi stavo per dire G-71 e mi ero corretto appena in tempo ... non dormivo da giorni ed ero appena sceso dal RIF, davvero esausto.

-"Cosa ti porta di nuovo qui?" - chiese

-"Ho bisogno di parlare con El Krimm, subito. Prima di arrivare davanti all'hotel Principe mi sono ritrovato davanti al tuo magazzino e non so nemmeno se frequenta ancora la hall di quell'hotel" - risposi.

-"Sì, la frequenta ancora".

Younes battè le mani e subito arrivò il mamudh, s'inchinò e ricevette pochi ordini bisbigliati all'orecchio allontanandosi subito dopo. Younes si alzò con un cenno ... dovevo attendere comodamente seduto l'arrivo del mio amico.

Ero teso e non potevo starmene seduto ad attendere. Appena rimasi solo mi alzai di scatto e mi avvicinai velocemente alla parete fatta di mercanzie esposte, dietro cui eravamo seduti. Volevo vedere cosa faceva Younes. In quella situazione, la prudenza non era mai troppa. Lo vidi entrare nel suo piccolo ufficio e mi tranquillizzai, sapevo che Younes non aveva il telefono nell'ufficio, probabilmente da vecchio Berbero non l'aveva nemmeno mai usato.

Mi risistemai tra i cuscini a sorseggiare quel buon tè.

Qualche minuto dopo sentii vociare, era arrivato Abd El Krimm, riconoscevo la sua voce. Younes me lo portò davanti. Dopo aver avuto un cenno d'assenso al suo sguardo interrogativo, si sedette anche lui con noi, altrimenti ci avrebbe lasciati soli. Ci salutammo calorosamente tra risate e battute, con Abd El Krimm ne avevamo passate di tutti i colori durante la Guerra del Pane di due anni prima. Infine, quando El Krimm, comprese che ero lì per un grave motivo, mi chiese cosa poteva fare per me e glielo spiegai in spagnolo, la lingua di quella zona del Marocco, ex colonia spagnola:

-"Mi trovo nei guai, Abd El, guai grossi. Non so perché e chi, ma sono stato tradito, mandato in una trappola dalla quale non dovrei uscire vivo. Sono ricercato dagli agenti del Re. Mi attendevano al confine algerino, sono riuscito a sfuggire ed eccomi qui. Ora devo lasciare il Marocco, ma questo mi è impossibile per le vie regolari, mi attenderanno a tutti i valichi di frontiera, così ho deciso che la cosa migliore è farmi arrestare ... ma mentre entro in Marocco e non mentre ne esco. Sul mio passaporto non c'è visto d'ingresso, perché sono andato ai nostri campi nel Sahara entrandoci dal Sahara Spagnolo, con un elicottero dalla Tunisia e sono entrato in Marocco da Sud, senza passare alcun valico di frontiera. Ma non ci potrei

tornare con tutti i controlli sulle strade e nelle stazioni dei Bus, mi attendevano a Oujda. A quest'ora, però, avranno capito che non ci arriverò più e mi staranno cercando dappertutto. Devo riuscire a rientrare in Marocco e farmi arrestare dalla polizia di frontiera mentre ci entro proveniente da Ceuta. Mi servono tre cose, la prima qualche orologio di contrabbando da farmi trovare nella malleta (borsa) al controllo doganale di Bab Ceuta, almeno una dozzina, per essere sicuramente fermato e multato; la seconda, una pattera che mi porti lungo la costa fino a circa la metà del corridoio tra il territorio spagnolo e quello marocchino; la terza, una busta di plastica abbastanza grande dove tenere asciutti i miei panni, la borsa e delle tronchesine per tagliare la rete metallica del tunnel controllato".
-"… Perché vuoi fare tutto questo? Non ci sono solo i valichi di frontiera per uscire dal Marocco. Noi ci usciamo continuamente e nessuno dei gendarmi se n'é mai accorto …" – chiese Abd El e risate fragorose accompagnarono queste parole. I Berberi sono famosi come contrabbandieri e si vantano di non tenere in alcun conto le frontiere in cui è diviso il loro paese, tra Marocco, Algeria e Tunisia.
-"Potrei farti uscire stanotte stessa con una pattera carica di clandestini diretti verso la costa spagnola. Domattina saresti al sicuro in una spiaggia di Malaga, in Europa" - confermò anche Younes.
-"No, ci ho pensato, ma è troppo pericoloso. Se la pattera venisse intercettata i clandestini rischiano solo di essere rimandati indietro e i proprietari della pattera di dover rispondere alla Regie tabac di Re Hassan del possesso di hascish senza aver pagato le tasse doganali. In pratica una multa e forse un paio di mesi di cella, forse nemmeno quelli. Ma io rischio di essere incriminato per spionaggio e condannato a morte. Non avrei alcuna possibilità di difesa dopo essere stato catturato mentre cercavo di lasciare il Regno clandestinamente e senza visti d'ingresso sul passaporto, sarebbe una conferma della segnalazione per la quale sono ricercato. Il rischio è troppo grosso … Il gioco non vale la candela! Tu sai come vanno queste cose: una cosa è essere arrestato per un'infrazione doganale, roba da turisti distratti, altra è esserlo per spionaggio in un momento in cui il Marocco vive uno stato di guerra col Polisario e l'Algeria per la questione Sahariana e… Re Hassan applica con molta disinvoltura la pena di morte" - replicai.

I due Berberi parlottarono tra loro nella loro lingua, riflettevano. Younes si carezzava la barba grigia, sotto il naso adunco, Adb El Krimm tormentava i suoi baffi, poi Younes chiamò il mamudh e gli diede degli ordini. Al chè Abd El Krimm si avvicinò a me dicendo:
-"Bene fratello mio. Sia come tu vuoi. Questa stessa notte?"
-"Si, questa stessa notte! Non c'è luna e questo mi sarà d'aiuto".
-"Inshallah! Tra poche ore sarà tutto pronto e ti accompagnerò io stesso al mare, dove ci sarà una pattera ad attenderti. Adesso, però, è l'ora del Morso ... andiamo a cenare, questo puoi farlo no?" – invitò Abd El ed era il caso di approfittarne, non potevo sapere quando avrei potuto mangiare di nuovo, ma potevo stare certo che non sarebbe stato tanto presto. Re Hassan non si preoccupava troppo dei diritti umani di nessuno, figuriamoci di quelli dei suoi prigionieri.
-"Certo Abd El ed ho anche molta fame. Sono partito dai campi due giorni fa e non tocco cibo da allora".
Tornò il mamudh con una busta di plastica che sembrava fatta apposta per lo scopo. Evidentemente le usavano per proteggere i carichi di hashish dagli spruzzi dell'acqua del mare durante il trasporto. Ci stava comoda la borsa e gli indumenti. Non potevo presentarmi all'ingresso della frontiera Marocchina con gli abiti e la borsa bagnati. Non sarebbe stato credibile e tutto sarebbe stato inutile. Il mamudh aveva anche portato una pipa ad acqua, un narghilè in vetro e argento e del legno scuro al termine delle canne. Questo significava una cosa sola, che volevano farsi una fumata e non avrei potuto rifiutare. Sicuramente non potevo nemmeno fumare per davvero, sarei rimasto stordito tutta la notte e non era sicuramente ciò che mi serviva ... non quella notte! Avrei fatto finta, come tante altre volte. Quel fumo era eccezionale ma è impossibile agire con lucidità e rapidità in preda ai suoi effetti. Quando vidi il mamudh strizzare il mosto da poggiare sul fornello della pipa, dove subito dopo sistemò la brace che aveva preso dal porta incenso, sentii quel profumo invitante venire dal vassoio che esponeva diversi pezzi d'hashish di vari colori e qualità. Younes li stava osservando, era lui l'ospite e toccava a lui scegliere ... li guardava e tastava con attenzione, poi li avvicinò al naso adunco, reso ancora più tale dal pizzetto ripiegato verso l'alto, quasi a volersi congiungere col naso in una mezza luna ideale, simbolo dell'Islam. Quando ebbe finito lo porse al mamudh che se lo mise rapidamente in bocca e con rapidi e

sapienti piccoli morsi lo fece riuscire dalle labbra steso come una piccola foglia e lo poggiò sulla brace della pipa, mentre i due aspiravano con forza dalle canne, facendo gorgogliare l'acqua nel vaso di vetro che si riempiva di fumo fluttuante, prima di correre verso le canne e chi l'aspirava. Quando mi passarono una canna, assorti in meditazione, mi fu facile soffiare anziché succhiare e mantenere per quanto possibile la mia lucidità. Ero certo che se mi fossi lasciato andare a quell'atmosfera estatica, non sarei sopravissuto a quella notte ... Già mi vedevo, catturato come un pesce stralunato e sorridente beato, a Bab Ceuta!

La mia lucidità riuscì a sopravvivere a quella dura prova e Abd El Krimm mi condusse in un tipico ristorante Berbero, con tavoli di legno intarsiato e pianale in ottone scolpito, lunghi candelabri in ottone che illuminavano la sala al lume delle candele, dove al centro si esibivano musici e ballerine.

La cena nel locale della casbah di Tetouan era animata da ragazze che ballavano e cantavano canzoni Berberc. La cucina marocchina, in quella zona del Maghreb, era di montagna, carni arrosto e verdure cotte a vapore, kous-kous e minestre accompagnate da frittelle dolci. Stranezze cui mi ero abituato e trovavo anche molto gustose. Quando qualcuno arrivò a dire ad Abd El Krimm che tutto era pronto, una bajadera stava eseguendo la danza del ventre e si avvicinava ai clienti per farsi mettere delle banconote nel reggiseno. Feci lo stesso prima di seguire i due ... dicono porti bene!

Montammo su una vecchia mercedes diretti verso la spiaggia di Tetouan. L'autista sapeva dove passare per evitare i controlli. Raggiungemmo un locale sulla spiaggia. Era un bar e ristorante, davanti c'erano delle barche da pesca, tirate in secca sulla battigia. La luce che proveniva dal locale permetteva di vederle, la notte era ideale, senza luna. El Krimm ci stava guidando verso un magazzino di lato al locale. Aprimmo il portone ed entrammo. Abd El accese una lampada a olio e vedemmo reti da pesca accatastate, galleggianti e salvagenti con nomi di navi impressi sopra che certo non erano marocchine. La busta di plastica era li, per terra e accanto c'era la borsa di Gissa, la mia borsa. Younes aveva affidato tutto al suo mamudh, anche le tronchesine che avevo richiesto erano lì, ferrivecchi, ma sarebbero bastate a troncare la rete zincata del passaggio doganale. La borsa era aperta e c'era un involto di carta bianca. Conteneva cinque orologi "rolex", di quelli che si compravano per le strade di Ceuta a due soldi. Lo sistemai meglio nella borsa. Mi spogliai piegando accuratamente i pantaloni, la camicia e la giacca a vento col cappuccio che, Graziella, aveva inserito per forza nella mia valigia quando partii da casa. In realtà stavo andando nel Sahara ... avrei dovuto lasciarla a casa, per fortuna non lo feci, a Tetouan faceva molto freddo d'inverno. L'aria gelida delle cime innevate dell'Atlante scendeva fino alla costa del mediterraneo. Misi tutto dentro il sacco di plastica, comprese le scarpe e le calze e lo chiusi con un pezzo di corda, poi presi uno dei salvagenti e ci sistemai sopra il sacco incastonandolo nel foro centrale.

Ero rimasto con gli slip. El Krimm si avvicinò e mi abbracciò baciandomi sulle guance tre volte, alla moda araba. Poi disse indicando l'uomo che stava vicino al portone:

-"Vai con lui, parla solo Arabo, ma gli ho spiegato tutto. Conosce bene tutta la costa e non ha bisogno di luna per trovare il punto adatto. Ti dirà quando dovrai scendere in acqua e la direzione verso dove nuotare. Non ti lascerà troppo lontano dalla riva, ma se si avvicinasse troppo il motore della pattera vi tradirebbe e arriverebbero le motovedette della polizia costiera, cercano i trafficanti di hashish e li cercano soprattutto in queste notti senza luna".

-"Non preoccuparti, so nuotare e sono certo che andrà tutto bene. Grazie amico mio, a buon rendere" - risposi.

-"Inshallah!" – fece lui di rimando, indicando il cielo con il dito indice. Uscimmo, seguii il pescatore verso la sua barca. La notte era nera come l'inchiostro e solo grazie al riflesso delle luci del ristorante riuscivo a vedere la schiena del pilota. Mi voltai per un ultimo sguardo a El Krimm, ma non riuscii più a vederlo, il magazzino era già avvolto dalla notte. Mi girai di nuovo e non potei evitare di sbattere sul pescatore che, nel frattempo, si era fermato davanti alla sua barca. Stava mollando l'ormeggio: la fune che la teneva legata a un palo conficcato nella sabbia. Evidentemente le alte maree erano forti. Sistemai quasi a tentoni il mio bagaglio nella zona di maestra della barca e aiutai a spingere in acqua la pattera. Notai che era un'imbarcazione leggera di forma allungata, ma abbastanza panciuta da reggere il mare. I marocchini ci traversano lo stretto di Gibilterra, affrontando correnti fortissime che li colpiscono di traverso stracarichi di merci e di clandestini. Lavorammo in silenzio per salpare, del resto nessuno dei due parlava la lingua dell'altro. Seminudo saltai a bordo per ultimo continuando a spingere in acqua la barca mentre l'arabo metteva in moto il motore fuoribordo a poppa. Appena lo sentii partire mi tirai su con un balzo veloce sulla prua e raggiunsi il mio bagaglio al centro. Mi sedetti sulla panca di maestra e mi accorsi di quanto era pungente l'aria di quella notte. Anche se mi trovavo in Africa, era fine Novembre e sulla cima del Rif, alle nostre spalle, c'era la neve. Il Pilota, del resto, aveva la sua Jillaba di lana Berbera. Evidentemente si fidava della sua buona sorte, perché se cadeva in acqua con quella indosso sarebbe andato a fondo come un sasso e non avrebbe mai avuto il tempo di togliersela. Cercai anche in quell'occasione di non pensare al freddo e di rilassare la mia muscolatura eccessivamente contratta; sapevo che questo me lo faceva sentire meno. Dovevo nuotare a lungo e il freddo avrebbe favorito i crampi. Cercavo di concentrarmi sul lato positivo della cosa, l'acqua fredda rendeva difficile l'incontro con gli squali! Dopo circa mezz'ora il pilota spense il motore indicandomi la direzione in cui si trovava la spiaggia. Eravamo arrivati. Calai il salvagente con la busta e mi lasciai scivolare in acqua, evitando rumori che, sulla superficie dell'acqua si propagano a distanza. Di fronte a me c'era la frontiera più controllata d'Africa! L'acqua era fredda, ma sopportabile. Tenevo le mani sul salvagente per stabilizzarlo e impedire che si rovesciasse e iniziai a nuotare battendo i piedi sott'acqua, per evitare anche il debole rumore dello sciabordio. Poi poggiai il mento sul salvagente per agganciarlo e guidarlo e usai le mani e le braccia come dei remi per aumentare la velocità e, nello stesso tempo riscaldarmi. Lo feci lentamente per evitare ogni rumore che sarebbe stato possibile sentire anche a distanza in quella notte buia. Dopo alcuni minuti di nuoto riuscii a scorgere una striscia luminosa, artificiale, capii che erano le luci del passo doganale che tenevano illuminata la linea di frontiera. Ora sarebbe stato più facile non perdere la direzione. L'acqua fredda cominciava già a intorpidirmi le membra quando senti alcune rocce battere sui miei piedi, ero arrivato a riva. Li poggiai sul fondo tra pietre e sabbia e mi spinsi verso la spiaggia. Sabbia con qualche roccia, meglio di come pensavo. Spinsi con prudenza il salvagente fuori dall'acqua.

Per quanto ne sapevo, avrebbe potuto esserci una sentinella proprio in quel tratto di battigia. Il Buio non mi permetteva di vederla ma anche di essere visto e le luci in lontananza, di fronte a me, m'impedivano ancora di più la vista.

Raggiunsi quella che doveva essere una roccia che spuntava dalla sabbia e decisi di usarla come appoggio per asciugarmi e vestirmi. Mi tolsi le mutande e le strizzai con forza per poi usarle per passarmele addosso a portare via quanta più acqua potessi. Poi le seppellii nella sabbia e iniziai a vestirmi con la roba asciutta. Un vero sollievo quando sentii sulla pelle gelata il calore dei pantaloni, le calze e le scarpe sui piedi, il calore del maglione e non potei fare a meno di tornare col pensiero a mia moglie, Graziella, che mi aveva infilato a forza, nella borsa, la mia giacca a vento dicendomi che in viaggio serviva sempre una giacca a vento. Ricordai di aver riso sapendo che, in realtà, ero diretto nel Sahara, 45 gradi di media, invece, ora si era rivelata davvero preziosa.

Lasciai andare in mare il salvagente e il sacco di plastica, non potevano destare alcun sospetto. L'indomani, anche se fossero stati rinvenuti, sarebbero stati considerati spazzatura del mare.

Iniziai ad avvicinarmi con le tronchesine alla rete metallica del tunnel. La raggiunsi e la tastai per saggiarne la consistenza. La zona era fiocamente illuminata da alcuni vecchi lampioni abbastanza distanti da quel punto, evidentemente nessuno aveva mai praticato un foro nella rete di protezione provenendo dal Marocco ... per entrare clandestinamente in Marocco!

Ridevo nervosamente a questo pensiero, trattenendomi dal farlo rumorosamente. Con pochi colpi avevo fatto un taglio a sportello, apribile dal basso, sufficiente a farmi passare e mi rilassai in attesa dell'alba, sdraiato a terra sulla sabbia. Avrei destato sospetti se, da turista fossi giunto a piedi al passo di frontiera di Bab Ceuta a quell'ora della notte. Ritenevo che dal lato spagnolo fosse stato chiuso almeno fino all'alba. Non ne ero certo, ma preferii non rischiare e attendere il primo chiarore del sole. Non appena mi resi conto che il sole stava per sorgere, dal chiarore che vedevo all'orizzonte sul mare verso oriente, però, per evitare di doverlo fare davanti ad occhi indiscreti, magari di turisti veri diretti in Marocco, aprii lo sportello praticato sulla rete e, dopo aver passato la mia borsa entrai nel tunnel del passaggio doganale. Pensai anche che, forse, potevo dirigermi verso la Spagna ed evitare di essere arrestato in Marocco, ma questo era impossibile. Quel passaggio era diretto in Marocco, quello verso la Spagna era dall'altra parte. Andare in senso contrario avrebbe autorizzato la polizia di frontiera marocchina anche a fare fuoco e a quel punto, nella migliore delle ipotesi, sarei stato catturato mentre cercavo di lasciare clandestinamente il Marocco e tutto sarebbe stato inutile, tanto valeva consegnarsi a Oujda.

Così andai incontro al mio destino, verso la porta dell'Africa, con cinque rolex di contrabbando nella borsa, un passaporto italiano ed un libretto di navigazione da macchinista navale. Rallentai il passo e mi fermavo spesso a legarmi le scarpe o a soffiarmi il naso. Sapevo che le sentinelle a quell'ora cascano dal sonno. Se non era suonato nessun allarme, evidentemente nessuna sentinella mi aveva visto comparire dal nulla nel tunnel e ora, appena mi avessero visto, il mio comportamento appariva del tutto normale. Sarei stato il primo di quella mattina. Chissà, riflettevo mentre camminavo, ad avere fortuna non scoprono gli orologi e mi mettono il visto d'ingresso sul passaporto. Così avrei potuto correre a Tangeri a prendere un aereo per la Spagna ... Sogni dell'alba!

All'uscita dal tunnel il Marocco si mostrava con la casermetta della dogana a sinistra, verso la spiaggia. C'era una costruzione bassa, a un solo piano, un bancone in muratura per il controllo bagagli e alle spalle una specie di cortile interno con due porte metalliche arrugginite, con uno spioncino che rivelava che si trattava di celle. Arrivai rassegnato al controllo, posai la borsa sul bancone e tirai fuori il passaporto e il libretto di navigazione per mostrarli al doganiere. Un ragazzo giovane, stava già controllando i bagagli dei primi Marocchini che si recavano a Ceuta, in Spagna, a vendere le loro mercanzie al mercato. Borse piene di frutta e polli da spennare. Arrivò davanti a me che gli misi i documenti in mano, sperando ancora che non aprisse la borsa, a volte capita. Ma non questa volta. Il doganiere aprì la borsa, trovò gli orologi e disse con sorpresa:
-"... Contrabbando!"

Arrivarono gli altri e mi circondarono, mi portarono nell'Ufficio del comandante di quel valico di frontiera e mi ritirarono i documenti.

L'ufficio del sottufficiale comandante era spoglio, pareti bianche, tavolo metallico dipinto color crema e sedie simili, da vecchio ambulatorio medico degli anni cinquanta in Italia. Un telefono nero, qualche carta sul tavolo. Il sottufficiale sembrava un brav'uomo. Si era probabilmente arruolato sotto il governo coloniale francese e ne aveva mantenuti i modi. Mi fece le domande di rito in francese, mi chiese perché fossi entrato in Marocco con orologi di contrabbando e perché non li avessi dichiarati.

-"Perché non avete dichiarato questi orologi alla dogana Monsier?"

-"Non pensavo di doverli dichiarare, Ceuta è un porto franco e tutti comprano cose così per fare dei regali. Non sono certo dei Rolex autentici. Sono marittimo, sono sbarcato a Ceuta dal Mercantile dove lavoravo per rientrare a casa e l'aeroporto più vicino è quello di Tangeri, a cinquanta chilometri da qui. Ci stavo andando per prendere un aereo verso la Spagna o verso la Tunisia, che è più vicina alla Sardegna dove vivo. Da Tunisi posso prendere un traghetto Tirrenia per Cagliari e sarei arrivato ... Vivo a poca distanza da Cagliari – replicai. In realtà pensando, però - Se li avessi dichiarati, comunque il doganiere avrebbe dovuto avvertire il comando e, da li, ad arrivare al Procuratore del Re la notizia ci avrebbe messo qualche minuto. Il Procuratore del Re certamente non mi avrebbe messo il visto sul passaporto ... Invece, Tu si!".

Il capo dogana scrisse le mie parole, e non sembrava insospettito. Mi lasciò da solo qualche minuto e dopo un po' ritornò riconsegnandomi i documenti ... Aprii trepidante e speranzoso il passaporto ed ebbi un soprassalto che feci fatica a soffocare quando vidi il timbro d'ingresso con la data, 19 Novembre 1985!

Mai una vittoria mi sembrò più completa. Ero entusiasta, ma non dovevo dimenticare che stavo interpretando il ruolo di un marittimo in transito che era stato colto in flagrante infrazione doganale, dunque, l'entusiasmo era del tutto fuori luogo, infine ero in attesa che mi comunicassero l'importo della multa da pagare.

Il sottufficiale aveva terminato il suo rapporto e si rivolse di nuovo a me in francese. Evidentemente era originario del Sud, ex colonia francese. Aveva dei modi affabili, si notava che aveva piacere di poter parlare la "Langue Français avec quelque'un". Lo guardai e studiai provando comprensione per lui e pensando che mi ricordava quell'ufficiale nel deserto dei tartari, che attendeva l'arrivo del nemico che non arrivava mai o di poter tornare a casa. Doveva sentirsi così, ex sottufficiale della polizia doganale della colonia francese del Marocco, abituato ai fasti della civilissima Casablanca, ritrovatosi di colpo sottufficiale delle dogane di Re Hassan II, sbattuto nel nord arretrato e di lingua spagnola a dirigere quella piccola stazione sperduta ai piedi del Rif, in zona tribale.

-"Monsieur, purtroppo lei ha commesso un'infrazione doganale e dovrà pagare la multa prevista per il contrabbando di quegli orologi. Non sappiamo quanto e stiamo attendendo che da Tetouan ci sia comunicata la cifra, dopodiché lei pagherà e potrà proseguire il suo viaggio" – mi comunicò il sottufficiale di dogana. Ricordo che mi costò mantenere un atteggiamento perlomeno triste, ma ci riuscii egregiamente chiedendo:

-"Non ne ha nemmeno un'idea Monsier? Si tratta di cinque orologi falsi, bigiotteria, non potremmo metterci d'accordo su una cifra equa e regolarla tra di noi?".

No Monsieur, abbiamo dovuto comunicare con l'ufficio doganale per sapere come comportarci essendo il primo caso del genere ed ora non possiamo fare più nulla, ogni decisione deve essere presa dall'Ufficio della dogana. Ma non ci vorrà molto. Potrà aspettare nel piazzale, vicino al banco doganale o restare in quest'ufficio se preferisce".

-"Attenderò all'aperto allora, c'è un bel sole. Mercì beaucoup Monsieur".

Nel piazzale doganale, dietro il bancone, mi appoggiai al muro a cercare il calore del primo sole ormai già alto e piacevole dopo quella gelida notte. Il traffico era ormai quello solito dei marocchini che escono con mercanzie da vendere al mercato di Ceuta. Povera gente carica di frutta, verdura e qualche pollo. Poche pesetas che, comunque, risolvevano la loro vita. Riconobbi un uomo tra la folla con un soprassalto, era Abd El Krimm, evidentemente il vecchio amico era in ansia e voleva sincerarsi che fosse andato tutto bene. Fece uno scatto interrogativo, quasi impercettibile, della testa e il mio occhiolino di risposta fu tutto il dialogo tra noi. El Krimm si allontanò dal bancone della dogana. Dopo pochi minuti sentii alle mie spalle una specie di grillo cantare, mi voltai e lo vidi ... si era avvicinato dall'altro lato per parlare non visto con me.

-"Allora Gissa, fratello mio, racconta".

-"Tutto bene Abdel, tutto come previsto, anzi meglio. Solo il freddo

184

di stanotte, quello non l'avevo previsto, ma è passato. Mi hanno trovato gli orologi e hanno fatto rapporto, ora dovrò pagare una multa e lo farò volentieri, perché nel frattempo mi hanno messo il visto d'ingresso sul passaporto in data odierna dal passo di Ceuta. Un alibi di ferro, addirittura con un rapporto doganale che attesta che sono entrato in Marocco questa mattina proveniente da Ceuta. Qualunque cosa abbia dichiarato chi mi ha tradito ... il suo piano è fallito. Ora devo attendere che da Tetouan comunichino quant'è la multa da pagare, pagherò e potrò tornare in Italia, ne approfitterò per rivedere mia moglie, sta per nascere mio figlio".
-"Ma perché parli di tradimento amico mio? Cosa te lo fa pensare? A volte capita di essere scoperti, senza che nessuno ci abbia tradito".
-"Non a me. A me non è mai successo e comunque non sono semplici sospetti i miei, ho prove certe di quanto dico, anche se non posso sapere chi e perché l'ha fatto. Ho ricevuto due ordini contraddittori da Roma e già questo mi aveva messo in uno stato di allerta. Poi, quella situazione strana al passo di Oujda, ha fatto il resto" - dissi.
-"Se è così, allora, mi devi dire di più amico mio, anche noi siamo sempre in pericolo e potremmo essere traditi. Se c'è un tradimento, c'è un traditore e dobbiamo sapere tutti chi è" - replicò.
-"Sì, posso raccontarti tutto, ma non credo che riguardi la tua gente o il Marocco, questa è una cosa che arriva dall'Italia, ma è giusto che tu sappia per poterlo escludere" - precisai.
Raccontai tutto ad Abd el Krimm, mentre tutt'intorno si muovevano persone e mezzi in entrata e uscita verso la Spagna.
-"Il 10 ottobre '85 ed il 7 novembre '85, ricevetti due raccomandate a mano. Con la prima mi si affidava un plico sigillato da consegnare al passo di Oujda a G-65, mio buon amico, nonché mio compaesano. Lo avevo incontrato a Tunisi, però, prima che partisse alla volta di Oujda e, com'è ovvio, glielo consegnai a cena, in un ristorante in Avenue Ben Bourghiba ... dagli Iraqeni, sai? In quell'occasione mi riferì anche, per sommi capi, la situazione in Algeria. Una situazione che non era dissimile dalle altre che conoscevo personalmente. In ogni caso, l'unione con la Libia era stata interrotta anche lì, e questo era lo scopo principale di tutta l'operazione Akbar Maghreb. Mi riferì anche che la situazione stava sfuggendo di mano perché i capi di Akbar Maghreb, come ben sai, si ritrovavano contro una forte

presenza d'integralisti Islamici di una setta particolare e gli scarsi aiuti ottenuti dall'Italia, rispetto a quelli su cui poteva contare questa setta, che lui mi diceva antichissima e proveniente dall'Oriente Sciita, non gli davano troppa forza contrattuale. Intendendo dire che l'ex Savak iraniana, comunque fosse chiamata dagli Ayatollah, era nel gioco e stava guidando le operazioni contrarie.

Una situazione difficile per noi. Tuttavia, si stava ottenendo di avere libere elezioni e, questo, essendo stato un cavallo di battaglia di A.M. gli dava ancora un certo prestigio. Gli chiesi di saperne di più sulla setta di cui mi stava riferendo, in quanto anche io mi ci ero imbattuto e potevo confermargli le stesse cose, ma ripeté quello che mi aveva già detto: sapeva che si trattava di una setta religiosa proveniente dall'Iran, quindi Sciita. Perciò doveva avere legami con quei movimenti, finanziati da Teheran, che producevano martiri in Palestina ed erano forti anche in Libano. Volevano espandersi anche in Nord Africa. Io ne venni a conoscenza per la prima volta sulle rive del mar Caspio, in Persia, nel 1976. Gente tua, Berberi Algerini, bene informata, gli hanno detto che esiste dai tempi delle crociate in terra Santa, anche se si è mostrata di nuovo solo da pochi anni, in seguito alla rivoluzione Khomeinsta e della guerra Iran-Iraq: prepararono loro i martiri che si buttavano sulle mine Irakene durante quella guerra per far passare indenni i carri Iraniani.

Dopo avergli consegnato quel plico sigillato destinato a lui, aprendolo venimmo a sapere che conteneva strani ordini, per lo più già eseguiti, nonché richieste di rapporti già fatti e consegnati mesi prima. La cosa ci sembrò strana visto che, per consegnarli, impegnato com'ero negli addestramenti a Tabelballah, avrei dovuto spostarmi per un migliaio di chilometri attraverso l'Atlante, fino alle coste del Mediterraneo e Oujda, ai confini con l'Algeria.

Ma pensammo a quegli imboscati del Ministero, impegnati a grattarsele dalla mattina alla sera, che avevano sbagliato a imbustare gli ordini. Chiudemmo la questione considerando che li correggeranno quando si accorgeranno d'aver sbagliato.

Così, quando poche settimane dopo, il 7 Novembre, ricevetti un nuovo ordine da consegnare a Oujda, mentre mi trovavo nei campi a Sud, avendo già ricevuto l'ordine del 10 ottobre, ovvero di recarmi al nostro campo per selezionare altro personale pronto a partire per l'Afghanistan, mi preoccupai solo di fare presto, in modo da poter ritornare a casa e stare con mia moglie per la nascita di nostro figlio come mi era stato promesso. Stavo ultimando l'addestramento di un altro reparto di volontari, una volta pronti sarei stato libero per tutto dicembre e gennaio: mio figlio deve nascere tra la fine di dicembre e i primi di gennaio. Graziella non voleva lasciarmi partire, non so se per presentimento o semplicemente perché non vorrebbe restare sola proprio in quel momento. E' abituata a vedermi partire ma, solitamente, da quando ci siamo sposati, al massimo ogni due settimane ero di ritorno.

La convinsi dicendole che si trattava di due settimane al massimo, le solite!

-"G-65 allora è Moustache, quello della tua tribù che ti accompagnò sul Rif quella volta?" – chiese.

Risi a quelle parole nonostante la situazione in cui mi trovavo e gli ribadii concetti che non aveva mai capito:

-"No ... non abbiamo più tribù in Italia! G-65 è un mio paesano, Sardo e del mio stesso paese. No, non quello, Moustache si chiama Franco, ed è anche lui mio paesano, l'avevi conosciuto in Ketama nel 1983 ... hai buona memoria vedo.

Raggiunsi l'eliporto di Oum Dreyga, nel Sahara occidentale, in una zona controllata dai Sarahui e dal polisario in elicottero e da lì il campo Sahariano in land rover. Verificai rapidamente che dei volontari, almeno un centinaio, si potevano considerare all'altezza di combattere come soldati e quelli furono preparati alla partenza per il fronte Russo in Afghanistan: uno degli impegni che, come sai, assumemmo con il movimento Islamico democratico di Akbar Maghreb. Ormai la presenza mia e di altri istruttori che si alternavano con me era sempre meno necessaria. Ci recavamo al campo per ispezioni ordinarie e per fare il rapporto trimestrale sulle condizioni dello stesso. Tra i primi Berberi che addestrammo ne, avevamo selezionato alcuni, particolarmente dotati, per tenerli al campo ad istruire gli altri. I primi tempi la nostra presenza restava necessaria: una cosa è essere ben addestrati, altra cosa è addestrare altri. Col passare dei mesi, però, ci rendemmo conto che eravamo diventati del tutto superflui. Sai bene che la tua gente impara presto a usare le armi ... ah ah ah!"

-"Sì ... mio padre m'insegnò a sparare appena le mie mani furono in grado di reggere un fucile e lo stesso faccio io con i miei figli. Al

maggiore ho già regalato un Kalashnikov ... dovresti vedere come lo porta con fierezza!"
-"Questa è una cosa che piacerebbe fare anche a me con mio figlio, ma in Italia finirei arrestato!"
-"In Italia arrestano i padri che insegnano ai figli ad essere uomini?"
-"Lascia perdere Abdel ... non capiresti!
Appena dieci giorni dopo aver ricevuto quell'ordine, il 17 novembre 1985, attraversai l'Oum Er Rebìa, il fiume che scorre ai piedi dell'Atlante, nei pressi del nostro campo, tracciando i confini Sud tra Algeria e Marocco e che sfocia in Atlantico, per raggiungere Querzazate, in Marocco e, da lì, con diversi mezzi di linea marocchini, il passo di Oujda, come indicava l'ordine. Dopo la consegna di quest'altro plico, dovevo raggiungere Ceuta e attendere lì nuove disposizioni. Quando raggiunsi di nuovo il Ketama pensai a Franco, quello che ti ricordi ... Moustache d'Or!"
-"Certo che lo ricordo ... Come sta?" – chiese ridendo.
-"Non bene, purtroppo ha perso la vista, è completamente cieco, una brutta situazione".
-"Allah lo protegga, mi dispiace, la Suerte riserva sempre delle sorprese e prove da superare a ciascuno di noi" – rispose.
-"Già, e a me ne stava riservando una davvero definitiva ..." - considerai, pensando che, forse, questa volta avrei potuto portarlo con me, lasciarlo qualche giorno all'Hotel Tidighine (*Tidrìn*), tra gli amici del Rif e, poi, a missione conclusa, riportarlo con me, a casa.
Dimenticavo sempre che Franco, ormai, era completamente cieco, non potevo certo lasciarlo solo e, visto come finì, meno male che non lo feci!
Infatti, al passo di Oujda vidi quello strano movimento di agenti che controllavano i passeggeri, non erano i soliti doganieri. Tano non c'era, eppure avrebbe dovuto essere li. Quindi mi allontanai e raggiunsi Tetouan (*Tituàn*).
Secondo gli ordini ricevuti con quella raccomandata a mano, dovevo passarlo per raggiungere Ceuta e attendervi nuove disposizioni.
La cosa mi suonò davvero strana, ripassai nella memoria tutto quel che ci dicemmo con Tano a proposito del plico d'Ottobre e, nella corriera che mi portava alla frontiera, ebbi una specie di visione diurna. Non un presentimento, ma qualcosa di più: vidi la polizia Doganale marocchina che mi arrestava e, come in una visione

magica, il seguito era la morte insieme a molti dei capi di A.M. Una visione così reale da darmi i brividi.

Ho sempre dato retta alle mie intuizioni, le considero informazioni date da Dio in persona a uno dei suoi soldati più fedeli. Non mi avevano mai ingannato!

La sensazione, sempre più prepotente, era quella di essere stato tradito e non potevo ricacciarla indietro, si ripresentava più forte.

Andare avanti mi avrebbe condotto a morte certa, ma anche tornare indietro mi era impossibile, sarei stato segnalato alle frontiere e mi avrebbero preso in ogni caso appena mi fossi presentato col passaporto italiano, senza visti d'ingresso.

Stando così le cose, l'arresto era inevitabile, quindi considerai che la cosa migliore fosse di organizzarlo io, anziché i traditori. Il resto lo sai, decisi di farmi arrestare ma mentre entravo in Marocco e non mentre ne uscivo ... costituendomi così un alibi di ferro!

Qualunque cosa gli avessero soffiato sul motivo per cui mi trovavo in Marocco, arrestarmi mentre entravo, anziché mentre ne uscivo, gli avrebbe impedito di incriminarmi sventando il loro piano infame.

Ecco, ora sai tutto e sarai d'accordo con me che se come credo è stato un tradimento, questo arrivava da chi mi ha inviato quegli ordini e, probabilmente, non era chi li aveva firmati, perché era una ripetizione di ordini già ricevuti e già eseguiti".

-"Per Allah misericordioso è diabolico. Ma tu non hai idea del perché?" – chiese incredulo.

-"Del perché no, nessuna idea. Credo però che sia abbastanza evidente che qualcuno si dev'essere intromesso nella nostra linea di comando e questo qualcuno ha organizzato la mia fine.

Non posso nemmeno pensare di essermi fatto dei nemici a Roma perché non ci sono mai, sono sempre in giro per il mondo. Ma stai certo che appena ci arriverò cercherò di scoprirlo".

-"Inshallah amico mio. Allah ti ha protetto finora, ti proteggerà ancora. Ti lascio, non vorrei rovinare il tuo piano ..." – disse allontanandosi. Avevamo conversato stando appoggiati al muro del piazzale doganale, quello ad angolo, uno di spalle all'altro. Nessuno ci aveva notati e ora Abdel Krimm si ritirava rasente il muro, scomparendo alla vista verso la città di Tetouan.

Poco dopo il sottufficiale si affacciò nel piazzale e m'invitò a raggiungerlo nel suo ufficio con un cenno.

Lo stesso ufficio di prima, ma che sembrava ancora più squallido dopo aver sentito la comunicazione che la Dogana a Tetouan aveva valutato la multa doganale in cinquantamila Dirham (Diecimilioni di lire). Una cifra spropositata e ingiustificata, il sottufficiale era arrossito dicendolo, ma non poteva farci niente. Non avevo una simile cifra a disposizione e chiesi al sottufficiale cosa sarebbe successo adesso.

-"Monsier, normalmente si trattiene il trasgressore fino a che qualcuno non pagherà la multa per lui, ma si tratta di grossi carichi di merce su camion o su barche. E' la prima volta che capita di doverlo fare per cinque montres (orologi) ... Non capisco, ma l'ordine arriva dal Procuratore del Re in persona. Non posso fare altro che eseguirlo".

A quelle parole capii che non ci sarebbe stato niente da fare. Il Procuratore del Re era lo stesso che aveva dato gli ordini di ricercarmi e alla notizia che ero stato fermato all'ingresso in Marocco con degli orologi non dichiarati doveva aver avuto un brutto colpo. Voleva vendicarsi per essere stato giocato così. Dovevo stare al gioco, un gioco d'Intelligence ... anche perché non potevo fare altro, tantomeno perdere.

Decisi di bluffare ... I giocatori di poker sanno che i bluff si fanno quando si hanno brutte carte e peggiori di quelle era difficile averne. Ma avevo un punto buono su cui puntare: il loro visto d'ingresso in data 19 Novembre 1995!

-"Monsier, io non vedo vie d'uscita. Non dispongo di una simile somma, questa non sembra una richiesta di multa doganale, ma un riscatto vero e proprio" – affermai indignato.

-"In altre vesti potrei essere d'accordo con voi, ma non posso fare altro che chiedervi di pagare oppure, se volete potete fare una telefonata al vostro consolato a Tangeri che potrebbe informare la vostra famiglia e far arrivare quella somma perché voi possiate essere liberato. Nel frattempo, però, devo trattenervi qui, a disposizione del Procuratore del Re" – mi disse, sinceramente imbarazzato. Sapeva bene che avrebbe dovuto infliggermi una multa da qualche centinaio di Dirham ... 50.000 Dirham erano uno sproposito, ma era un ordine del Procuratore del Re in persona e non ammetteva repliche ne contrattazioni.

Il capo dogana con queste parole si lavò le mani di quella strana decisione e mi consegnò a due doganieri perché mi accompagnassero alla cella.

Attraversai di nuovo quel piazzale, fino a giungere davanti alla porta di ferro che avevo notato all'arrivo. Ebbi così modo di vederla anche dall'interno questa volta: era una stanza piccolissima nella quale potevo avere anche difficoltà a stare in piedi o a sdraiarmi a terra. C'era un tappeto arrotolato in un angolo, probabilmente sequestrato a qualcuno che voleva portarlo a Ceuta. Mi fecero entrare con la borsa e chiusero la porta alle mie spalle. Mi guardai intorno nella semi oscurità e pensai a voce alta:

-"Proprio un'ottima situazione ... di quelle dalle quali si può solo migliorare perché peggio di così ...".

Quella notte fu peggiore della precedente, quella passata sulla spiaggia. Il pavimento era umido e la stanza gelida. Ripensavo a mia moglie quando mi stringevo quella giacca a vento addosso. Era l'unico indumento caldo di cui disponessi. Mi avvolsi in quel tappeto per cercare di dormire un po' rannicchiato malamente sul pavimento. L'indomani nessuno venne a cercarmi o a comunicarmi qualcosa, e nemmeno a portarmi da mangiare e nemmeno acqua. Così per tre giorni. Il Procuratore del Re doveva essere davvero furioso!

Eppure, avevo ancora la voglia di sorridere. Nonostante quella situazione ero consapevole di avere vinto, così come il Procuratore lo era di avere perso!

Ero ufficialmente nelle mani della dogana, trattenuto per ordine del Procuratore di Re Hassan, mentre entravo in Marocco. Erano responsabili di qualsiasi cosa mi accadesse. Il quarto giorno fui invitato a mangiare del pollo e mi venne data anche la possibilità di avere una bottiglia d'acqua. Mantenevo l'espressione addolorata di chi si trova in una simile situazione, ma spesso dovevo trattenermi dal ridere. Le privazioni, il freddo e il digiuno mi davano stati di trance nei quali rivedevo i fatti accaduti e avevo anche delle visioni.

Ricordai meglio, così, la visione sulla corriera, quella in cui mi vedevo arrestato e ricordai che questa cella era uguale a quella che avevo visto in "sogno", come si trattasse di un dejavue. L'ultima mattina sentii aprirsi lo spioncino della porta, ero accucciato, mi alzai in piedi. Vidi il giovane doganiere che mi aveva fermato; era triste e mi guardava con sincera compassione, pentito di non avermi lasciato passare, non poteva immaginare che sarebbe andata così!

Si rendeva conto che il comportamento dei suoi superiori era spropositato per un marittimo in transito a Bab Ceuta con qualche orologio.

-"Vous devoir éprouver la votre résistance monsieur" - mi disse, prima di andar via. L'ultima notte che passai in quel gabbio, a causa delle privazioni, del digiuno e della solitudine ebbi una visione: vidi Graziella che aveva in braccio un bambino, un maschio; era una visione serena e una specie di polvere d'oro ricadeva su tutto. Mi sentii felice. Non era la prima volta che avevo visioni simili, erano premonizioni che si erano rivelate sempre fondate e attesi gli eventi con la consapevolezza che ciò che conta davvero sarebbe andato a buon fine. Quella stessa mattina fui condotto alla presenza del Procuratore del Re, nel suo palazzo a Tetouan.

Non era come me lo aspettavo, non era bruno, ma chiaro di capelli, dal colorito rossiccio, non sembrava maghrebino, piuttosto un figlio della dominazione coloniale Spagnola.

Il suo ufficio assomigliava a quello di tutti i Procuratori del mondo. Grande scrivania di legno scuro, armadi intarsiati pieni di codici, quadro alla parete con l'effige del Re Hassan e lui, in piedi dietro la scrivania, che fissava furioso l'uomo incatenato che lo sfidava, in piedi davanti a lui, tra due gendarmi.

Il Procuratore chiese in Spagnolo se avessi qualcosa da dire

-"... Io ero diretto a Tangeri a prendere l'aereo per Tunisi per tornarmene a casa. Non pensavo che fosse così grave avere quegli orologi. La multa che mi chiedete è spropositata. Io non posso pagarla. Ho del denaro con me, posso pagare con quella cifra, ma sono circa tre mila Dirham..." – dichiarai, facendolo letteralmente infuriare. Se avessi avuto un ciuccio me lo sarei messo in bocca e gli avrei dato anche una ciucciatina per avere un aria ancora più innocente, ma al Procuratore del Re questo non piacque.

-"Guardala! Guardala, perché ti mando nella fortezza di Tetouan, nelle segrete. Ci starai finché qualcuno non pagherà la multa per te" – disse, infatti. Guardala in spagnolo significava custodiscila, abbine cura ... un modo per farmi intendere che mi mandava tra la perduta gente! Come diceva Dante Alighieri nel suo Inferno.

Le guardie mi condussero via, verso la fortezza di Tetouan. Mentre uscivano lo guardavano stupiti. Nessuno capiva il perché di questo accanimento contro un povero turista che aveva cinque orologi non dichiarati ... roba da poche centinaia di Dirham di multa ad essere sfortunati. Ma videro il Procuratore rifiutare un pagamento di tremila Dirham, dieci mesi del loro stipendio e non se lo sapevano spiegare! Io sì: si stava vendicando. Almeno, non potendo farmi altro, mi faceva stare in carcere, nella peggiore delle fortezze Islamiche, per il tempo del processo e fino a che non fosse pagata quella multa.

Una cancellata di ferro si apriva all'ingresso della fortezza di Tetouan, dietro ad essa delle scale portavano nelle celle seminterrate. I pavimenti sudici e consumati dal tempo erano a scacchi neri e un colore che un tempo, forse, era stato bianco. La colonna sonora era fatta da lamenti e una nenia che copriva tutto. Qualcuno recitava, cantilenandole, le sure del Corano. Mi tolsero le pesanti catene che stringevano i miei polsi e due quartiglieri dall'aspetto demoniaco mi accompagnarono, attraverso uno stretto corridoio che si apriva a sinistra di quello principale, al magazzino dove consegnare gli effetti personali e i bagagli. Lungo il tragitto vidi alcune celle che contenevano dei bambini. Stavano fumando, si avvicinarono alle sbarre della porta al mio passaggio. Erano bambini di strada che fuggivano dagli orfanotrofi del Marocco. Davanti al magazziniere contarono i miei soldi, l'orologio, la fede matrimoniale, la cintura e mi fecero firmare l'elenco sul libro. Poi, mi portarono alle celle. Mai nella mia vita avevo visto un simile squallore. Stavo sprofondando sempre più in basso. Una cosa che sembrava non finire mai.

Aprirono una porta con gran fragore di chiavistelli antichi. Dava in un grande camerone stracolmo di persone, mi fecero entrare e richiusero la porta. Subito a destra, una persona che occupava lo spazio ad angolo con una coperta marrone di tipo militare stesa a terra, ordinò ad altri di fornirmene una con pochi ordini in arabo prontamente eseguiti. Si chiamava Jamel, era trentenne, con baffi e pizzetto ben curati, nonostante le condizioni generali in cui si trovavano. Mi fece accomodare sulla coperta stesa a terra davanti ai suoi piedi. In fondo alla sala scoppiò una lite, subito la porta si aprì ed entrarono alcuni guardiani armati di bastoni con i quali massacrarono i due litiganti che vennero trascinati via macchiando col loro sangue il pavimento lurido.

-"Devi tenere sotto controllo i nervi Gissa ... le guardie usano la tortura e molti non usciranno mai più di qui. Quello di fronte a noi è stato rinchiuso nel cascio per venti giorni ed ha perso l'uso delle gambe, ma non l'hanno liberato. Ora è lì, finché durerà" – mi disse sorprendendomi.

-"Mi conosci? … come sai quel nome?" – chiesi.

-"I tuoi amici sono i miei amici. Ti aspettavo, mi avevano avvertito che saresti arrivato. Qui non puoi sopravvivere senza aiuto. Il cibo è scarso, non è sufficiente alla vita, ma permettono alle famiglie di portare provviste ai prigionieri due volte la settimana. Mangerai con me … Hai fame?"

Jamel tirò fuori da dietro il suo giaciglio dei portavivande di plastica contenenti olive condite con aglio e olio, pane nero e mangiammo.

-"Buone … Non credevo che sarei finito in un posto simile per una multa doganale. Sono proprio impazziti …" – dissi.

-"No, in Marocco è normale. Qualunque cosa succeda si finisce arrestati, poi il Giudice decide se devi essere liberato o restare e per quanto. Ci sono persone che hanno avuto un incidente d'auto e sono stati portati subito qui. Magari il primo lunedì o giovedì il giudice li fa liberare, ma fino a quel momento restano in carcere e se perderanno la testa saranno puniti come hai visto. Quelli ora sono nel cascio. Un buco dove non si può stare in piedi, gelido d'inverno e rovente d'estate e i guardiani lo completano gettando secchiate d'acqua sui prigionieri. Si può morire là dentro. Il Lunedì e il Giovedì, chi ha udienza è incatenato e caricato sui furgoni diretto al Tribunale per il giudizio, fino alla Sentenza di liberazione o di condanna" – spiegò Jamel.

-"Accidenti, proprio un bel quadretto ed io che pensavo, nel cascio alla dogana, che più giù di così non si poteva andare. Invece vedo che si può scavare!"

Ridemmo entrambi a queste mie parole, pronunciate in spagnolo. La prima notte fu terribile. Sdraiato su quella coperta e avvolto nella giacca a vento di Graziella con la testa poggiata sugli stivali a fungere da cuscino, con quel fetore di sporcizia nelle narici e i lamenti che sarebbero stati la colonna sonora costante dei miei prossimi giorni, unita al freddo che mi penetrava nelle ossa, cercavo una via d'uscita, ma mi rendevo conto di non averne. Dovevo resistere e andare avanti, nessun'altra direzione mi era possibile.

Pur preparato a tutto, per me l'impatto fu notevole! Se quella settimana, in quel gabbio sulla costa, avevo visto l'anticamera dell'inferno, quelle segrete buie e affollate erano l'Inferno!

La giornata passava lenta tra i racconti: ognuno narrava la sua storia, esponendo e mimando con dovizia di particolari e in maniera degna di consumati attori, il motivo che l'aveva portato lì, nelle segrete della fortezza.

Una storia fece ridere tutti: un piccolo beduino, nel senso che era di bassa statura, raccontava di essersi presentato alla frontiera con l'idea di vendere un pollo a Ceuta. Per quanto può apparire strano, ci sono famiglie che vivono solo per essere riuscite a portare un pollo a Ceuta e venderlo in quel mercato: il ricavato era sufficiente a vivere un altro giorno.

Mohammed, così si chiamava, raccontò:

-"Avevo nascosto il pollo, ben spennato, sotto la Jelapa, (la tunica con cappuccio usata da tutti, laggiù). Avevo notato, già da Tetouan, un camion che sotto al carico di merci dirette al mercato Spagnolo di Ceuta aveva pani di hashish. C'erano i cani antidroga alla frontiera e pensai che, camminando dietro al camion, i cani avrebbero sentito l'hashish ed io, col mio pollo sarei passato indenne. Appena arrivato davanti ai controlli doganali, invece, i cani lasciarono passare il camion con l'hashish avventandosi su di me e il mio pollo. In più, dopo aver perso il pollo ed essermi preso anche qualche morso dai cani, i doganieri mi arrestarono e mi portarono nella fortezza".

Risero tutti davvero a crepapelle! Ancor più degli altri risi io, perché fui l'unico a non credere alla sua ingenuità. Avevo la certezza che lui sapesse che i cani, tenuti affamati per cercare l'hashish, si sarebbero gettati sul suo pollo ... lasciando passare il carico.

Incrociando il suo sguardo, a fine racconto, un lampo d'astuzia nei suoi occhi, sopra al suo naso adunco da beduino, mi fece capire che avevo visto giusto. Bravo! Ora anche lui deve avere pazienza e aspettare la sua multa per contrabbando di ... un pollo!

Contemporaneamente Mohamed comprese che anch'io avevo capito e, tra noi, ci fu una risata supplementare. Del resto, nella fortezza ero ormai famoso come l'italiano dei montres (orologi) e qualcuno ci scherzava gridando al mio passaggio, diretto verso il Tribunale, ogni Lunes e Jueves per l'udienza:

-"Italiano ... Que Hora es?"

L'indomani mi arrivò un messaggio. Veniva dagli uomini di Akbar Maghreb rinchiusi lì, alcuni dal gennaio 1984, arrestati in seguito all'insurrezione chiamata Guerra del Pane a cui partecipammo anche noi, essendo stata organizzata dal Nucleo G ... da Gladio.

Non volevano che fossi scoperto, per questo non si avvicinavano alla mia cella. Mi facevano sapere che, tra pochi giorni, sarei stato trasferito nella cella especial, con loro e così fu.

L'infermeria era una specie di sala di tortura, con attrezzi di ferro appesi alle pareti, dai segacci alle tenaglie. Una specie di lettino sgangherato in un lato. Ci ero finito a causa di un'unghia incarnita che m'impediva di camminare e aveva fatto gonfiare l'alluce destro divenuto di un colore rosso vivo e giallo di pus sui lati. Il Guardiano era stato chiaro. Aveva già visto infezioni così in quel luridume infetto ... se non strappava l'unghia si poteva arrivare a dover amputare l'arto in breve tempo. Lui, però, non aveva alcun anestetico, aveva solo le tenaglie e un coltello e con quelle poteva estirparmi l'unghia. In pochi giorni sarebbe guarita ... niente anestetico ovviamente!

In quella arrivarono due sottufficiali, uno era Runcifer, un vero Lucifero, portavano un messaggio dal Procuratore del Re:

-"Italiano, il Procuratore ti offre un ricovero in Ospedale a Tetouan, dove ti faranno l'anestesia e ti cureranno le unghie incarnite. Basta che confessi la verità, poi sarai libero di andare a casa ..."

-"Grazie, volentieri ... cosa dovrei confessare?" – chiesi con tono suadente e, con uno sguardo torvo Runcifer rispose:

-"Il Procuratore del Re dice che tu lo sai cosa devi confessare".

-"Mi dispiace, si sbaglia, ho confessato dove ho preso quegli orologi, a Ceuta, da uno sconosciuto nella piazza del mercato. Altro da confessare non c'è e non ho idea di cosa intende" – confermai con la faccia più innocente di questo mondo, sempre quella col ciucciotto in bocca! Avevo pronunciato queste parole guardando negli occhi Runcifer ed entrambi i due sottufficiali capirono che non ci sarebbe stata alcuna confessione. Runcifer aveva gli occhi dalle cornee gialle e le occhiaie cerchiate di nero sopra il naso adunco che tradiva la sua etnia e la brutta fama tra i prigionieri di amare le torture, che spesso doveva praticare perché parte delle punizioni corporali della Sharia, il codice islamico in vigore in Marocco.

-"Allora ... cosa decidi? Strappiamo le unghie o segheremo via il piede tra qualche giorno?" – chiese l'infermiere con le tenaglie in mano. Avevo ben compreso di non avere scelta. Dovevo farmela strappare o in tutta quella sporcizia l'infezione si sarebbe aggravata, forse fino a provocare davvero una cancrena. In ogni caso così non potevo nemmeno camminare e risposi:

-"… Strappala!"

Il Guardiano mi strinse con una cinghia al lettino di ferro entrambi i piedi e si girò a prendere le tenaglie, ma le impugnava già Runcifer che le faceva sbattere con un sorriso sadico dicendo:

-"…Ci penso io …"

-"Dammi uno straccio da stringere tra i denti" – chiesi all'infermiere. Lo straccio m'impedì di mordermi la lingua per il dolore e di gridare la mia rabbia. Dopo lo strappo il sudore sembrava freddo sulla pelle rovente. Il dito ferito pulsava e, sotto le unghie, misto al sangue colava del pus. In fondo era stata brava quella carogna. Davvero rapido, ma ora era terribile e insopportabile il dolore che faceva pulsare l'alluce. Lo sentivo come fosse il centro del mondo.

In quella, ancora peggio fu il bruciore provocato dall'alcool che l'infermiere ci spruzzò sopra. Trovavo consolazione solo nell'augurare a chi mi aveva messo in quella situazione di essere ricambiato da Dio con egual moneta e nel chiedere a Dio di esaudire le mie richieste.

Ci pensò Runcifer a farmi dimenticare l'alluce, trovando delle "altre infezioni" che non sapevo di avere e strappandomi anche le altre unghie … con calma, senza nessuna fretta.

Fui riportato in cella da alcuni prigionieri che erano stati chiamati.

Per un bel po' avrei dovuto dimenticare di poter camminare.

La cella especial dove ero stato trasferito era più piccola, con solo dodici, a volte quindici persone, ma oltre alla coperta c'era un materasso di crine tra me e il pavimento. Mi sembrò un vero lusso! Anche se certamente questo non la rendeva esente dalle cimici che mi tormentavano infliggendomi punture dolorosissime e improvvise. Di fronte c'era una stanza separata per il cesso; una coperta marrone appiccata al muro con dei chiodi come porta e persino un rubinetto di acqua corrente. In alto a sinistra un'inferriata dalla quale arrivava un po' di luce.

Anche per mangiare non avevo più problemi: le famiglie di A.M. portavano vassoi di cibo da casa due volte la settimana, compreso buon pane cotto a legna. Questa era la cella especial della fortezza di Re Hassan.

Entrando nella cella "especial" commentai a voce alta:

-"Beni … seus andendi a mellus dias! … at 'a passai kusta pura! (Andiamo a migliorare, passerà anche questa!).

Alle ore comandate dalla fede Islamica, cinque volte il giorno, molti prigionieri incominciavano il rito della preghiera. Dovevo stare da parte perché, essendo Cristiano, se fossi passato davanti l'avrei invalidata e avrebbero dovuto ricominciare tutto. Al tramonto e all'alba, la voce del Muezzin, dal minareto, arrivava fin lì e si diffondeva nei sotterranei. Pochi minuti di silenzio assorto e, poi, iniziavano le nenie di quelli che conoscevano a memoria le 114 Sure e gli oltre seimila Ayat (versetti) del Corano, che recitavano, cantilenandoli, per ore … Un vero strazio!

Del resto, se era l'inferno, come potevano mancare i lamenti delle anime dannate? Perché, tra quei sotterranei oscuri, proprio questo sembravano!

Attraverso le sbarre della porta della mia cella, a volte, lasciata aperta per farci prendere aria, potevo osservare quella di fronte. Erano giorni che notavo due Islamici che discutevano tra loro, uno di fronte all'altro con le mani a dita incrociate sul ventre, si guardavano le babushe sui piedi che spuntavano dalla loro Jilaba. Le indicavano e discutevano in Arabo. Sembrava che si dicessero cose avvincenti vista la passione che ponevano nelle loro incomprensibili parole. Questo era curioso e chiesi a uno dei miei compagni di cella, Berbero di lingua spagnola:

"Discutono di religione … Decalos" (lasciali perdere) - rispose con un cenno di fastidio.

Avevo intuito, ovviamente, che stessero discutendo di religione, ma era tanto l'impegno che ci ponevano e da così tanto tempo che volevo sapere qual'era l'argomento teosofico della loro disputa.

Erano in cella di Philippe, lo svizzero che, di quando in quando, una guardia dal "cuore buono" che chiamavo Belzebù, perché aveva i soliti occhi cerchiati di nero, le labbra scure e si chiamava Bellebahr, faceva passare nella mia cella, per permetterci di fare due chiacchiere in francese!

Una di quelle volte mi ricordai di chiedere a lui di cosa discutessero in continuazione i due Islamici. La risposta mi lasciò di stucco. Li avrei davvero uccisi, per fortuna non erano nella mia cella o mi sarei rovinato!

-"Ah, quei due, sono dei folli, anch'io ero curioso di saperlo perchè li vedevo aprire i piedi e poi chiuderli, recitando versetti del Corano e rimproverandosi a vicenda. Sono sempre loro quelli che dall'alba al tramonto recitano con altri due invasati le sure del corano, le sanno tutte a memoria e secondo me potrebbero anche recitarle a rovescio. L'ho chiesto a un berbero che parla francese e mi ha ripetuto alcune delle frasi che si dicevano con tanto accanimento ... Bon! La discussione che li accalora così tanto, da spaccarci le balle dalla mattina alla sera è se, per recitare le preghiere, quando si deve stare in piedi, bisogna tenere i piedi aperti, oppure uniti ...!?! Ci sarebbe un imam che consiglia di farlo a piedi giunti, ma altri invece sono per le aperture dei piedi e loro non sanno decidersi per cosa è meglio fare, perciò provano e riprovano per vedere che effetto fa in un modo o nell'altro! ... Ah ah ah" – rispose ridendo e facendo ridere anche me. C'era poco da ridere, le nenie di quei due erano davvero deprimenti ma, in fondo, perfettamente in linea con tutto l'ambiente dell'hotel Tetouan.

La sala del barbiere era una cella con una fila di sedie davanti a dei vecchi lavandini e detenuti seduti, mentre altri li radevano con vecchi rasoi a lametta dopo averli insaponati sempre con lo stesso pennello e sempre con la stessa lametta. Un giorno Jamel, sedutosi vicino a me nella sala del barbiere in cui una volta la settimana si poteva andare per farsi sbarbare e tagliare i capelli (una vera tortura con quelle lame spuntate) riferì un messaggio proveniente da Abdel Krimm.

-"Il tuo amico ha parlato con un avvocato, ti fa sapere che se chiedi a tua moglie di pagare la multa sarai liberato subito, perché non hanno altro motivo per trattenerti. Se gli fai avere il numero di telefono l'avvertirà lui".

-"No, non è la soluzione. Devo attendere che accettino la mia proposta di pagare la multa in base alla cifra che ho con me".

-"Potrebbero volerci mesi Gissa, e i mesi passati in questo inferno valgono anni".

-"Si, è così, ma cedere alle loro richieste significherebbe arrendersi e non lo posso fare. Mia moglie non parla spagnolo, come potrebbe capire quel che gli dice al telefono Abdel Krimm? Ho abbastanza denaro con me per pagare quella multa. Devono solo farmi uno sconto e sono certo che stiano per accettare la mia proposta, che se ne fanno di me qui?" – conclusi.

Finii di farmi radere, per quanto dolorosa era pur sempre una rasatura e vedermi con la barba ben rasata mi rincuorò.

Mura altissime dipinte di calce bianca che rifletteva la luce accecando i prigionieri abituati all'oscurità delle segrete. Era così il cortile interno dove ci facevano prendere aria per pochi minuti di quando in quando, scimmiottando i diritti dell'uomo. Feci amicizia anche con altri prigionieri europei che avevano avuto problemi per traffici con auto e hashish. Due tedeschi, o alemanni, come erano definiti in spagnolo, uno si chiamava Friedrik Fraunholtz, di Norimberga, l'altro Rainer Pash di Amburgo. Capitava di incontrarli nei pochi minuti d'aria che ci erano concessi. Nella luce accecante del cortile aperto, dopo tutta quell'oscurità, ci voleva del tempo per riuscire ad aprire gli occhi, ma riuscii persino a guardare il cielo.

Philippe, lo svizzero, ne ebbe per poco: uscì il 6 Gennaio 1986, per tornare nella sua amata Svizzera, in un villaggio tra le montagne. Lo descriveva come uno si aspetta che debba essere un villaggio svizzero, circondato da montagne e con tantissima e candida neve!

Philippe promise che una volta libero avrebbe telefonato a Graziella, in Italia, (era vietato, a chi era sospettato di appartenere ad Akbar Maghreb, di comunicare con chicchessia) e lo fece.

Prima di prendere l'aereo per la Svizzera, tornò alla fortezza e disse a una guardia di riferirmi che non aveva parlato con mia moglie, ma che qualcuno, in Italia, al numero che gli avevo dato, gli aveva detto che lei era all'Ospedale e che, il giorno prima, era nato mio figlio, un maschio e che lo avevano chiamato Marco, come avevo scelto io, prima di finire all'inferno.

Una guardia si avvicinò alla porta a sbarre della mia cella e mi chiamò:

-"Italiano tienes un hijo macho, se lama Marco, como Marco Polo".

E, da quel momento, tutta la fortezza di Tetouan, i prigionieri (non solo quelli di Akbar Maghreb) ed anche le guardie, mi fecero gli auguri chiamando mio figlio "Marco Polo" per giorni e giorni.

Il più famoso Marco Italiano.

Quella mattina mi fecero restare più a lungo nel cortile interno. Abbagliato dalla luce riuscii, dopo qualche minuto, a guardare in alto, sui muraglioni muniti di torrette che cingevano la fortezza per vedere chi mi chiamava. Era quella bestiaccia di Runcifer ... ancora zoppicavo e dovevo stare scalzo grazie a lui.

-"Italiano ... italiano ... Lo lamas como Marco Polo? ...Vale!"
Runcifer, Lucifero, il nome che i prigionieri Cristiani avevano
scelto per lui e ... non era un buono! Ma dopo avermi "operato" con
quelle tenaglie, mi aveva preso in simpatia. Ero molto popolare nella
Fortezza, tutti sapevano chi ero, ma nessuno lo diceva apertamente.
Solo i Giudici non lo sapevano, o si?
Così trascorsero quei giorni. Ebbi tempo per pensare e pensai molto
e a lungo ma, per quanto mi sforzassi, non potevo capire chi mi
avesse tradito né perchè. Di certo c'era che da quella trappola, nelle
intenzioni di chi l'aveva organizzata, non dovevo uscire vivo.
Tuttavia, dopo tutto quell'andirivieni del Lunes e Jueves, davanti ai
giudici che si aspettavano una confessione, mentre non ripetevo
nemmeno più di essere un marinero mercante in transito per Tangeri,
alla fine compresero che non potevano fare altro che giudicarmi per
l'unico capo d'imputazione che avevano: l'infrazione doganale per
quegli orologi non dichiarati. Un bel giorno di quelli, mi
condannarono a due mesi di arresti, quelli già scontati, senza
espulsione perché era un'infrazione doganale, e a 50.000 Dirham
(dieci milioni di lire di multa) che, se non li avessi pagati, forse
sarebbero scesi di molto ma, probabilmente, sarei restato là dentro
ancora a lungo.
Graziella, dall'Italia, invece, pagò subito la multa e fui liberato il 20
gennaio 1986: una mattina mi chiamarono in magazzino e mi
restituirono tutto, comunicandomi che ero stato scarcerato.
Dovetti restare ancora in Marocco, in attesa che l'incasso
dell'assegno bancario andasse a buon fine e pagai anche l'avvocato
Vergara, nominato dal Consolato d'Italia a Tangeri su incarico di
Graziella. Presi una camera all'hotel Principe, un edificio di epoca
coloniale spagnola. Ormai ambientato nelle segrete della fortezza,
quella camera con un armadio impiallacciato in legno scuro, letto
matrimoniale con copriletto bianco, cuscino tubolare alla
marocchina, lavandino e specchio di fronte, mi sembrava un lusso da
Catena Hilton. Ero male in arnese, avevo acquistato in farmacia una
polvere per le cimici che infestavano la fortezza e che mi avevano
tormentato per tutto quel periodo e avevo anche la scabbia. Mi ero
spogliato per spalmarmi un unguento puzzolente che mi avrebbe
dovuto liberare della scabbia. Acari che avevo preso da quelle
coperte luride, colonizzate da loro. Mi trovai davanti allo specchio

del bagno. Erano mesi che non mi guardavo in uno specchio, che non mi vedevo. Mi fece uno strano effetto. Mi fissai negli occhi e mi venne da ridere senza riuscire a distogliere lo sguardo da me stesso. Presi a parlare alla mia immagine riflessa.
-"Eya, seus postus mai 'a diaderus, est sa beridadi, perou ...ki hat bintu? (Si, siamo messi proprio male, ma chi ha vinto?)
-"NOS ... NOS eus bintu! (Noi, Noi abbiamo vinto!)"
Continuai a ridere e a fissare il mio sguardo nello specchio fino a che non me ne sentii soddisfatto. Poi mi preparai a scendere nella hall. Era frequentata da Abdel Krimm e dovevo incontrarlo la sera, davanti ad una tazza di tè alla menta ... yerba buena!
La hall era una tipica sala da tè araba, con tavoli di legno scuro e ripiani in ottone scolpito. Candelabri alti a illuminare la sala.
-"Tutto è andato secondo i tuoi piani, sei stato liberato e nessuno ti ha potuto accusare di niente, non per i fatti di Akbar Maghreb, non per la Guerra del pane e nemmeno per i campi d'addestramento del Sahara spagnolo. Sarebbe bastato quello, sapere che era tra gli addestratori dei guerriglieri Sarawi, che si opponevano all'invasione marocchina del Sahara spagnolo, per finire fucilato. Allah ti ha protetto" – disse Abd El Krimm rivedendomi.
-"Quasi. Mia moglie ha pagato quasi dieci milioni di lire di multa e di avvocati che nemmeno ho mai visto. Ora rientrerò in Italia e chiederò il rimborso al Ministero, come sempre al rientro da ogni operazione, ma resta il fatto che non ho ancora potuto capire chi mi ha tradito e perchè. Tu come stai? ... A proposito, avete avuto le riforme Democratiche promesse?"
-"Ah ah ah ... Sì le riforme le abbiamo avute, ora il Marocco è una Monarchia Costituzionale, il Primo Ministro è eletto dal popolo e c'è un Parlamento di rappresentanti, pure loro eletti dal popolo, ma niente è cambiato, tutto è esattamente come sempre".
-"Che vuoi dire? Volevate la Costituzione e l'avete avuta. Eleggete il vostro Governo, non è più Re Hassan a disporre anche della vostra vita".
-"No, continuiamo a non disporre di niente. L'unico cambiamento visibile è che prima Re Hassan chiamava come fosse un cane il suo cancelliere, scelto da lui, ora chiama come fosse un cane il Primo Ministro eletto dal popolo! ... ah ah ah".
-"Ah ah ah ... così gira il mondo Abdel, che ci possiamo fare? Io ne

sono davvero stufo. Questa storia mi ha aperto gli occhi. Sto pensando di congedarmi e di occuparmi d'altro. Ho maturato un sufficiente numero di anni di servizio, con la maggiorazione per i lavori usuranti ... e questo sicuramente lo è, per mettermi in congedo. Appena arrivo a Roma lo farò. Una vita così non si può farla a lungo!" - conclusi, rispondendo all'amico Berbero.

-"Allora questa è l'ultima volta che ci vediamo Gissa? ... Cosa farai?" – rispose lui.

-"Quién Sabe ... So solo che non farò più questa vita. Voglio farne un'altra. Ma quanto a non rivederci: chi non muore si rivede e potrei sempre venirti a trovare da turista, questa volta un turista per davvero!"

-"Hai parlato con tua moglie? ... Cosa le hai detto?" – chiese.

-"Non sono ancora riuscito a prendere la linea con l'Italia. Ci provo di nuovo stasera. Ma non posso dire a mia moglie la verità, né al telefono nè di persona. Ci è vietato. Non posso dirle dove sono, ne perché. Non posso dirle a far che e non le ho mai detto niente di tutto questo, anche per proteggerla da questo mondo di misteri. Mi crede un macchinista navale della Marina Mercantile e sa che sono partito per Casablanca per una settimana o due di lavori di manutenzione a un mercantile in quel porto. Forse un giorno, quando tutto sarà nel passato, le parlerò ... se sarò ragionevolmente convinto che non le verrebbe un colpo ... ah ah ah" - dissi.

-"Avete strane usanze con le vostre mogli. Le mie sanno sempre tutto di me. Mi fido di loro. Tu non ti fidi della tua?"- chiese.

-"Certo che mi fido, ma gli ordini sono ordini. Quando mi arruolai sapevo che c'era la consegna del silenzio. Segreto di Stato. Non dovevo dire nulla a nessuno della mia professione. Nemmeno mia madre sapeva, eppure mi fidavo ciecamente di lei. Mio padre era l'unico a sapere che ero stato arruolato nell'Organizzazione Gladio, ma solo perché nel 1970 avevo solo sedici anni e per la nostra legge occorreva il nulla osta della Patria Potestà. Ma vuoi dire che le tue mogli sanno che sei un collaboratore della rete di Gladio in Nord Africa?

-"Certamente, e mi ammirano molto per questo" – replicò con mia sorpresa.

-"... Ma ti era proibito farlo. Nessuno doveva sapere" - risposi.

-"Mi fido della mia famiglia, perché non avrei dovuto dirglielo?" –

replicò lui.

-"Vuoi dire che tutta la tua famiglia sa tutto questo di te?" – chiesi ancora, sorridendo all'idea visto che conoscevo la famiglia di Abd El Krimm.

-"Sì, seguro, tutta la mia famiglia sa tutto di me e ha sempre collaborato con me. Per noi la famiglia è più importante di tutto!"

-"Quindi le tue tre mogli, tuo padre e tua madre … i padri delle tue mogli …?"

-"Sì, i padri delle mie mogli … che si fidano di loro e le loro madri" – seguitò a rispondere lui.

-"Fratelli, sorelle e mariti e mogli dei fratelli e sorelle …?" – insistetti io, trattenendo le risate.

-"Di quelli che frequento so che sanno, alcuni sono lontani, ma se le mie mogli si fidano di loro … gli hanno parlato" - confermò.

-"Praticamente, allora, tutta la tua tribù sa tutto. Gli hai detto anche di me?" - chiesi ancora.

-"Certo, non sei stato ricevuto bene a Tetouan? Tutti i nostri amici sapevano di te e che dovevano guardarti dai nemici. Per tutti loro tu eri Gissa, l'italiano della Guerra del Pane maghrebina".

-"Questo vale anche per Massinissa, il Berbero Algerino che fu con noi a Tunisi? Conosci anche il suo vero nome?" – ripresi.

-"Questo vale per tutti noi Berberi Masmoudia del Rif; sì conosco anche il vero nome di Massinissa e conosco anche i suoi figli".

-"Azz… Non ho parole, nessuno di noi sospettava questo. Vi era stato detto chiaramente che dovevate tenere segreta la nostra e la vostra identità e non l'avete fatto, mettendoci in pericolo tutti … ti rendi conto cosa avrebbe potuto accadere se uno di questi fosse caduto in mani nemiche?" - conclusi.

-"I segreti nel Maghreb sono come la polvere sollevata dal Simun, s'infila dappertutto, anche dove meno te lo aspetti, ma nessuno la nomina, tutti fanno finta di non vederla. Così è stato anche per tutti noi. Nessuno di noi, però, ti ha tradito. Con tutto il vostro segreto, mi racconti che dall'Italia sei stato tradito … Pensi che tua moglie l'avrebbe fatto?" – chiese infine Abd El Krimm.

-"No, non l'avrebbe fatto!" – confermai.

-"E non lo farà se le parlerai e le dirai la verità. Forse se lo farai troppo tardi non ti perdonerà … di non avere avuto fiducia in lei. Alle donne non importa nulla degli ordini e nemmeno a Noi Berberi!

Io ora tornerò al mio villaggio sulla montagna e non dovrò temere nulla, tutti mi proteggono e nessuno mi tradirà mai, tutta la Tribù lo punirebbe. Allah ti protegga hasman!

Con un abbraccio l'amico si congedò lasciando rapidamente la hall dell'hotel Principe. Restai solo a riflettere su quelle parole. Forse aveva ragione Abdel Krimm. Decisi che una volta rientrato a Roma avrei chiesto il congedo e avrei parlato a Graziella spiegandole tutto. Ma le cose andarono diversamente ...

A Roma, in via XX Settembre n. 8, Ministero della Difesa, cercai di entrare. Zoppicavo notevolmente, le unghie non erano ancora guarite del tutto e indossare le scarpe era una vera tortura. I Carabinieri di fronte all'ingresso del palazzo che conteneva l'Ufficio X mi chiesero i documenti e mi impedirono di entrare. Insistetti, mostrai la finestra dell'ufficio che mi dicevano non esserci, quella che si affacciava sulla strada esterna, ma non ci fu niente da fare. Non capivo e decisi di rientrare in Sardegna, da mia moglie e mio figlio.

Ci sarebbe stato tempo per capire cos'era successo.

Provai una grande commozione alla vista di Graziella e Marco: aveva già un mese ed era un bellissimo bambino.

Avrei voluto parlare e spiegare tutto, quando io e Graziella ci trovammo nella stanza da letto. Marco dormiva tranquillo nella culla, ma dopo quello che era successo a Roma decisi di attendere. Non avrei saputo nemmeno come cominciare. Decisi di pensare solo che ero riuscito a rientrare a casa, VIVO, ero con mio figlio e mia moglie ed avevo di meglio da pensare in quel momento.

Ricordo ancora quando, qualche mese dopo, rintracciato Tano, G-65, appena rientrato dall'Algeria nella mia stessa situazione, decidemmo di recarci a Roma. All'hotel Raphael, ci facemmo annunciare dalla reception e ci invitarono a salire nell'ufficio, dove ero già stato anni addietro. L'ufficio conteneva una grande scrivania colma di libri e alle spalle un armadietto contenente altrettanti archiviatori e libri. Una porta a vetri, alle spalle della scrivania anche questa ingombra di libri, dava sulla terrazza dell'hotel. Una terrazza con vista molto affascinante sui tetti di Piazza Navona. Durante l'attesa di essere ricevuti uscii sulla terrazza. Tano, invece, era rimasto nell'ufficio del Presidente del Consiglio, impegnato al telefono. Con Tano ci eravamo resi conto di essere stati tagliati fuori dall'ultimo sovvertimento nei servizi segreti e per questo ci decidemmo a presentarci dal Presidente del Consiglio in carica, l'On. Craxi, minacciando di rendere tutto pubblico se non avessero provveduto a regolarizzare il nostro stato di servizio e chiarire quanto accaduto. Sia io che Tano sapevamo che gli ordini per le operazioni in Nord Africa erano stati emanati dal Presidente Craxi durante il suo Governo, quindi lui non poteva non sapere cos'era accaduto e spettava a lui porvi rimedio. Del resto, prima di arrivare a disturbare il Presidente del Consiglio avevamo cercato di ritrovare qualcuno del nostro comando, ma non fu possibile. Non esisteva più nulla, nemmeno l'ufficio e se questo era stato trasferito noi, certamente, non avevamo i mezzi per cercarlo. Rientrato nell'ufficio e ottenuta l'attenzione del Presidente, che aveva poggiato il telefono, dissi chiaramente:

-"Le nostre non sono minacce signor Presidente, ma è comprensibile che stando così le cose la situazione è inaccettabile e certo non ce ne staremo a subirla con le mani in mano. Per prima cosa ci presenteremo ai giornali facendo pubblicare documenti riservati che non sono stati distrutti e rivelando tutto quel che sappiamo sulle operazioni che anche il suo Governo ci ha ordinato fino a pochi mesi orsono. Ma solo per esercitare legittimamente il nostro diritto di dimostrare di non essere dei fantasmi. Chiediamo il rispetto dei nostri Diritti e di non essere cancellati così".

-"Non si può non capire … Tuttavia vi chiedo di tacere ancora, nell'interesse del Paese, per evitare reazioni illiberali in un momento così delicato. Da parte mia posso assicurarvi di avere sollecitato le Istituzioni preposte perché siano regolarizzate le vostre posizioni di servizio. Si tratta solo di avere ancora un po' di pazienza. La situazione in cui vi trovate è certamente frutto di un disguido che sarà presto risolto!" – rispose il Presidente del Consiglio.

Come non credergli? Sembrava sincero e secondo noi lo era.

-"Bene, se è così, attenderemo. Ma dove dovremo rivolgerci per sollecitare, in caso trascorresse troppo tempo senza avere notizie?" - rispose Tano.

-"Non accadrà. Vedrete che il Ministero della Difesa vi contatterà quanto prima per completare la ricostruzione di carriera e ottenervi il giusto congedo. In caso di ulteriori ritardi, però, potrete contattare me" – confermò. Più chiaro di così.

Lasciammo Roma sollevati. Si trattava dei soliti segreti di Stato da tutelare, ma dovevamo solo attendere ancora un po'. Potevamo farlo, avevamo le nostre attività professionali parallele, quelle che avevamo praticato come copertura, io di macchinista navale lui di capitano di piccolo cabottaggio … Attendemmo.

Avevamo comunque delle vite piene di altre cose, tutte interessanti. Non fu difficile lasciare che facessero quel che avevano promesso con la dovuta calma. Ancora non avevamo preso atto che tutti cercavano solo di prendere tempo per completare la cancellazione del nostro stato di servizio, di ogni prova dell'effettivo servizio svolto. Non mancava molto tempo ai giorni in cui avremmo sentito dire che Gladio era una rete di civili, tutti non operativi, in attesa dell'ipotizzata invasione dell'armata rossa per intervenire.

Un invasione che sarebbe arrivata da est, attraverso la pianura Padana. Quale congruenza avrebbe avuto, a fronte di questo, l'esistenza di una base in Sardegna e una in Sicilia, a Trapani, di fronte alla Tunisia non era dato di sapere. Questa versione dei fatti era caldeggiata dai senatori a vita Andreotti e Cossiga e non era credibile che non conoscessero la verità.

Capitolo X
Bengasi, la ribelle

Allungavo i piedi verso il fuoco che bruciava caldo nel caminetto.
I ricordi suonavano meglio seduti davanti al fuoco ...
A casa mia, poi, si stava benissimo, nonostante qualche datata e indesiderata visita di troppo, mandata dai soliti "ignoti" Romani; l'ultima c'era stata sei anni prima e, come le altre, tornate in c... ai mittenti, anche se il loro potere era ancora grande, purtroppo!
Mi riportò ai fatti odierni il TG della sera che mostrava le notizie della rivolta in Libia ... Ancora una volta conferme a quanto denunciavo da ormai vent'anni.
Il "grande vecchio del terrorismo", anche Italiano, era contestato nell'unico modo che capiva: armi in pugno! E ancora una volta la ribellione alla sua tirannia veniva da Bengasi, la città da sempre ribelle e da sempre soffocata col sangue. Questa volta sembrava che il suo regime avesse i giorni contati.
I ribelli erano ben consapevoli che se non fossero riusciti nella loro folle e meravigliosa impresa sarebbero stati tutti uccisi dopo tremende torture.
-"Per questo sono irriducibili – pensai - per questo non molleranno e combatteranno a morte, fino alla vittoria!"
I fatti snocciolati dai notiziari confermavano la stima che fin dagli anni settanta avevo imparato ad avere per il popolo libico in genere e per quello cirenaico in particolare.
Erano vittime della falsa rivoluzione proclamata da Gheddafi nel Settembre 1969: in realtà del Golpe organizzato dal KGb con i colonnelli filosovietici che avevano detronizzato Re Idriss i quali, poi, furono eliminati da Gheddafi e dalla rete del KGB, che in Libia garantiva il suo potere attraverso la repressione violenta e silenziosa di ogni opposizione. Un potere a quel tempo condiviso col Colonnello Jalloud, l'uomo del KGB e capo dei servizi segreti Libici, fiduciario di Mosca, che garantiva a Gheddafi la protezione del Cremlino.
Lo stesso uomo descritto dal Senatore Cossiga, in audizione alla

Commissione stragi del Senatore Pellegrino, come un elegantone, affabile e disinvolto, che girava nei Ministeri Romani i primi mesi del 1980, ricevuto come Ministro degli Esteri libico dallo stesso Cossiga, all'epoca Presidente del Consiglio, assunto a quel prestigioso incarico dopo i fatti disastrosi della strage di Via Fani e dell'assassinio dell'On. Moro, nonché dal Ministro degli esteri, Senatore Andreotti.

Fatti per i quali, la dimostrata incapacità da Ministro dell'Interno di Cossiga, (nella migliore delle ipotesi), avrebbe stroncato la carriera politica di chiunque ma, 'stranamente', non la sua.

Infatti, egli, dimessosi per dare soddisfazione a quanti lo incolpavano per l'insuccesso delle indagini subito dopo il ritrovamento del cadavere di Aldo Moro, fu eletto, meno di due anni dopo, alla carica di Presidente del Consiglio, non mancando di scegliere, tra i suoi Ministri, il Senatore Giulio Andreotti alla Farnesina, sede del Ministero degli Esteri.

Il Colonnello Jalloud, alias Ministro degli Esteri libico, aggirava in questo modo l'obbligo di procedura italiano e internazionale che imponeva a Ministri di Governo di non entrare mai in contatto con uomini dei servizi segreti stranieri, se non attraverso il filtro degli uomini dei Servizi Segreti nazionali. L'obbligo vigeva verso tutti quelli che ricoprivano incarichi presso agenzie d'Intelligence straniere, ancora di più se di paesi ostili quali la Libia che, anche se dichiaratosi paese non allineato, come la Cuba di Fidel Castro del resto, era noto per i suoi stretti rapporti con l'URSS, dalla quale godeva anche dell'ombrello atomico.

Compresi, dalla testimonianza resa dal senatore Cossiga alla Commissione Stragi, come aveva potuto Gheddafi farsi consegnare dal Governo Italiano l'elenco dei dissidenti che avevamo rifugiato in Italia dopo averli esfiltrati dalla Libia. L'operazione, riuscita in pieno, consentì ai democratici libici di vivere con nuove identità e tenuti sotto protezione, in attesa che in Patria fosse organizzata la ribellione contro il regime di Gheddafi, programmata per il 6 Agosto 1980. Cose queste, ben illustrate nell'Ultima Missione, che provocarono le reazioni mostruose che ho subito.

Trattasi di fatti certi, documentati e sottoposti a molti setacci processuali che, certo mi costarono un notevolissimo carico di stress, ma che furono utili, tuttavia, ad accreditare l'assoluta veridicità di quanto da me testimoniato.

Questi fatti erano, in gran parte, ignorati dal popolo Italiano che non era in grado, quindi, di capire gli eventi che viveva in quella che i media chiamavano "strategia della tensione" nè di capire, tra depistaggi e falsità storiche, a chi e a cosa era dovuta!

Chi aveva tradito la Patria, che sia stato in buona o mala fede, erano problemi della loro coscienza, non certo della mia!, si arrabattava con mille subdoli stratagemmi per nascondere le malefatte ed evitare le giuste conseguenze delle proprie azioni. Viceversa, innanzi ai miei occhi consapevoli passarono le azioni più neglette che mente umana possa concepire, inaccettabili ancor più poiché attuate da uomini di Stato! Misero in atto ogni sorta di macchinazione e campagna diffamatoria a mio danno, allo scopo di intimidirmi e gettare discredito sulle mie dichiarazioni. Eclatante, per esempio, quella posta in essere tramite articoli diffamatori su L'Unione Sarda, grazie alla piena collaborazione tra i suoi responsabili e qualche pubblico ufficiale compiacente.

Che poi costoro, magari, fossero ignari di ciò cui stavano partecipando, convinti, chissà, di fare solo "qualcosina" per aiutare la carriera ... può essere! In tanti avevano già profferto collaborazioni a vario titolo in queste brutte storiacce di viltà e tradimenti. Personalmente ero portato a credere che, in origine, anche tanti del Governo italiano fossero stati ingannati in buona fede. Fino a prova contraria non ho mai voluto colpevolizzare chicchessia.

-"Faciloneria nella gestione degli affari" – mi dicevo.

-"Probabilmente nella conduzione delle trattative per il petrolio abboccavano, ingenuamente, a quanto loro imboccato dalle menti criminali di Gheddafi e Jalloud".

Presto, però, risultò indubbio che, quand'anche essi compresero ciò che avevano fatto o che erano stati indotti a commettere, anziché chiedere scusa al popolo Italiano e a coloro che, come me, avevano subìto in prima persona le conseguenze delle loro azioni, agirono in assoluta malafede organizzando campagne diffamatorie, discredito e macchinazioni giudiziarie demoniache.

Il fatto che io le abbia conosciute e superate va totalmente a mia ventura e merito, o avrebbero distrutto anche la mia famiglia!

Cito, con grande senso di repulsione e commozione, il dato

raccapricciante di decine di strani suicidi, incidenti mortali e omicidi veri e propri che hanno colpito tanti dei miei fratelli d'armi.

Erano, come me, tutti testimoni della vera storia della Guerra Fredda Italiana e della collaborazione che una vera banda di traditori aveva reso ai nemici della Patria!

Ebbi un moto di stizza nel mettere altra legna sul fuoco e non potevo evitare questi pensieri e ricordi, anche perché in TV uno speciale approfondiva quello che veniva definito il Risorgimento Arabo.

Si parlava di "Guerra del pane", come il modulo ideato e applicato per prima da noi, nel Maghreb, su progetto di Aldo Moro, da lui ideato quand'era Ministro degli Esteri italiano e molto attento ai problemi della Tunisia, tiranneggiata da Habib Ben Bourghiba e delle altre Nazioni del Maghreb tra cui la Libia che, a quel tempo, fine anni sessanta, aveva espulso la comunità italiana nazionalizzando i loro beni e investimenti.

Un progetto quello di Moro, che voleva favorire tra quelle popolazioni la nascita e lo sviluppo autarchico di una coscienza democratica e di un partito democratico, laico e d'ispirazione Islamica. Operazioni che, poi, furono ordinate dal Governo Craxi direttamente a Ulisse, nel frattempo nominato anche Direttore del SISMI e cui partecipai fino all'epilogo finale, nella fortezza di Tetouan!

Questo attuale Risorgimento Arabo era indicato da molti giornalisti come frutto della nuova realtà di Internet, un nuovo mezzo per essere informati correttamente, veramente rivoluzionario per quei paesi, laddove una stampa totalmente controllata dai tiranni non svolgeva, di fatto, il suo ruolo principale. Quanto a questo, però, non è che in Italia si stesse meglio!

I danni derivati da una stampa non libera sono chiari a tutti.

Subito dopo la Guerra d'Indipendenza Americana e la Rivoluzione Francese, fu lampante che il problema vero da fronteggiare, per un popolo che voleva evitare di finire sotto una tirannia, fosse quello di garantirsi una stampa davvero libera e fu proprio Thomas Jefferson a pronunciare parole che tutti dovrebbero conoscere, per evitare di perdere la libertà.

Disse Thomas Jefferson, il 13 Ottobre 1785, quando i Patrioti Americani avevano da poco cacciato Re Giorgio e gli Inglesi, liberando le colonie Americane: "A despotic government always

keeps a kind of standing army of news writers who, without any regard to truth or to what should be like truth, and put into the papers whatever might serve the ministers. This suffices with the mass of the people who have no means of distinguishing the false from the true paragraphs of a newspaper."
Traduzione: Un governo dispotico deve sempre mantenere una sorta di esercito permanente di giornalisti e scrittori che, senza alcun riguardo per la verità o quella che dovrebbe essere la verità, mettano sui giornali quello che potrebbe servire ai suoi ministri. Questo è sufficiente a ingannare la massa dei cittadini che non hanno così più i mezzi per distinguere il falso dal vero, nei vari articoli di un giornale."
Quanto era vero, allora come oggi!
Era proprio ciò cui assistevo: bande di traditori all'opera che nessuno era in grado di vedere, riconoscere, combattere.
Chi poteva farlo era screditato, diffamato, perseguitato, isolato.
-"Povera Patria ... si bella e perduta!" – mi venne da dire rivolto al fuoco che riprendeva crepitante e allegro.
-"Sì, ridi tu ... ma che avrai da ridere ... siamo finiti per stracci! Anche se mai arresi!"
Guardavo le immagini delle rivolte in tutto il Nord Africa, ma anche nel resto delle nazioni arabe governate da Presidenti a vita e che, come nel caso della Siria di Assad, lasciavano il trono da Presidente in eredità ai figli.
-"Vero esempio di democrazia, non c'è che dire ... Ah, ah, ah! Stanno diffondendo notizie vere, ma solo perché riguardano altre situazioni che non toccano il potere altrettanto tirannico, consolidatosi da noi. In Italia i tiranni sono più raffinati, fingono elezioni democratiche e un popolo che governa sovrano. Anche da noi, però, non si vedono altro che le stesse facce, anche qui da quarant'anni al potere ci sono sempre gli stessi! Unica differenza che denota astuzia rispetto alle primitive tirannie Islamiche, qui in Italia le poltrone sono messe a girare: come in un gioco di società sempre i soliti si alternano sulle poltrone di potere presentandosi, sistematicamente, come *"nuovo che avanza"*.
Un gigantesco "inciucio" che distribuisce cariche pubbliche e private tra enti, banche, società e case editrici, attraverso le quali decidere anche la nomina dei direttori dei giornali e dei telegiornali ... e il

gioco è fatto!

Una Tirannia del terzo millennio servita con annessi, connessi e chiavi in mano. Risultato: degrado generale, sfascio totale, decadenza e un tale grado di corruzione che stanno portando al disfacimento di quanto è costato tanto sangue, sacrifico e dolore ai patrioti che ci hanno creduto.

-"Beh, non con il mio consenso però! Io ho fatto e continuerò a fare tutto ciò che posso per contrastare i tiranni e i loro servi. Vada come vada, almeno potrò dire a me stesso questo: *non con il mio consenso!*" – dissi orgogliosamente al fuoco che mi guardava paziente ... parlare da solo.

-"Ma che dici povero fesso? Non con il tuo consenso? ... ah ah ah! Ma non sei tu quello che diceva mai il Nucleare? Quello dell'energia solare e delle fonti alternative? Quello che denunciava gli orrori del Regime di Gheddafi e le ingiustizie che aveva inflitto agli italo-libici e agli stessi libici? Quello che denunciava Gheddafi quale mandante delle stragi in Italia e le protezioni di cui godeva dai traditori? Quello che denunciava la giustizia malata e i giudici asserviti ai poteri deviati, difendendo quelli che si dimostravano fedeli alle leggi e alla Repubblica? ... E non sei sempre tu quello che ha votato Berlusconi nel 1994? ... Berlusconi che emana leggi per evitare che giudici fedeli alle leggi lo processino per le ipotesi di reato di cui è imputato? Che vuole diminuire l'istituto della prescrizione contro la quale ti sei battuto inutilmente fino in cassazione, per poi vedere chi ti ha offeso farla franca grazie ai tempi della Giustizia Italiana? Berlusconi che ha ricevuto Gheddafi, l'assassino stragista, in pompa magna a Roma, riconoscendogli anche cinque miliardi di soldi nostri in risarcimento per danni dell'occupazione, senza mettere in detrazione tutto ciò che gli Italiani han fatto in Libia ... e che ora lo bambarda? Una Libia costruita interamente dal lavoro Italiano, quando non c'era nemmeno petrolio con cui rifarsi delle spese?; che ha lanciato di prepotenza e contro il parere del popolo dei referendum la campagna nucleare?; che vorrebbe metterti un reattore proprio sotto al culo, nel Cirras e, magari, anche un bel deposito di scorie radioattive in Sardegna, visto che non è zona sismica? Tutto questo è stato fatto col tuo consenso coglione!" – rispose il fuoco, lasciandomi ammutolito.

-"Kakkio! ... è vero! ... ma com'è stato possibile?" – replicai timidamente.

-"E' stato possibile perché l'informazione di cui ti nutri l'ha reso possibile! Un'informazione deviata a questo punto può convincerti che far fuori tuo padre, è giusto, com'è già successo nelle tirannie del passato. La differenza, oggi, è che ti fan credere di essere una democrazia e che quello che decidi è frutto delle tue scelte ... mai sentito parlare di messaggi subliminali? Non sai che la Tv può farti alzare dalla poltrona in cerca di una coca cola se solo lo vuole?

O spingerti a comprare quel che gli pare ... sì è vietato, ma chi li controlla? E chi controlla i controllori? Questo è il paese ormai e tu sei ancora convinto di poterci fare qualcosa? ...Maddai!!!" – ribatté il fuoco.

Ero davvero confuso, tutto questo era senz'altro vero, ma avevo di che difendermi:

-"Certo che posso farci qualcosa e la sto facendo ... con quali risultati? Intanto finora, anche grazie ai magistrati leali alle leggi, ho vinto io e non loro e i loro servi! Certo i tempi son quelli che sono; del resto un qualche risultato, i servi dei tiranni, non potevano non ottenerlo, ma per il momento questo è già qualcosa e, riguardo al mio voto per Berlusconi ... ero ragionevolmente convinto che votare agli altri sarebbe stato anche peggio e a lui ho fatto sapere via email che non lo voterò più, per lo spettacolo e gli affari col tiranno e per la sua scelta scellerata di tornare al nucleare solo per ingordigia verso gli appalti delle centrali, perché altra ragione non ci può essere. Questo significa che voterò per gli altri? ... Quali altri? Probabilmente significherà che non voterò più, finchè non vedrò qualcosa di diverso. Pertanto potrò continuare a dire: non col mio consenso!" – conclusi soddisfatto il mio monologo col caminetto.

Per fortuna ero solo in casa; Graziella era uscita con Alexandra e potevo continuare a riflettere sugli ultimi avvenimenti.

Alla luce dei nuovi fatti, per esempio, a cosa potevo imputare quel che fu un vero e proprio tradimento, a Novembre 1985?

Era un pensiero che batteva e ribatteva di continuo, come la lingua che batte dove il dente duole. Fu quello l'inizio di tutti i miei guai e, come in un gigantesco gioco dell'oca, giunto quasi alla fine, ritornavo immancabilmente laggiù, alla Guerra del Pane ed anche ora ... la casella dove siamo finiti tutti.

Era dal 1991 che cercavo di capire a cosa dovevo tutto quello che mi stava capitando intorno. Con scarsi risultati devo dire: mi mancavano gli strumenti cognitivi per formulare una conclusione attendibile. Ero come un cieco che giocava a moscacieca con chi invece ci vedeva benissimo. Ora, dai fatti attuali, ricevevo un'altra conferma che la chiave di lettura era da ricercare in quel tempo, solo in apparenza parte del passato, invece attuale più che mai.

Il modulo d'intervento definito, nel lontano 1984, Guerra del pane, era un nostro modulo, nostro dell'Organizzazione Gladio italiana. Ordinato a Ulisse, nome in codice del nostro Comandante del Nucleo G, all'epoca l'Ammiraglio Fulvio Martini, dal Governo Craxi che l'aveva voluto a Dirigere anche il SISMI, il Servizio Segreto Militare che sostituì il SID nel 1977, il 30 Settembre.

Fu il Presidente del Consiglio On. Bettino Craxi, infatti, che, eletto nel 1983, decise di applicare, negli interessi della democrazia in Tunisia, Algeria e Marocco, i progetti strategici elaborati dall'On. Moro, assassinato dalle BR e dalla congiura che li sostenne nel 1978.

Fu, infatti, l'on. Moro che da Ministro degli Esteri, nel 1971, dopo aver affidato l'organizzazione dei reparti speciali di controspionaggio al Gen. Vito Miceli, di cui aveva fiducia, (all'epoca Miceli era Direttore del SID, il Servizio Informazioni Difesa, e col nome in codice di Ulisse assunse anche il comando dei Nuclei G o reparti speciali di controspionaggio, noti in codice come Gladio) a elaborare un piano strategico che avvicinasse i paesi del Maghreb a sistemi democratici e liberali in quella parte di mondo del tutto sconosciuti.

Anche il Presidente Bourghiba, infatti, pur definendosi Presidente della Repubblica, era in pratica un Rais a vita. In carica dal dopoguerra, non accennava a dimettersi per permettere elezioni democratiche in Tunisia e il 10% della popolazione Tunisina, costituita in nuclei familiari sicuramente vicini alla famiglia dello stesso Bourghiba, deteneva la totalità della ricchezza del paese, lasciando la popolazione nella miseria più totale. Anche gli investimenti stranieri, compresi quelli italiani, dovevano sottostare alla legge del Bashish (tangente) che obbligava ad avere associazioni con rappresentanti di queste famiglie per qualsiasi affare o investimento in Tunisia.

Questi Presidenti a vita, tranne che per il Marocco, retto dalla Monarchia di Hassan II° ottavo discendente del profeta Maometto (a loro dire), per mantenersi al potere godevano dell'appoggio dell'URSS, altro sistema antidemocratico potentissimo a quell'epoca.

Una situazione che l'on. Moro voleva cambiare, sostenendo e organizzando movimenti democratici autarchici, emergenti cioè all'interno della società maghrebina. La sua idea era di promuovere la nascita di un partito pan-maghrebino che fosse, come la Democrazia Cristiana italiana nata nel dopoguerra, *"Democratico, laico e d'ispirazione Islamica"*, da contrapporre a tutti i partiti estremisti, filosovietici o integralisti Islamici che avevano l'esclusiva della rappresentatività politica in tutta l'Africa e il Medioriente, ma era la stessa cosa in Asia. Un progetto ambizioso che si doveva aiutare a nascere, come fossimo delle levatrici, poi, una volta consolidatosi al suo interno, avrebbe dovuto camminare con le sue gambe!

Per questa ragione fui richiamato dalla Libia, in cui ero impegnato a fine 1982, e dopo una breve licenza a casa, in Sardegna, poco più di dieci giorni, il 19 marzo 1983 dovetti partire alla volta di Tunisi, via Trapani, per prendere i primi contatti con un nascente movimento Berbero, in particolare della Tribù dei Masmoudia, Berberi sedentari che occupavano territori ai confini tra Marocco e Algeria ed anche in Tunisia, che sempre avevano mal tollerato la dominazione di Bedwin panarabi nel Maghreb.

Quelle Berbere erano popolazioni che risiedevano nel Nord Africa fin dai tempi della dominazione Romana e, per tratti somatici, dovevano averne anche il sangue, vista la scarsa somiglianza con la popolazione Bedwin che dall'epoca delle invasioni Arabe (circa VIII° sec. Dc) aveva invaso il Nord Africa.

Una riunione a Tunisi con alcuni capi Tribù Berberi stabilì il primo contatto e la nomina di un capo. Era un giovane Berbero Algerino, che in codice Ulisse denominò "Massinissa", in ricordo del Generale Nubiano che servì Roma al comando di una Legione dei tempi dei Cesari.

Massinissa fu perciò il nostro referente in tutte quelle operazioni.

Habib Ben Bourghiba, sentendo in pericolo il suo "trono" di Presidente a vita, stava organizzando, in combutta con Gheddafi, l'unione maghrebina: la Libia e la Tunisia dovevano diventare un'unica Nazione. A sostenere questo progetto c'era il KGB, della

Residentur di Tripoli, comandata dal Colonnello Jalloud.

Sì, sempre lui, il potentissimo capo dei Servizi segreti Libici, oltre che cognato di Gheddafi.

Tale unione era invisa ai Tunisini, che non erano mai stati in buoni rapporti con i libici, ma il Presidente Bourghiba e il suo clan se ne fregavano altamente di quella che era la volontà popolare. Avevano avuto garanzie di mantenimento dello status quo e tanto gli bastava. Ovviamente Gheddafi, in odio agli italiani, poneva come prima condizione di tali accordi che i beni degli italiani in Tunisia fossero nazionalizzati e la comunità italiana fosse espulsa dal paese, come lui aveva già fatto in Libia nel 1970. Una condizione questa che era ben accetta da Bourghiba che, anche lui, aveva messo in pratica tra la fine degli anni 50 e i primi del '60, ordinando l'espulsione della comunità italiana e la nazionalizzazione dei loro beni e investimenti.

Noi sapevamo questo e ne avevamo informato il Governo italiano che cercava di assicurarsi che nessun male arrivasse alla popolazione italiana e agli investimenti che diverse ditte italiane avevano fatto in Tunisia in quegli anni. Rassicurazioni in tal senso erano giunte alla Farnesina da parte del Presidente Bourghiba e del Ministro M'Zali. All'epoca il Ministro degli Esteri italiano era proprio l'on. Giulio Andreotti che lamentava col Presidente del Consiglio in carica, l'On. Craxi, di aver avuto solo rassicurazioni informali a voce e non sostenute dalla stipula di alcun trattato bilaterale Italo -Tunisino.

Il che, vista la situazione con Gheddafi, era da considerarsi del tutto insufficiente, infatti, egli minacciava continuamente l'Italia di atti terroristici, se non si fosse provveduto a risarcire i danni dell'occupazione coloniale italiana a cui riteneva, in maniera unilaterale, di aver diritto. Questa la motivazione: col risarcimento dei danni dell'occupazione coloniale giustificava la nazionalizzazione di tutti i beni degli italiani in Libia; espulsi senza alcun avere, nemmeno gli effetti personali, dopo aver nazionalizzato anche beni quali edifici e opere pubbliche.

Gheddafi pretendeva anche la restituzione, da parte delle banche italiane, di tutte le rimesse fatte dalla comunità italiana che lavorava in Libia, assumendo che questi fossero proventi illeciti, di proprietà del popolo libico. Le deliranti richieste di quello che era identificato col soprannome di "Pazzo di Tripoli", ovviamente non potevano essere accolte e semmai, secondo le norme del Diritto

Internazionale, era lui ad aver commesso ruberie ai danni della comunità Italo-Libica, anche in considerazione del fatto che molti di loro erano nati in Libia e, a tutti gli effetti, dovevano essere considerati cittadini libici di origine italiana. Quella di Gheddafi era quindi una discriminazione razziale o etnica, proibita dalle Convenzioni Internazionali sui Diritti Umani ma, ovviamente, Gheddafi se ne impippava delle Convenzioni Internazionali, come se ne impippava dei Diritti del popolo libico che tiranneggiava con arresti illegali, torture e fucilazioni di ogni avversario e dissidente politico. In questo spalleggiato dal KGB che con soldati della Stasi Tedesca orientale, di stanza a Tripoli, lo aiutavano a mantenere il potere in Libia, in quegli anni.

Queste informazioni sulle azioni e richieste della Farnesina, benché di molto successive ai fatti da me vissuti, mi furono senz'altro utilissime a capire.

Il Presidente Craxi che, amante della Tunisia, trascorreva le vacanze al mare a Hammamet, a pochi chilometri da Tunisi, era particolarmente sensibile a questi problemi. Oltretutto, lui stesso aveva investito in Tunisia e se il Governo Tunisino avesse proceduto in quella direzione, avrebbe perso la sua casa ed eventuali altri investimenti. Investimenti che sarebbero stati nazionalizzati da Bourghiba in forza di quella clausola imposta da Gheddafi. Gli accordi con la Libia prevedevano la costruzione di una nuova capitale dell'Unione, lungo la costa di confine tra Tunisia e Libia e ovviamente forniture di greggio libico a condizioni vantaggiose.

Il primo segnale di opposizione a tali accordi fu organizzato in occasione del capodanno occidentale del 1984. Una ricorrenza di nessun valore per il Maghreb, che adottava il calendario Islamico. Un segnale che tutto era pronto e ben organizzato fu quello di sostenere i disordini ai confini tra Marocco e Algeria, proprio al Passo di Oujda, in Algeria, a Tunisi e in altri centri della Tunisia, tutti contemporanei di quel capodanno. I Berberi di Massinissa fecero un ottimo lavoro. Tunisi in fiamme fu sedata solo dalle dimissioni del Ministro degli interni che aveva mandato le forze armate contro i manifestanti e che fecero strage tra gli insorti, e promesse da parte di Ben Bourghiba di provvedere a ribassare il prezzo del pane e gli aumenti praticati, che avevano impoverito ulteriormente una popolazione già allo stremo.

L'aumento del prezzo del pane e di altri generi alimentari e di prima necessità fu la molla che fece scattare la rivolta, da cui il nome in codice di "Guerra del pane".

Gli ordini, da noi ricevuti e certificati come inviati dal Ministero della Difesa ufficio X e controfirmati da Ulisse, alias (a quel tempo) Ammiraglio di squadra Fulvio Martini, chiedevano di intervenire per "ammorbidire le posizioni" di Hassan II del Marocco, Benjedid Chadli d'Algeria e Habib ben Bourghiba di Tunisia.

Riguardo alla Tunisia gli "ammorbidimenti" richiesti riguardavano le richieste ripetute del nostro Governo, in persona del Ministro degli esteri on. Giulio Andreotti, di voler firmare un accordo bilaterale Italo-Tunisino, già predisposto dalla Farnesina retta dall'On. Andreotti, con il quale la Tunisia di Bourghiba s'impegnava a garantire la tutela e il rispetto della comunità Italiana residente in Tunisia e dei loro beni, e gli investimenti delle ditte Italiane in Tunisia.

Habib Ben Bourghiba, che pure si era dichiarato favorevole alla stipulazione dell'accordo, glissava ed evitava di andare oltre le dichiarazioni sempre più deboli, man mano che le pressioni Libiche si facevano più insistenti e i vantaggi per il Presidente a vita più consistenti.

Tanto che noi avevamo preso a chiamarlo Habib Ben tentenna!

Continuò a tentennare tra noi e la Libia anche dopo la Guerra del Pane. Operazione che fu sufficiente a fermare la firma degli accordi con la Libia di Gheddafi, ma non a spingerlo a firmare quelli con l'Italia che gli avrebbero precluso gli aiuti che riceveva in forniture petrolifere a prezzi agevolati da parte libica.

Per questa ragione, mentre eravamo impegnati nell'addestramento di volontari da inviare, una volta pronti, a Landi Kotal, in Afghanistan, (a quel tempo invaso dall'Armata Rossa, inviata dal Cremlino a sostenere il Presidente Comunista Alì, che aveva spodestato il Re, Afghano, Zahir Shah, che era rifugiato politico in Italia, a Roma), ci arrivò da Roma l'ordine di procedere a un "nuovo ammorbidimento". Correva l'anno 1985. Le potenze Nato, anche se non ufficialmente, attraverso la rete Stay Behind e l'organizzazione Gladio, davano sostegno in chiave antisovietica ai cosiddetti "Mujaheddin" con armi e addestramento militare alle tecniche di guerriglia: a quel tempo esistevano l'URSS e il pericolo di olocausto nucleare, pertanto non si poteva intervenire con "missioni di pace" e quelle operazioni erano tutte sotto copertura. Fui inviato a Tunisi dal comandante del campo addestramento di Tabellah, ai tre confini tra Sahara Spagnolo, Marocco e Algeria, per chiedere maggiori chiarimenti su cosa s'intendesse per "ammorbidire": visto che in un primo momento il termine "ammorbidire" aveva significato la Guerra del Pane, prima di attivarsi in quel senso era meglio avere precisazioni in merito.

Precisazioni che ebbi a Tunisi, nell'hotel in rue du Maroc che usavamo come centro di contatto. Con esattezza, l'incaricato del comando a Roma, un sardo come me, disse: "No du scisi commenti s'ammoddiada su pruppu?", ossia: *non lo sai come si ammorbidisce un polpo?* Al che non potei far altro che rispondere: "Certo che lo so!" ricevendo in ulteriore precisazione: "Allora ammorbiditelo!"

Si procedette così con l'ammorbidimento che necessitò di alcune brevi dimostrazioni pratiche. Al Presidente Bourghiba erano bastate quelle del capodanno pirotecnico del 1984 e in quell'occasione ci limitammo a un promemoria. Fummo informati, quindi, tramite Roma radio, via stazione radio di Trapani Birgi, che si era ottenuto il risultato voluto e potevamo tornare alla "solita routine" di quel campo d'addestramento …

Non seppi, all'epoca, quali fossero stati i risultati voluti.

Solo molti anni dopo, quando ero ormai in contenzioso davanti alla Commissione Europea dei Diritti dell'Uomo di Strasburgo, (che, dopo quattro condanne dello Stato Italiano, mi riconobbe la persecuzione dovuta alla mia appartenenza all'Organizzazione Gladio e per la quale, però, dichiarò la sua incompetenza a intervenire essendo questione interna allo Stato membro), venni a sapere cos'era successo a Tunisi, dopo il nostro intervento di "ammorbidimento" minacciando una nuova rivolta: Il Ministro degli Esteri Italiano, on. Andreotti, si era recato in delegazione a Tunisi, col protocollo d'intesa Italo-Tunisino predisposto per la firma del Presidente Bourghiba, ma non fu ricevuto. La delegazione italiana, raccontò il Senatore Andreotti, fu umiliata come non era mai successo. Furono lasciati a fare anticamera e nessuno gli diede alcuna spiegazione, non gli fu offerto nemmeno un bicchiere d'acqua e il Ministro Andreotti, consapevole della gravità della situazione e dell'importanza che aveva la firma di quel trattato bilaterale per gli interessi degli italiani in Tunisia, costrinse sé stesso e la sua delegazione a rimanere lì fino a notte fonda, quando fu ormai chiaro che non sarebbero stati ricevuti e che il messaggio più ostile e chiaro di così non poteva essere! A quel punto la delegazione della Farnesina lasciò Tunisi per far ritorno in Italia con le "pive" nel sacco e umiliati come mai. Cosa che certamente aveva soddisfatto oltre ogni più ottimistica aspettativa il Governo di Tripoli.

Il suo intervento, infatti, aveva sicuramente provocato quel trattamento.

Poi, successivamente ai nostri interventi di "ammorbidimento", il 17 ottobre 1985, se non vado errato e ricordo bene, il Ministro degli esteri Andreotti, si meravigliò di vedere spalancarsi le porte del suo ufficio alla Farnesina ed entrare trafelato il Primo Ministro del Governo tunisino M'zali, il quale, senza fornire spiegazioni, gli mise davanti il trattato bilaterale Italo-Tunisino, già firmato e pronto da controfirmare, per poi vederlo partire, con la coda tra le gambe, alla volta di Tunisi.

Senz'altro un'altra operazione dell'Organizzazione Gladio perfettamente eseguita.

In seguito a successivi "tentennamenti" del Presidente a vita Ben Bourghiba, il Presidente del Consiglio, mentre era ancora in carica, nel 1987, ordinò a Ulisse di fare quanto era possibile per favorire la detronizzazione di Habib Ben Bourghiba, il vecchio Presidente, e la sua sostituzione col generale Ben Alì.

Nel Novembre 1987, un gruppo di medici fu accompagnato negli Uffici del Presidente Bourghiba che fu "visitato", dichiarato inabile a governare, destituito e sostituito prontamente col generale Ben Alì. All'ex Presidente non fu fatto alcun male, ma fu portato a Bizertha per impedire che qualche fedelissimo potesse organizzare la sua liberazione e, a situazione normalizzata, fu confinato nel suo palazzo dorato di Monastir, dov'era nato, sulla costa a Nord di Tunisi. Si dedicò al riposo, a lunghe nuotate e alla pesca sportiva fino alla fine dei suoi giorni, nonostante fosse anziano, non era per niente inabile.

Morì, infatti, all'età di 99 anni, perchè la vera data di nascita pare fosse il 1901, il 6 Aprile 2000, poco dopo aver fatto la sua ultima nuotata e 17 anni dopo essere stato dichiarato moribondo! Seppi che era stato sepolto nel mausoleo di famiglia dove aveva fatto trasferire le spoglie dei genitori e della prima moglie Mathilde.

Quest'operazione, avviata dal Presidente del Consiglio Bettino Craxi con appositi ordini, fu eseguita, nonostante la caduta del suo Governo, perché nessuno l'aveva contrordinata. Fu ben gradita dall'On. Craxi, che fu considerato sempre un eroe dalla Tunisia moderna e dal Presidente Ben Alì che, in seguito alle note vicende di tangentopoli, dove Craxi fu inquisito, in pericolo di arresto e di fare la stessa fine di Gardini e del Presidente dell'Eni Cagliari, entrambi "suicidi", il primo nel suo ufficio e l'altro in carcere, gli offrì asilo.

Occorre aggiungere che Ben Alì s'impose per contrastare le aperture che Bourghiba stava facendo al fondamentalismo Islamico e al panarabismo totalitarista di Gheddafi. Purtroppo, in quella parte di mondo, il vizio delle Presidenze a vita è duro a morire e anche Ben Alì si trasformò in un Presidente a vita, anche lui finì per garantire le oligarchie tribali e oggi è stato anche lui oggetto di una rivolta molto simile a quella organizzata da noi, come a lui era ben noto. Ciò lo portò ad accusare con certezza interventi di servizi stranieri dietro i rivoltosi che definisce terroristi. Come tutti i dittatori anch'egli ha, ormai, perso la lucidità di visione e non comprende che dietro c'è solo la voglia di libertà diffusasi attraverso internet, che i tiranni non possono controllare.

Che collegamento c'è in questi fatti col passato? ...Tutto!

Vero è che essendo identica la causa, identico è l'effetto. Certamente Gladio non è più dietro la rivolta detta Guerra del Pane. Così come Massinissa. Egli, tradito dalle potenze occidentali che l'avevano appoggiato, lasciò il movimento democratico di Akbar Magreb e divenne capo del FIS, il Fronte Islamico di Salvezza Algerino. Vinte le libere elezioni in Algeria del 1991, le vide invalidate dall'intervento Militare del vecchio Governo sconfitto alle elezioni; fu arrestato e morì in carcere. Anche il figlio, che assunse lo stesso nome in codice del padre, guidando il FIS, fu arrestato dalla polizia e assassinato.

Il progetto di Aldo Moro e di Craxi, per dare al Maghreb un partito democratico laico, d'ispirazione Islamica e radicato nel cuore del popolo del Maghreb, era stato tradito e finì con l'ultimo dei "Massinissa" e gli ultimi di noi.

Del resto anche noi siamo stati traditi! La mia storia è ormai nota e sta testimoniando questo tradimento. Oggi nessuno più fa politica per ideali, ma solo per interessi; interessi che quando va bene sono interessi di partito, quando va male sono interessi personali. Certo è che di favorire la nascita di un partito democratico d'ispirazione Islamica nel Maghreb se ne impippano tutti! Nell'ispirazione di Moro e poi di Craxi questo sarebbe stato un punto di forza nella stabilizzazione democratica di una parte di mondo a noi così vicina e, perciò, destabilizzante se cadesse nel caos.

Dunque, chi c'è dietro la rivolta della Guerra del pane del "capodanno" 2011?

I servizi segreti occidentali dovrebbero essere in grado di dirlo, ma in realtà non sono in grado di far altro che leggere i giornali e farne un frullato da preparare come un frappè da presentare ai Governi sotto forma di analisi!

Per loro stessa ammissione in più occasioni, così funzionano oggi i servizi d'informazione. Analisti che leggono notizie giornalistiche e sentono kakkiate un po' dappertutto per poi mischiarle e confezionarle sotto forma di consulenze da fornire ai rispettivi Governi ... pagate molto care, naturalmente!

Del resto, tutti i flop evidenziatisi con le operazioni che hanno portato gli eserciti Nato in trappola tra Iraq e Afghanistan, mostrano l'evidenza di questo gap d'Intelligence dell'Occidente.

Attraverso quelle che furono le mie conoscenze dell'epoca posso azzardare delle ipotesi abbastanza attendibili su chi erano coloro che il Presidente Ben Alì sospettava come possibili mandanti dei disordini che stava tentando di reprimere con l'uso della forza militare, visto che non aveva altro modo di salvare il suo potere.

Non avendo imparato la lezione anch'egli commetteva il medesimo errore che portò alla fine il regime di Bourghiba ... un errore cui lo spingemmo noi.

Infatti, anche Tunisi fu in fiamme nel capodanno 1984. Questo diede inizio al crollo di Bourghiba.

Cercò di salvarsi incolpando dei massacri il primo ministro M'zali, il quale, poi, alla caduta di Bourghiba fuggì in esilio, non prima, però, di aver firmato quel che fu "ammorbidito" a firmare.

Il Governo Bourghiba tentò di addossare la responsabilità della rivolta al MIT (Movimento della tendenza Islamica) di Gannoushi e in parte era vero. I filoiraniani non conoscevano i nostri piani, ma si unirono a noi e ai ribelli di Akbar Maghreb. Per essi, tuttavia, l'allontanamento della Tunisia dall'orbita filosovietica, cui l'unione con la Libia di Gheddafi la stava portando, era funzionale all'inclusione della regione nell'orbita dell'integralismo Islamico e Sciita. Ben Alì appena insediato fece gesti di apertura e mise in libertà tutti i dissidenti del MIT filo iraniano, che con quella rivolta non c'entravano nulla, ma servì a lui per darsi una patina di tolleranza e a noi ad allontanare i sospetti dei Francesi. Questi si videro sfilare da sotto gli occhi il controllo della Tunisia che, però, avevano comunque perso, visto che senza le nostre operazioni sarebbe passata sotto il controllo Libico e quindi Sovietico! In seguito, tuttavia, sarebbe stato lui stesso a far fuori il MIT che ancora oggi è fuorilegge e Gannoushi fu mandato in esilio; non so se è ancora vivo, nè dove si trovi.

Probabilmente tra Egitto e Inghilterra ... Se è vivo si farà avanti per partecipare al Governo della nuova Tunisia, magari dichiarando di essere divenuto un moderato ... un classico!

All'epoca di quei fatti dovemmo competere proprio con i servizi segreti degli Ayatollah per la leadership di quelle operazioni. Su questo non potevamo avere dubbi, in quanto a quel tempo, gli agenti impiegati in Maghreb erano tutti provenienti dalla ex Savak, i servizi segreti dello Shah Reza Pahlavi, i quali si erano addestrati con noi in Sardegna, alle Scuole CEMM della Maddalena e a Capo Marrargiu. Ovvio che rivedendoli a Tunisi in quei giorni, non potevamo credere che fossero lì per turismo, a meno che non fingessero anche loro di essere turisti e marittimi in transito come noi: lo avevamo appreso assieme, nei corsi d'addestramento d'Intelligence, dunque, perché dubitarne? Anche i servizi segreti iraniani, infatti, erano interessati a controllare la rivolta. Le loro mire di espansione e di esportazione della rivoluzione Islamica Sciita verso il Mediterraneo si erano già accalorate con il loro impegno a favore degli Hezbollah, l'organizzazione politica e militare degli Sciiti, molto potenti in Libano e che tentavano di penetrare in Egitto e nel Maghreb. Per ordine dell'Ayatollah Komeiny, infine, avevano organizzato un movimento Tunisino controllato da loro, il MIT appunto e proteggevano un leader, Gannoushi, che guidava gli integralisti Sciiti della Tunisia. A riprova di questo si dovrebbe considerare il fatto che i disordini di questo fine decennio, Dicembre 2010, secondo il calendario Cristiano, sono stati inaugurati dalle stragi di Cristiani in Asia e ad Alexandria d'Egitto, con il kamikaze che si era fatto esplodere davanti alla chiesa Cristiana Kopta. Un'altra nazione cara alla setta, perché ne è cittadino uno dei capi, Al Zwahiri, vice di Bin Laden alla guida di Al Qaeda e certamente amico dei servizi segreti Iraniani che collaborano con le loro politiche di espansionismo dell'integralismo Islamico, anche se poi, gli Sciiti, sono sempre stati considerati degli eretici, per problemi dinastici, dai Musulmani Sunniti. Oltretutto anche l'Egitto era governato da quello che l'occidente definisce un Faraone, il Presidente a vita Mubarak che governava l'Egitto da trent'anni. Anche lui, però, come Ben Alì, è stato costretto alle dimissioni e alla fuga. Ovvio considerare, pertanto, che nessuno dei loro compagni di merende aveva partecipato alle rivolte: non ne avrebbero avuto alcun interesse. Da escludere anche l'interessamento dei servizi segreti Iraniani, perché anche quel regime mostra la corda e anzi, proprio in Siria, dove gli Sciti sono al potere con gli Assad da oltre quarant'anni, scoppiano rivolte che costringono quel regime a risposte altrettanto sanguinose. Nessun servizio segreto occidentale sembra esserne stato l'ispiratore e questo è senz'altro credibile. Bene o male tutti ci marciavano con questi tiranni ladri e corrotti e credo che proprio questa default d'Intelligence mette davvero in pericolo la nostra sicurezza e la nostra libertà. Ben Alì ha lasciato la Tunisia, portandosi dietro un vero tesoro. Questa è la novità di questa replica della Guerra del Pane. Questa è la novità rispetto alla prima che Ben Alì ben conosce. In base al Modulo Guerra del pane, a questo punto degli scontri, Bourghiba abrogò gli aumenti, fece liberare i prigionieri e annunciò aperture. La stessa cosa ha tentato di fare Ben Alì. Nella tabella di marcia del format, secondo il modulo, nelle strade, tra i rivoltosi, agenti del Governo avrebbero dovuto inneggiare al Presidente che, incolpando dei disordini il Primo Ministro e il Ministro degli interni, li avrebbe fatti dimettere per giusta causa, facendone i capri espiatori e salvando il potere ... Così ha infatti tentato di fare anche Ben Alì, ma questa volta non ha funzionato!

All'epoca c'eravamo noi che, ottenuto lo scopo, facemmo cessare i disordini. Questo può significare che questa volta dietro questa riedizione del Modulo non c'è il piano di chi vuole mettere al potere un altro Generale, ma qualcos'altro e questo qualcos'altro potrebbe essere proprio la libera informazione di Internet che ha diffuso la voglia di libertà.

Anche in Egitto, dopo la fuga obbligata di Mubarak, si tenta di stabilizzare la rivolta con rimaneggiamenti di poltrone, come si fa in Italia ogni tanto, ma se internet continuerà a essere libero non basterà. Ci vorranno cambiamenti veri o l'insurrezione riprenderà peggiore di prima.

Ed ecco il punto. Tutto iniziò pochi giorni dopo quel 17 Ottobre 1985; pochi giorni dopo ricevetti quel falso ordine che mi portò in trappola al passo di Oujda. Veniva da Roma, di questo non c'è dubbio, ma perché "vendermi" al nemico? È questo che non capivo e ancora non capisco. Perché è ben vero che, se si voleva mettermi a tacere sarebbe bastato congedarmi come richiedevo, al più tardi dopo la lettera dell'Ammiraglio Martini del Dicembre 1990, e non avrei mai riportato la mente al passato, se non per i ricordi personali, come tutti si fa per ricordare i bei momenti, ed anche quelli brutti ormai superati.

L'unico movente, a questo punto, sarebbe stato ottenere la garanzia che solo i morti possono dare: i morti non parlano e non possono ricordare e capire niente e, se lo fanno nell'adilà, è ragionevolmente certo che non tornano a riferire. Ecco questo è un movente valido, ma è criminale, non è facile accettare l'idea che il Governo di una Repubblica democratica agisca come una Tirannia.

Ho avuto mille e mille riscontri che, per quanto voglia ricacciare, si affacciano sempre più prepotenti a sbattermela in faccia questa verità. Ricordavo la vergogna che provai la primavera del 2009, allorquando potei leggere sui soliti giornalacci la proposta di laurea honoris causa per Gheddafi, avanzata da alcuni docenti dell'Università di Giurisprudenza di Sassari. Non era difficile capire che la proposta era stata avanzata da Cossiga. Conoscendo il personaggio e i suoi passati rapporti col Tiranno di Tripoli, era comprensibile, persino logica … ma che dei professori di Diritto la avvallassero era davvero infame!

-"VERGOGNA!!! Su tutti coloro che, docenti dell'Università di Giurisprudenza di Sassari, furono concordi con Francesco Cossiga nell'offrire al Tiranno assassino Gheddafi la laurea Honoris Causa in Diritto Internazionale. Vergogna su tutti coloro che conoscendo di chi stavano parlando, non si sono indignati pubblicamente!" – scrissi nel mio blog e ovunque su internet.

Fu grazie all'indignata reazione dei Radicali in Parlamento e di alcuni esponenti dell'IDV che alcuni docenti di Sassari trovarono il coraggio di opporsi a questa ignominia, che avrebbe gettato nel disonore tutta l'Italia e la Sardegna in particolare, oltre alla stessa Università Sassarese. In quell'occasione, nella primavera del 2009, era alle porte il G-8 di La Maddalena, poi trasferito all'Aquila. Francesco Cossiga offriva al suo amico Gheddafi l'alto riconoscimento per il suo impegno a favore dei Diritti Umani ... A un feroce stragista!

Anche io protestai, nel mio piccolo lo considerai un insulto due volte, come sardo e come italiano! Oggi la verità della natura di quel tristo figuro viene alla luce, ma tutti coloro che hanno letto il sito The Real History of Gladio, pubblicato nel Giugno 1996 e ancora oggi online su www.g71.altervista.org, già la conoscevano. Così come tutti coloro che hanno letto l'Ultima Missione sapevano bene chi era Cossiga e chi erano Gheddafi ed i suoi sodali in Italia, coloro che ci tradirono tutti.

Dalla Libia sono giunte recenti notizie di ritrovamento delle prove che effettivamente fu Gheddafi a ordinare l'attentato di Lockerbye. Ora i suoi complici in Italia tremano, perché temono che alla caduta del Tiranno si vengano a scoprire le verità sulla strategia della tensione italiana. Scoprire che Gheddafi era il "grande vecchio" che finanziava e organizzava le stragi in Italia, anche fornendo il Semtex, l'esplosivo plastico di fabbricazione Cecoslovacca, fin dalle prime, quelle di Piazza Fontana e dell'altare della Patria a Roma che esplose contemporaneamente ad altre due nel Dicembre 1969. Così come temono che si vengano a conoscere i lati oscuri di quello che nell'Ultima Missione è descritto come "Il Golpe Italiano", quello perfettamente riuscito e che portò alla strage di Via Fani e al sequestro dell'On. Moro, permettendo a chi collaborò, tradendo la Patria, di fare brillanti carriere.

Anche in quell'occasione ci fu la collaborazione attiva di Gheddafi, che ospitando a Tripoli la sede della Separat, la rete del terrore voluta dal KGB e affidata al terrorista venezuelano Carlos Ilich Ramirez Sanchez, alias lo sciacallo, se ne rese mandante e complice con tutti i suoi amici Italiani. Non per caso l'auto 128 bianca usata dai terroristi per la strage e il sequestro era dell'ambasciata venezuelana a Roma. Così come nell'hotel di fronte alla stazione di Bologna, la notte tra l'1 e il 2 Agosto 1980, alloggiava Thomas

Kramm, terrorista della Separat di Carlos e che certo non era li per caso. La verità lascia sempre tracce!

Rammentai con un epitaffio Francesco Cossiga che, il 19 Agosto 2010, pubblicai nel mio blog in occasione della sua morte.

Volli ricordare chi fosse veramente l'emerito ex Presidente della Repubblica facendo un riepilogo di quello che aveva fatto e di quanto fosse amico e sodale di terroristi come Gheddafi, dell'IRA Irlandese e dell'ETA Basca.

Lo feci immerso, come il solito, nel coro degli usignoli dell'Imperatore che dai nostri media ne tessevano le lodi: ...madeghè!!! In effetti usignoli non è il termine giusto, in questo caso è più adatto quello di corvi dell'Imperatore. Coro funzionale a coprire la voce di quelli che, come me, dicevano la verità su colui che ha sistematicamente tentato di occultare e depistare, collaborando a nascondere i fatti sulle stragi e altri delitti compiuti da Gheddafi in danno degli italiani. E non per ideali contrari a quelli della Patria italiana, ma per potere, carrierismo, vanità e denaro!

Quelli che i nostri codici penale e civile definiscono *Abbietti motivi*!

ONORE al Popolo libico che si è battuto contro il Tiranno assassino e stragista anche per noi. Voglia Dio sprofondarlo all'inferno con tutti coloro che gli hanno venduto l'anima per trenta denari. Anche se in realtà sono stati milioni in petrodollari, non è la quantità del prezzo pagato che cambia lo spirito dell'infamia compiuta da quei vili traditori.

Conclusi la rivisitazione postuma di quanto avevo scritto su internet, su www.g-71.blogspot.com felice che esistesse un luogo dove poter scrivere e leggere la verità, tradita da tutti coloro che per denaro la tradiscono ogni giorno e con essa la Patria, che fu culla del Diritto.

Il tempo, sempre galantuomo, sta dimostrando che razza di pazzo sanguinario sia stato colui che, a Sassari, volevano insignire della Laurea Honoris Causa in Diritto Internazionale.

Incredibile, ma vero! Lo stesso che a Roma hanno ricevuto in pompa magna, appena due anni fa, offrendogli anche quella somma spropositata, anziché chiedergli i risarcimenti per le vittime delle sue stragi, come han fatto USA, Inghilterra, Francia e Germania.

Un Tiranno disposto a far straziare da mercenari il suo stesso popolo che osa non volerlo più, dopo quarant'anni di violenze e soprusi e migliaia di cadaveri scomparsi in fosse comuni nel deserto.

228

E in Italia? Oh … in Italia non si smentiscono nemmeno in questa occasione. Il Colonnello Jalloud è scappato dalla Libia e si è rifugiato in Italia dove è stato preso subito in custodia dai servizi segreti. Per raccogliere informazioni sulle maleffate libiche nel nostro paese, di cui il Colonnello Jalloud è stato attento esecutore e depositario di ogni segreto del Rais?

Naaa! …Solo per impedirgli di fare rivelazioni incontrollate. Del resto i media, così obbedienti, hanno continuato col cazzeggio quotidiano e le sfilate di politicanti su giornali e tv … Proprio al contrario insomma. Ora, dopo la brutta fine che ha fatto Gheddafi e la sua famiglia, lui, che ne era il complice più fedele, non rischia alcun processo e vive protetto in luogo segreto. I primi giorni addirittura nella base di Capo Poglina, ad Alghero, poi …boh!

Sarebbe possibile fare una cosa simile in una democrazia vera, dove una libera informazione vigila davvero su questi comportamenti sputtanandoli rendendoli pubblici? Non credo proprio! Jalloud è l'uomo cui nella primavera del 1980, personaggi come Francesco Cossiga, in persona del Generale Jucci (a cui fu ordinato), consegnarono gli elenchi dei dissidenti libici che noi avevamo rifugiato in Italia e che furono tutti torturati e assassinati, alcuni subito, in Italia. Non si tratta di opinioni politiche, ma di crimini da codice penale, sequestri di persona e assassinii. Secondo me, poi, ci sarebbe anche il reato di tradimento, ma questo dovrebbe essere stabilito da un regolare processo, volto all'identificazione dei complici Italiani … Ma, a quanto pare, in Italia non sarà mai fatta giustizia su questi 'misteri'.

Personalmente credo che siano fatti davvero orribili da vedere e da conoscere. Talmente brutti che questo Stato, messo di fronte alla verità delle sue brutture, si sfalderebbe come polvere al vento.

Sarebbe un bene, o sarebbe un male? Io credo che qualsiasi cosa sarebbe meglio che essere soggetti a poteri così corrotti, ma questo non significa che sia davvero così, si tratta solo della mia opinione. Magari, invece, il resto del popolo italiano, la maggioranza, potrebbe essere d'accordo che si può essere governati anche dalla mafia se c'è un tornaconto. Un vecchio detto italiano, precedente all'Unità, diceva: Francia o Spagna purchè se magna!

Del resto vedo che a preoccuparsi di salvare lo Stato, sono soprattutto coloro che lo sfruttano e che ne hanno goduto i privilegi e il motivo è ... che vogliono continuare a farlo.

Questi giorni vediamo materializzarsi le manovre per portare al potere un Governo che nessuno del popolo ha votato. Può esserci qualcosa di meno democratico di questo? Io credo di no, e non è un'opinione sul personaggio che potrebbe anche rivelarsi competente ed equo, ma sul sistema. Avrebbe dovuto formare un suo gruppo politico e candidarsi alla guida della nazione con un programma da sottoporre al vaglio degli elettori, ma non l'ha fatto. Anzi, è figlio del tentativo di evitarlo. Un tentativo a quanto pare riuscito. Così introdurrà di nuovo la tassa sulla prima casa, che il popolo aveva bocciato, aumenterà gli estimi catastali per poter aumentare anche questa quota e studierà nuove leggi per rimpinguare le casse dello Stato, esauste per i ladrocini e le malversazioni della classe politica, avida e corrotta, che Governa l'Italia.

Propone anche tagli ai privilegi della casta, ma su questo avanzo dei dubbi che li faccia davvero e a suggerirmeli è tutto il comportamento iniziale a cui abbiamo assistito. Per prima cosa, all'arrivo a Roma, il Presidente Napolitano, esponente autorevole e prestigioso della partitocrazia che ha distrutto l'Italia, gli ha assegnato subito un privilegio dei più iniqui, quello di Senatore a vita, cosa che comporta un vitalizio di circa 25 mila euro il mese, più tutta un'altra serie di privilegi collegati che, per coerenza con quanto ha dichiarato prima di assumere l'incarico, avrebbe dovuto rifiutare sdegnato. Avrebbe dovuto farlo dicendo: "No, devo rifiutare la nomina a Senatore a vita, perché sono venuto a togliere privilegi ingiustificati e costosi, non a usufruirne io stesso!"

Stiamo freschi! Gli hanno fatto un posto a tavola e ora dovremo goderci tutte le loro manovre. Uno dei suoi neoministri 'tecnici' ha avanzato la proposta, prontamente rimangiata per le proteste che ha suscitato, di riprendere il discorso del nucleare in Italia, nonostante anche l'ultimo referendum popolare l'avesse appena chiuso. Vedrete che ci torneranno con più calma. Si tratta di una fetta di una torta troppo grossa perché rinuncino così e, il popolo italiano non è in grado di fare rivoluzioni. Non è nemmeno in grado di capire la verità di ciò che gli accade intorno, nonostante tutti i giornali che paga, anche senza leggerli, grazie alle centinaia di milioni di denaro pubblico che viene assegnato agli editori, amici degli amici, che possiedono i giornali. Il solo Editore dell'Unione sarda, un giornalino locale da qualche centomila copie vendute, incassa 60 milioni di euro l'anno, con i 25 destinati al foglio di nome e di fatto. Un foglio da 25 milioni di euro ... Dove altro se ne potrebbe vedere uno più costoso se non in Italia?

Pensare che persino i tunisini, i libici, gli egiziani, sottoposti a tirannie spietate e privi di qualsiasi libertà d'informazione, hanno trovato il coraggio di ribellarsi e di pretendere democrazia e libertà, denunciando le malversazioni e le corruzioni dei satrapi che li governavano, mentre il popolo italiano continua a subire sempre gli stessi al potere da quarant'anni, qualcuno anche più. Questo deprime davvero profondamente lo spirito e fa vacillare il senso d'amor Patrio. Unito poi a tutte le brutture e gli abusi di potere cui ho avuto modo di assistere nel corso di questi anni, il pensiero che sia finita, che l'Italia non esista già più nei fatti e che manchi solo la presa d'atto di questa realtà, si fa strada prepotente anche nella mia mente. Un pensiero che cerco di respingere, ma che si riaffaccia insistentemente e respingerlo è sempre più difficile. Tutto ciò che riesce a darmi sollievo, è solo il pensiero che io ho fatto tutto quanto era in mio potere per evitarlo. Non è stato con la mia complicità che hanno vinto i traditori, non col mio consenso!

Anni davvero difficili questi, ma quello che è accaduto e sta ancora accadendo in Libia e nel resto del mondo Arabo, l'interesse suscitato da parte della Nato verso i diritti umani di quei popoli, la rivolta che nonostante la repressione feroce non si arresta nemmeno in Siria, mi fa ben sperare che non tutto è ancora perduto. C'è ancora speranza per questa nostra Civiltà.

Sarò un povero fesso, ma ci credo ancora e preferisco così, piuttosto che arrendermi alla decadenza. Mi fa stare bene e, per il momento, è meglio di niente. Poi ... si vedrà.

Capitolo XI
Le falsità del Ministero della Difesa

Una mattina di Giugno del 2003, seppi che, almeno in America, i giornali avevano sbugiardato le menzogne del Ministro della Difesa Martino, declarate in Parlamento in replica all'interrogazione di Andreotti che, proprio per questo comportamento, mi apparivano come una combine preparata da chi era ben esperto nel coordinamento di azioni subdole, potendo avvalersi della piena collaborazione di funzionari corrotti e una stampa aggiogata alle dazioni di denaro pubblico da cui dipendevano tutti.

Riflettevo sui consigli che mi aveva appena dato, al telefono, l'Ammiraglio Accame.

Avevamo commentato le dichiarazioni del precedente Ministro della Difesa, tale On. Mattarella, il quale, nel dicembre 2000, aveva affermato, in risposta ad un'altra interrogazione del Senatore Russo Spena, che alla Scuola SAS di Viterbo, nella quale fui arruolato nel maggio 1970 e da qui selezionato per l'Organizzazione Gladio nel settembre successivo, non risultava nulla e che non c'erano state selezioni per l'Organizzazione Gladio. Questo era già stato smentito dallo stesso Ammiraglio Accame che aveva ritrovato, tra gli elenchi di Gladio non distrutti, anche se evidentemente manipolati, il nome del Colonnello Fabrizio Antonelli, il quale al tempo che indicavo io, era proprio comandante della Scuola SAS di Viterbo e del quale avevo anche le foto con dedica. Menzogne su menzogne, ma a che valeva smentirle se poi i media non ne diffondevano la notizia? Nessuno veniva a sapere che Ministri della Repubblica mentivano spudoratamente, negando anche l'evidenza. Proprio come affermava Thomas Jefferson, ma non solo lui, con le sue dichiarazioni sulla necessità di avere una stampa libera e responsabile, perché non si finisca tutti sotto il controllo di governi dispotici e tiranni.

Quella mattina l'Ammiraglio Accame mi aveva detto qualcosa, con la naturale semplicità di cui era capace:

-"Ma lei … ha provato a chiedere direttamente alla Scuola SAS?"

-"No. I Ministri della Difesa hanno dichiarato pubblicamente che non risultava niente, il nostro capo servizio mi disse, già nel 1991, che avevano distrutto tutto per ordine del Governo; avrei perso solo tempo" – replicai colpito dal fatto che, effettivamente, io avevo creduto alle dichiarazioni dei Ministri.

Proprio io che ne avevo visto tutta l'inattendibilità e l'ignavia.

-"Lasci perdere quello che dicono i Ministri, lei faccia richiesta di informazioni direttamente all'Ufficio Matricola della Scuola Militare. Non dica niente di contestazioni col Ministero, nessuno vuole rogne, dica solo che sta ricostruendo il suo stato di servizio e vorrebbe avere copia del foglio matricolare del periodo che ha passato li, da Maggio del 1970 a Dicembre dello stesso anno e poi veda. Faccia una raccomandata a ricevuta di ritorno. Se non le rispondono, almeno può dimostrare di averlo richiesto. Una cosa, però, è certa. Se è vero che è stato li, non potranno dirle il contrario, rischiano una denuncia per falso e ... per l'appunto, nessuno vuole rogne! Mi faccia sapere" – rispose secco.

Lo feci subito. Seguii il suo consiglio e qualche giorno dopo, appena una settimana, ricevetti una raccomandata da Viterbo.

-"Beh, almeno hanno risposto!" – pensai aprendola e un attimo dopo restai di sasso! Non me lo sarei mai aspettato. Aveva ragione l'Ammiraglio. L'Ufficio Matricola della Scuola SAS mi faceva sapere che a loro risultavo arruolato col 14° Corso AS il 14 Maggio 1970, promosso due volte e trasferito a Roma nel Gennaio 1971, col primo e secondo foglio matricolare in originale. Pertanto, per averne copia, dovevo rivolgermi al reparto di destinazione, in quanto i fogli matricolari seguono il Militare.

-"Ammiraglio, non riesco ancora a crederci, l'ufficio matricola della scuola mi ha risposto certificandomi che sono stato arruolato lì, nel maggio 1970 e dopo due promozioni trasferito a Roma con il primo e secondo foglio matricolare. Il primo era quello della carriera ufficiale, il secondo quello riservato, perché riguardante il SID e l'Organizzazione Gladio. Mi hanno detto che però seguono il Militare e quindi dovrei cercarlo a Roma" – dissi al telefono.

-"Ha visto? Quelli hanno i libroni neri, scritti a penna, dove non arriva nessun ministero a cancellare nulla. Ora deve rifare la stessa cosa a Roma: scriva di nuovo, chissà che non salti fuori" – rispose ricevendo i miei ringraziamenti per i consigli e l'assicurazione che l'avrei fatto subito.

Roma per me era la Scuola Trasmissioni della Cechignola dove feci il corso per utilizzare le radio da campo e poi l'Ufficio X del Ministero della Difesa, sede del Nucleo G di Stay behind, in codice: Gladio. La Scuola Trasmissioni mi rispose altrettanto rapidamente per dirmi che presso di loro non c'era alcun foglio matricolare.

Il Ministero della Difesa Ufficio X era stato soppresso e così la ricerca si fermò lì, a Roma. Ma era una bella soddisfazione, stavano cominciando a definirsi i contorni della verità. Comunque quei fogli matricolari c'erano ed erano stati inviati a Roma. A Roma erano stati distrutti, o cancellati come dicevo io. E' diverso dal sentirsi dire che non risultava nulla, come se fossi davvero il pazzo millantatore che quei personaggi vorrebbero far credere.

Avevo, adesso, abbastanza prove per reagire con un ricorso alla Corte dei Conti. Più volte avevo avanzato la richiesta di essere congedato regolarmente e ora, visto che risultavo regolarmente arruolato, ma di ciò non risultava alcun congedo, potevo rivolgermi alla Corte dei Conti, contro il Ministero della Difesa inadempiente. Lo feci, di li a poco, depositando copia autenticata da notaio in cancelleria della Corte dei Conti di Cagliari. Sono cose lunghe si sa, ma … prima o poi avrebbero risposto e volevo proprio sentire cosa avrebbe replicato alle mie contestazioni il Ministero della Difesa. Lo seppi qualche anno dopo e con vera indignazione da parte mia. Erano veramente capaci di tutto e certi dell'impunità. Mi arrivò per conoscenza una fotocopia, fatta evidentemente nell'ottobre 2006, che simulava un foglio matricolare, nel quale non era indicato alcun segno caratteristico … e come avrebbero potuto visto che non mi conoscevano e tantomeno potevano avermi conosciuto all'epoca del 1971 a cui quel foglio si rifaceva. Ebbene, il Ministro della Difesa La Russa, al pari dei suoi predecessori, dichiarava tranquillamente il falso affermando che sarei stato congedato per "dispaccio" nel maggio 1971. Appena un anno dopo l'arruolamento. Questo oltre a non essere vero, sarebbe stato illegittimo. Il contratto d'ingaggio, o d'arruolamento, parlava chiaro ed era così per tutti, non solo per me: entro tre mesi dall'arruolamento volontario il militare, ma anche l'amministrazione, avevano la possibilità di recedere dal contratto senza conseguenze, dopodiché la ferma era triennale, rinnovabile, ma non poteva essere interrotta prima, se non per sentenza della Corte Marziale, invalidità o morte. Niente di tutto questo si era verificato, dunque, quel congedo, avvenuto oltretutto per dispaccio, cioè senza alcuna documentazione scritta che lo attestasse e senza che io ne fossi nemmeno stato informato, era del tutto illegittimo e, se fosse stato vero, sarebbe anche nullo. Ma non era vero e quella fotocopia inviata dal Ministero alla Corte dei Conti era evidentemente stata costruita nell'Ottobre 2006, su richiesta del Ministro. Anche gli altri uffici si erano limitati a rispondere che non risultava nulla e due anni dopo, la Corte dei Conti di Cagliari si dichiarò incompetente a decidere in quanto io non avevo mai chiesto la pensione al Ministero della Difesa e questo era senz'altro vero.

Io non ho mai chiesto la pensione al Ministero della Difesa, nè alla Presidenza del Consiglio, che pure avevo citato in giudizio davanti alla Corte dei Conti. Avevo anche dichiarato al Ministero e, pubblicamente, che prima di poter accettare una pensione, alla quale potevo certamente avere diritto per gli anni trascorsi al servizio dello Stato, avrei dovuto ricevere le scuse del Governo e così non era stato fino a quel momento e nemmeno potevo pensare che potessero essermi presentate, da coloro che mi avevano offeso, in futuro. Pertanto, una pensione non era mai stata oggetto delle mie richieste. Anche se, alcuni burattini dei soliti "ignoti", a titolo di discredito avevano insinuato che le mie proteste fossero mirate a ottenere una pensione che avevo addirittura anche già richiesto … sempre della serie sull'informazione controllata da poteri dispotici e corrotti.

La sentenza della Corte dei Conti, benchè condivisibile, comunque non risolveva alcunché. Restavo senza risposta e senza congedo. Anche se c'era di che denunciare per falso il Ministero, falso vero questa volta, perché quel congedo del 1971 era un'evidente fotocopia di un niente preesistente, oltretutto illegittimo perché fuori da ogni norma di leggi e regolamenti militari. Posso sicuramente vantarmi di essere l'unico militare del mondo a essere stato congedato per dispaccio (poco più di una telefonata …!?) e senza che nemmeno gli fosse stata notificata copia. Sì, potevo anche far causa civile al Governo per inadempienza contrattuale, di prove ce n'erano d'avanzo, ma se per una dichiarazione d'incompetenza c'erano voluti la bellezza di cinque anni … quanto sarebbe durata una causa civile contro il Governo? Convinto che non avevo abbastanza anni di vita davanti e non volendo lasciare in eredità una simile porcata ai miei figli, rinunciai … per il momento.

Ricordo che la mattina dell'Udienza, alla Corte dei Conti a Cagliari, il Giudice mi diede modo di capire che aveva ben studiato il caso avendo esaminato anche i documenti originali che avevo portato in Udienza perché avesse la certezza che le copie autenticate dal Notaio che avevo prodotto, diversamente da fotocopie come quella del dispaccio prodotta dal Ministero, erano effettivamente documenti conformi agli originali e certificavano oltre ogni ragionevole dubbio lo Stato e la qualità del servizio effettivamente svolto. Purtroppo, però, in base alle procedure italiane, io avrei dovuto ricorrere al TAR a suo tempo … Ah ah ah.

-"Come ricorrere al TAR! - risposi scusandomi col giudice per la risata che mi sfuggì – ma perché avrei dovuto ricorrere al TAR contro un falso congedo, quello della Marina Militare del 14 Dicembre 1973, se era fatto per la mia protezione e dandomi nel contempo riscontro che ero stato in realtà destinato ai reparti speciali SB (Stay Behind), come risultava anche al foglio matricolare superstite della Marina Militare? Capisce bene che era impossibile pensarci e, se avessi immaginato di ricevere un simile trattamento non avrei fatto ricorso al TAR, mi sarei congedato con urgenza e sarei anche espatriato, perché uno Stato che agisce così è meglio lasciarselo di poppa, con le macchine avanti tutta!

Capitolo XII
Il Cinema ... la VII Arte!

Visto l'interesse suscitato dalla mia vicenda, sia dalle pubblicazioni Internet sia, nel 2001, dall'aggiornamento cartaceo, fu quasi ovvio stimolare l'interesse di produttori e registi cinematografici.

Questo non poteva dispiacermi, considerato che ogni mezzo per far conoscere la mia storia era il benvenuto. Oltretutto, com'è immaginabile, il cinema avrebbe potuto rendere economicamente e, dopo tutti quei lustri di battaglie giudiziarie a colpi di marche da bollo e parcelle legali, mi allettava l'idea di recuperare almeno una parte di quelle spese. Anche perché, considerai, qualche bel film sulla vera storia di Gladio e della Guerra Fredda Italiana mi avrebbe certamente aiutato a superare le censure occulte di chi manovrava nell'ombra e contribuiva, con quell'efficace mezzo, al ripristino delle verità storiche.

Ben presto dovetti rendermi conto che la realtà del cinema era speculare alla realtà della decadenza in cui tutto era immerso e che costava così tanta fatica, a me che avevo occhi per vedere, riuscire a non sprofondarci dentro, anche se navigarci sopra col mio guscio di noce, non era il massimo!

Venne a trovarmi un amico giornalista, accompagnava un regista e produttore il quale stava realizzando un film sul sequestro Moro e la strage di Via Fani. "Interessante!"- pensai sulle prime, ma poi ascoltandolo mi resi conto che non cercava alcuna verità. Voleva solo accontentare coloro che distribuivano milioni di euro per finanziare il cinema. Naturalmente denaro pubblico e questo era ciò che interessava, che arrivassero i finanziamenti pubblici. Capii che certi filmetti da quattro soldi costavano meno di un decimo, a essere generosi, di ciò per cui erano finanziati e che funzionava esattamente come funzionano gli appalti pubblici, di qualsiasi genere, affidati in gestione al mondo della corruzione.

Il 50% dei film prodotti in questo modo, non andava mai, nemmeno per una sola volta, nelle sale: venivano prodotti solo per giustificare la dazione e la spesa di quel denaro. Denaro che finiva, quasi tutto, investito in beni immobiliari da registi e produttori, dopo essere stato diviso con coloro che avevano stanziato i contributi. C'erano poi anche privati a finanziare quel tipo d'industria cinematografica. Con denaro loro, che portavano in detrazione dalle dichiarazioni fiscali, quindi, finiva per essere anche quello un modo per impiegare denaro che doveva andare all'erario, per scopi migliori ... a loro dire! L'altro 50% era in gran parte di scarsa qualità, quasi tutte fiction per le TV private e pubbliche. Qualche film aveva successo, nel senso che incassava più di quanto era costato, ma erano rarissimi e, comunque, filmetti per le vacanze estive o di natale. Questo era tutto ciò che c'era da sapere riguardo al cinema Italiano. Sembrava del tutto inverosimile che ci fu un tempo in cui Cinecittà rivaleggiava con Hollywood per qualità e quantità delle produzioni e ancora più incredibile pensare che da Cinecittà, il grande Sergio leone, aveva insegnato agli americani a fare i western. La Cinecittà dei colossal, dei film sull'età classica, del neorealismo e tutto finiva così, sotto montagne di fango misto a pus.

L'amico mi offrì 60 mila euro per tutti i diritti di sfruttamento cinematografico del mio libro, ma non potevo accettare. Non avrebbe mai seguito la storia originale, lo voleva per usarlo screditando la verità, come poi ebbi modo di verificare. Infatti, il film fu realizzato e non era male per la storia iniziale, ma come avevo ben capito, in finale cercava di dare a intendere al pubblico che la strage di Via Fani e l'assassinio dell'on. Moro era stato portato a termine grazie all'intervento di ... Gladio! Ah ah ah.

Un contorsionismo che nemmeno gli Stalinisti, con il loro impegno per la falsificazione della storia avrebbero potuto pensare di spacciare per vero. Questo fu il primo risultato dell'interessamento del cinema all'Ultima Missione. Meglio perderlo che trovarlo, non siete d'accordo? Naturalmente declinai l'offerta, ma non l'idea di mettere in chiaro tutta la vera storia della guerra fredda Italiana e non solo Italiana con l'aiuto di produttori, registi e attori veri ... ma era difficilissimo incontrarne qualcuno. Quel mondo era pervaso di finzione, produttori che non producevano altro che pacchi ai danni dell'erario che li finanziava, attori e attrici che in realtà erano ben altro, sceneggiatori completamente insulsi e il tutto coronato dalla pessima recitazione dei più ... con tutta la mia buona volontà era davvero difficile soffermarmi a guardare un film Italiano. Eppure, di storie interessanti a cui attingere in Italia ce ne sarebbero d'avanzo, oltre alle solite di mafia e giudiziarie.

In seguito ricevetti ancora una proposta da un regista e produttore, tale Carlo Infanti. Venne a trovarci a settembre del 2007 e ci convinse, raccontandoci una bella storia fatta di ricerche a cui si era impegnato per ricostruire "verità" che stavano dietro il sequestro di Moro e chiedendoci aiuto per realizzarlo.

Si accreditò rivelando di essere andato anche a Gradoli, paese dell'Appennino, a intervistare la Giunta e il Sindaco dell'epoca, il 1978. Essi avevano testimoniato in video di non aver visto lì le forze dell'ordine, nei giorni in cui tutta l'Italia leggeva sui giornali e vedeva in TV il Ministro degli Interni Francesco Cossiga e il Presidente del Consiglio On. Giulio Andreotti, affermare di aver mandato le forze dell'ordine e i reparti speciali a Gradoli, per metterla a ferro e fuoco alla ricerca della prigione delle BR in cui tenevano prigioniero Aldo Moro. Questo subito dopo l'informativa inviata da Franz a Roma, da Praga in Cecoslovacchia, via Germania dell'est e dell'ovest, informativa che recitava in maniera stringata: "Gradoli Strasse – Ing. Burghe". Anche le "sedute spiritiche" a cui partecipò l'on. Prodi, indicavano in Gradoli il covo in cui le BR tenevano l'On. Aldo Moro.

Ovviamente Gradoli strasse significava Via Gradoli e non Gradoli paese dell'Appennino, nei pressi di Roma. Nessuno venne inviato in Via Gradoli, dove viveva in quei giorni, sotto falso nome di Ing. Borghi, Moretti, il capo delle BR che uccisero Moro. Per nascondere questa "trascuratezza", dissero d'aver mandato le forze dell'ordine a Gradoli. I media mostravano immagini di repertorio, con Carabinieri che scendevano dagli elicotteri e sfondavano la porta di ovili e pattugliavano le campagne. Immagini che vedevano in TV e sui giornali anche gli abitanti di Gradoli che affacciandosi alle finestre si chiedevano dove fossero tutti questi uomini alla ricerca del covo delle BR, perché loro, nel paesino dove vivevano, non vedevano nessuno! Segnalarono la cosa alle redazioni di giornali e TV, ma non ottennero nessuna risposta e tantomeno le rettifiche alle notizie false che venivano diffuse da tutti i media italiani.

Questo fatto ci convinse a collaborare col regista e la sua produzione. Ma era ancora una volta tutto falso! … Cercava solo di avere nostro materiale, mio soprattutto, da vendere a chi era interessato a farlo sparire … Cherchez l'argeant!

La mia solita diffidenza mi salvò dall'avere danni peggiori, perché collaborai, è ben vero, col regista e scrissi anche la sceneggiatura per la parte da girare in Sardegna, ma volli che i nostri accordi fossero messi per iscritto e firmati anche da testimoni. In questo modo potevo fidarmi a consegnargli anche il video, girato in MiniDV, dell'intero Archivio di Gladio, quando, illuminato sulla via di Damasco come Paolo di Tarso, mi chiese di poter avere l'originale da inserire in alcuni fotogrammi del suo film girato in alta definizione. Me lo avrebbe restituito subito dopo il montaggio, in HD anche per me. Acconsentii inserendo anche questo negli accordi a contratto e glielo consegnai.

Naturalmente, Infanti, sparì dalla circolazione, il montaggio non finiva mai, nemmeno stesse facendo la Divina Commedia a puntate.

Quando mangiammo la foglia, io e Franz lo denunciammo, indignati più che mai anche per come aveva ingannato tutti coloro che avevano partecipato al suo film a titolo gratuito, solo per collaborare a far conoscere la verità ignorata.

In un primo momento, però, credemmo alla sua buona fede quando diceva che aveva venduto tutti i Diritti in esclusiva a una ditta che ancora non aveva distribuito nulla. Sospettava che li avesse acquistati per bloccare il film e non farlo circolare.

Nel contratto avevamo concordato che doveva farmene avere una copia, a montaggio concluso, insieme alla MiniDV dell'Archivio, ma, in conseguenza di quel contratto non me ne poteva dare copia. In realtà, scoprii grazie al formidabile mezzo che è Internet, che lui il suo film lo stava presentando personalmente in giro per l'Italia, dunque, non aveva ceduto alcun diritto in esclusiva del suo film. La denuncia seguì il suo corso e i Carabinieri di Brescia, su mandato della magistratura Oristanese sequestrarono tutte le MiniDV trovate nel suo studio. Recentemente i carabinieri ci mostrarono tutte le MiniDv sequestrate nel suo studio cinematografico su mandato della Procura che svolgeva le indagini per appropriazione indebita, ma di oltre 50 MiniDV nessuna era quella di cui si era appropriato. Ed anche le altre, che pure riportavano titoli di scene girate in Sardegna, con me e Franz, erano vuote. Tutte cancellate! Come interpretare questi risultati? Semplice e lo scrissi al Procuratore: Carlo Infanti non ha venduto in esclusiva i Diritti del suo film, altrimenti non avrebbe potuto presentarlo in pubblico, ma quelli del mio, senza esserne il proprietario!

Ora voglio sapere a chi li ha venduti: scommetto gli stessi che si sono impadroniti dell'altro Video girato da me, quelli che controllano le redazioni della RAI. Non è difficile capire questi meccanismi, una volta che impari a riconoscere i rettili, capisci che strisciano e che non potrebbero fare altro per muoversi che strisciare. L'Archivio di Gladio era stato fatto sparire da un regista da due soldi bucati! ... Però, non le copie che avevo salvato pubblicandole su google video e su youtube e che, ancora adesso, chi vuole può vedere e scaricare. Il procedimento contro Carlo Infanti lo lasciammo archiviare. La sua fedina penale allegata agli atti dall'autorità giudiziaria era di quelle che andavano a capo ... tra l'altro comprendeva diverse truffe e anche qualche bancarotta, non ne avremmo ricavato nemmeno le spese del giudizio ... un vero galantuomo, non c'è che dire.

Però, che schifo! E non è tutto qui purtroppo.

Avevo mandato una copia del libro e del progetto di un serial per la TV tratto dall'Ultima Missione. Una storia avvincente con la quale raccontare ancora una volta la verità della nostra storia e della storia della Guerra Fredda Italiana anche col mezzo della TV. La inviai a RAI Cinema.

Dopo mesi, non avendo più notizie, telefonai per saperne di più. Un'impiegata mi disse che l'aveva preso il Direttore. Volli parlare col Direttore e il Direttore era sparito, si era dimesso e nessuno sapeva dov'era. Nessuno mi volle dire nemmeno come si chiamasse. Poco dopo venni a sapere che stavano preparando un serial per la TV dedicato ai Servizi Segreti; la trama sembrava quella del mio soggetto seriale e la storia pure. Scrissi per protestare alla produzione e alla RAI, naturalmente tutti negarono, era una combinazione, molte opere si somigliano, ma non sono plagi. Tuttavia io presentai un esposto alla Procura di Roma, del quale non seppi mai nulla.

Quel serial è stato finanziato con venti milioni di euro. Protestai con la produzione che naturalmente negò e, a furia di fare modifiche per evitare che io potessi trovare appigli per la mia denuncia di plagio ne è venuta fuori una cosa talmente inverosimile e insulsa che nemmeno io, che pure mi sforzavo per rinvenire riscontri di plagio, sono mai riuscito a vederne una puntata tutta intera. Una stronzata con pochi eguali! Fu un flop, come gli altri plagi, ma non per chi si mise in saccoccia tutti quei milioni e lo scopo per cui li fanno è quello, non certo il cinema o la verità!

Un film vero sulla vera storia di Gladio? Sì, sarebbe un sicuro successo, perché la verità si sente, anche aldilà delle immagini, ma come finanziarlo? Chi possiede il controllo dei finanziamenti al cinema sono gli stessi che possiedono il controllo dei finanziamenti ai giornali e non è gente interessata a far conoscere la verità, tanto meno al popolo che sfruttano e tiranneggiano in maniera così "sofisticata".

Pertanto, niente ulteriori tentativi col cinema. Non denuncio altre schifezze solo perché mi vergogno di far sapere che simili stronzate possano avere qualcosa a che vedere con la mia autobiografia.

Se Dio vorrà vedere realizzato un capolavoro sulla vera storia della Guerra Fredda e di Gladio, sa dove trovare Produttori e Registi onesti che mi convincano a collaborare con loro per questo scopo. Altrimenti ... meglio niente!

Alla fine di questi fatti "about movie", mi dedicai a estrarre dal libro un soggetto seriale, per un'opera cinematografica che, in tre film, esaurisse la vicenda di questa storia vera che, ero e sono certo, potrebbe essere un successo, oltre che un opera meritoria per la verità di un periodo storico che ridarebbe l'onore anche alla nostra Patria, tradita da uno Stato infiltrato da corruzione e bande mafiose.

Del primo film preparai anche la sceneggiatura, pronta da affidare a un produttore vero e registi capaci di scegliere attori altrettanto veri per la trasposizione cinematografica, senza trucchi e senza imbrogli. L'ho pubblicato come ebook su www.lulu.com/spotlight/aarconte e l'ho reso disponibile anche in libreria, quelle collegate al catalogo Alice e Amazon.

Al momento c'è stato molto interesse da parte di alcuni registi che cercano di proporlo ai produttori Italiani, che finora non hanno risposto. Ho riscontrato, invece, grande interesse di pubblico, perché ne ho spediti parecchi su Cd Rom a molte librerie che l'hanno ordinato su richiesta. Non smetto di sperare che sarà possibile veder realizzato questo sicuro capolavoro, nel senso di primo di una serie di film che rispettando i fatti storici, restituiscano verità alla storia della Guerra Fredda italiana e non solo italiana e di Gladio.

Capitolo XIII
The End

-"Che altro ci potrebbe restare da fare Franz? Possiamo solo farci risarcire i danni che questi gaglioffi ci hanno provocato. Per avere Giustizia è tardi comunque. Dopo tutti questi anni ... persino la pubblicazione della sentenza di condanna per diffamazione aggravata dell'Unione Sarda sarebbe un nonsense! Dopo sette anni vai a far leggere che due giornalisti sono stati condannati per aver pubblicato notizie false su noi, in un'inchiesta sulla DSSA? ...Ecccooosè! Bisognerebbe spiegargli prima di cosa stiamo parlando! – dissi a Franz facendolo ridere - Giusto per una questione di principio, perché è equo che lo facciano, visto che abbiamo ottenuto la loro condanna, scontrandoci anche con quel PM, per ottenerla".

-"Hai ragione! No, io la voglio la pubblicazione. Ci sarà chi non ricorda, ma i miei amici ricordano e avranno anche loro una bella soddisfazione, insieme con me. Bisogna sbugiardarli questi falsari. Sono loro i falsari e vogliono farci passare per falsari a noi. Voglio che paghino i danni perché è giusto, ma dei danni fa parte anche questa sentenza e la devono pubblicare" – replicò.

-"Sì, pagherei per uno sbugiardamento simile, ho letto sul codice penale che devono pubblicarla, anche se sono ricorsi in appello; poi faremo pubblicare anche la sentenza d'appello" - confermai.

-"Giusto. Oltretutto, anche l'inchiesta sulla DSSA è finita in nulla ed anche quello che hanno scritto su quella lo devono rettificare. Lo diciamo chiaro nel processo civile...".

-"Io ho idea di chiederlo anche nel processo penale. Se sei d'accordo presentiamo assieme pure quello. Voglio che non la faccia franca nessuno, nemmeno l'editore che, essendo a Roma, è credibile che sia lui ad aver ordinato ai due giornalisti di pubblicare quelle porcherie. Questo spiegherebbe perché non le hanno volute rettificare ... Non le hanno potute rettificare! Questa è la verità! Ma se è così si tratta di associazione a delinquere finalizzata alla diffamazione e voglio chiedere che sia fatta un'inchiesta su questo, poi chiederei che sia valutato il comportamento di quel PM. Credo che avrebbe dovuto almeno astenersi, lasciando l'inchiesta ad altro PM, visto il rapporto stretto che aveva con i giornalisti dell'Unione Sarda che induce a più di un sospetto di conflitto d'interessi. Su questo, però, potremmo soprassedere, visto che la Procura ha rimediato, sostituendolo con altro PM che ha chiesto la condanna correggendo l'errore in nostro danno. Devo partire domattina alle cinque del mattino, rientrerò i primi di maggio e ne riparliamo" – conclusi salutandolo.

-"Allora, firmiamo la denuncia e la presentiamo? Sei d'accordo? Ci hai pensato bene? " – ho chiesto a Franz, dopo che assieme abbiamo scritto l'Esposto al Procuratore della Repubblica.

-"Certo che lo presentiamo! E cosa facciamo, lasciamo perdere quest'altra schifezza? Tanto valeva lasciar perdere tutto dal principio e non pensarci più" – rispose Franz.

-"Già, tanto più che il Giudice con la sua sentenza ordina la pubblicazione della condanna come riparazione del danno, ma per l'articolo su internet scrive che non può provvedere perché non fa parte di questo procedimento. Questo è vero, noi l'abbiamo scoperto dopo e non l'avevamo denunciato. Ma se non fa parte di questo procedimento, ne facciamo un altro! Li denunciamo di nuovo, questa volta anche per associazione per delinquere con i "compagni di merende" Romani. E' una campagna diffamatoria che va avanti da anni. Hai visto bene, però, che i Giudici non sono tutti di quella pasta, vedrai che ne troveremo anche altri e gliela facciamo pagare a tutti. Purtroppo non dobbiamo aspettarcelo domani … ci sono voluti sei anni per farli condannare per la diffamazione di Luglio 2005".

-"Non fa nulla … Quando sarà, sarà! Ho intenzione di vivere ancora a lungo per vederli tutti condannati!" – concluse Franz.

-"Ah ah ah … Sì, ci saremo e riderà bene chi riderà ultimo. Intanto, però, prepara la lista dei danni, perché bisogna farli quantificare in sede civile: morali, d'immagine, patrimoniali e alla salute. Come recita la Sentenza … Capito?".

-"Capito … sto provvedendo, facciamo assieme anche quella?" – replicò Franz.

-"Non lo so, vedremo. Siamo stati vittime dello stesso reato e il processo penale l'abbiamo fatto assieme. Però, vedi, se facevamo due denunce separate, avrebbero avuto due condanne distinte, anziché una. Non abbiamo avuto lo stesso danno dal reato, quindi forse sarà meglio fare due cause distinte. Dovremo sentire un bravo avvocato e decidere per il meglio" – conclusi.

In proposito occorre dire che il PM che si occupò della nuova denuncia ai responsabili dell'Unione Sarda ne ha chiesto l'archiviazione con la motivazione che sono stati già condannati il 1 dicembre 2010 e non si può processarli di nuovo. Naturalmente ci siamo opposti perché la denuncia riguardava l'associazione per delinquere e la diffusione via internet delle stesse diffamazioni aggravate, ma il GIP, senza informarci della data dell'udienza in camera di consiglio ha accolto l'archiviazione e a noi non è restato altro che chiedere di conoscerne i motivi. Una cosa altrettanto difficile da ottenere perché abbiamo dovuto fare domanda all'apposito ufficio a Cagliari e, dopo alcuni mesi abbiamo potuto leggere che il GIP ha confermato la richiesta del PM: essendo stati già condannati per quel reato, il fatto che lo continuino sul giornale online è argomento per la causa civile e non penale …mah! Sarà, ma non mi convince, però, non si può far nulla. La decisione del GIP sull'archiviazione non è impugnabile … Così è in Italia e questa è la situazione attuale. Certo è che, con incredibile arroganza, obbligati a pubblicare la sentenza di condanna con lo stesso risalto dato alla notizia falsa, cioè in prima pagina con richiamo in terza, l'Unione Sarda l'ha invece pubblicata a pagina 34 del 9 Luglio 2011, non rispettando, quindi, nemmeno la sentenza di condanna. Non solo, scopriamo che nei suoi motivi d'Appello ha dichiarato che:

"Dato che quanto hanno pubblicato sulla DSSA è risultato vero e che i due ex di Gladio sono stati arrestati in Sardegna, allora quel che di errato hanno pubblicato su Antonino Arconte e Pier Francesco Cancedda può essere considerato un semplice errore e gli imputati devono essere assolti!"

Tutto ciò ha dell'incredibile, ma è tutto vero purtroppo. Il peggio è che noi, come parti civili, non abbiamo fatto Appello contro questi altrettanto falsi motivi, perché i nostri due avvocati non ci hanno informati delle ulteriori falsità dichiarate dagli imputati che ci diffamano ancora. Infatti, noi non siamo mai stati arrestati e l'inchiesta sulla DSSA si è rivelata una bufala mediatica, con sentenza in giudicato che l'Unione Sarda conosceva, dato che gliel'avevo inviata perché rendessero noto ai lettori che il GUP di Milano, dopo il GIP di Genova, aveva sentenziato che i fatti non sussistono! Abbiamo potuto solo cambiare avvocati ma, non avendo presentato appello, non possiamo chiedere che sia aggravata la loro condanna per i ben giustificati motivi. Non mancheremo di protestare con la Corte d'Appello le ulteriori falsità e la mancata pubblicazione della condanna, come richiesto dal Tribunale di primo grado, ma potremo solo procedere con la citazione civile per la liquidazione dei danni.

Come potete immaginare, non si può mettere la parola fine, se non per ricordare quel pezzo dei Doors e di Jim Morrison, colonna sonora di quel film con Marlon Brando, Apocalypse Now, bellissimo film sulla Guerra del Vietnam. Una storia inverosimile, molto cinematografica, ma per esprimere il clima autentico di quegli anni e dire cose vere, descrivendo la corruzione che portò a quel disastro. L'ambientazione è fatta talmente bene che, ogni volta che lo rivedo, mi sembra di essere di nuovo lì, in Cocincina.

Potenza del buon cinema, quando è davvero la settima arte.

Chi mai farebbe un salto nel passato di una truffa allo Stato ... come la maggior parte dei film prodotti nella ormai ex Italia?

Noi continueremo la nostra Ultima Missione, perciò amici:
A la proxima vez!

Nota dell'autore:
Questa è una storia vera e ogni riferimento a fatti e personaggi realmente vissuti non è casuale, ma voluto!

Appendice:

Lettere di Ulisse, codice del Comandante del Nucleo G dell'Organizzazione Gladio e Direttore del Sismi (Servizio Segreto Militare Italiano) fino a Gen. 1991.

M/N Vento di Ponente

Ordine di 'ammorbidire' le posizioni di ...

Ordine di contattare nostri agenti al passo di Oujda

Esposto del 26 Aprile 2005 alle Procure di Palermo e Roma (Estratto).

Il Direttore del S.I.S.M.I.

1 1 GEN. 1991

Roma ....

RIF: G-71

Al CV ARCONTE Antonino
Via Macomer n° 28
09025 – Oristano
(CA)

Prot.n. 11/X 3334 /32.1/133

   Con la presente La informo che per ordine del Governo Italiano la struttura S/B è stata sciolta in data 27 novembre 1990.

   Tale ordine segue la soppressione dell'Ufficio X° e del Nucleo G della O.C. in cui Lei era inserito.
Pertanto, alla ricezione della presente, la S.V. deve considerarsi sciolta da ogni vincolo connesso con le predette strutture.

   Altresì La informo che le Istituzioni preposte stanno provvedendo a regolarizzare il Vostro stato di servizio, come da precedenti comunicazioni.

   Il Servizio La ringrazia di quanto ha fatto negli interessi della Patria e Le chiede di mantenere, comunque, sui fatti in oggetto, la Massima Riservatezza.

   E' con questi sentimenti che Le rappresento i miei personali ringraziamenti, restando a Sua disposizione per ogni eventuale e ulteriore chiarimento.

D'ordine

Il Direttore, Amm. Sq. ...... MARTINI

Il Direttore del SISMI

1 9 FEB. 1991

Roma ....

RIF: G-71

Al CV ARCONTE Antonino
Via Macomer n° 28
09025 – Oristano
(CA)

Caro Arconte,

le tue riflessioni amare sulla vittoria tanto sofferta, che Vi si chiede di vivere come una sconfitta, mi colpiscono nel vivo e, aldilà di ogni risposta ufficiale, mi inducono a scriverti.

Come darti torto?
In questi giorni anche io, impegnato come sono a riordinare l'Ufficio X° per ordini superiori ai quali per dovere non mi posso sottrarre, vedo scorrere davanti ai miei occhi la Documentazione relativa a vecchie operazioni di cui avevo quasi smarrito il ricordo e che scopro invece più vive che mai nella memoria.
Rivivo così quei giorni e quegli anni tumultuosi, terribili e magnifici, certo sofferti e vissuti con la vita stretta tra i denti.
Anni in cui abbiamo visto tanti di noi lasciarci in silenzio e senza una tomba dove deporre una corona, un fiore. Nemmeno un nome da poter onorare nel ricordo.
Ora non ci restano che quelli, i ricordi che non possiamo raccontare nemmeno a noi stessi. Leggo che anche per te essi sono vivi più che mai e questo mi conforta, come soltanto la sensazione tangibile di non essere soli può fare.
Sì, ricordo la doppia tragedia Maghrebina e quanto hai sopportato e questo ti fa onore.
Ti consoli il fatto che abbiamo fatto buon uso del Vostro sacrificio, senza questo le sorti di quegli accordi bilaterali sarebbero state ben diverse e la storia stessa di tutto quel quadrante Sud della Nato non sarebbe stata come la conosciamo.
Non solo quella Italiana, ma anche Tunisina. Quella di una nazione amica che sarebbe divenuta nemica ed invece ha avuto un destino libero e democratico.
A noi resta la consapevolezza di avere vissuto grandi giorni che porteremo con Noi per sempre e che nessuno ci potrà mai togliere.
A me l'onore e il privilegio di avere conosciuto e guidato, per una parte della mia vita, uomini impetuosi, tenaci e valorosi che hanno saputo gettare la loro giovinezza dietro le linee di un nemico subdolo e invadente, dandomi un esempio di amor Patrio che niente può eguagliare.
No, noi non possiamo violare la consegna del silenzio, nemmeno per una giusta causa come quella di cui mi parli. Se così non fosse avrei tanto voluto raccontare nella mia autobiografia le imprese di Ulisse e del Nucleo G.
Invece, le pagine migliori saranno quelle non scritte in altro luogo che la memoria.

Posso solo garantirti il mio personale impegno per regolarizzare la tua posizione di servizio e che questo mi è stato espressamente ordinato dal Governo in cambio del silenzio.

Il Direttore, Amm. Sq. Fulvio MARTINI

56

MOVIMENTO D'IMBARCO E SBARCO	NAVIGAZIONE	
	mesi	giorni
Riporto		

IMBARCATO a **LA SPEZIA** li **1 6 OTT 1982**

in qualità di (1) _____ *INGRASSATORE-FUOCH.*

sul (tipo della nave) (2) *VENTO DI PONENTE*

denominato *M/N*

iscritto al n. *465* de *Ila* matricole ~~registri~~ (3)

di *CAGLIARI*

Potenza dell'apparato motore (cavalli assi o indicati) _____

3200 Stazza lorda T. *2988*

Ruolo d'equipaggio (4) N. *5236/R* Serie *6ª*

Ruolino d'equipaggio (4) N. _____ Serie _____

Rilasciato a **LA SPEZIA** li *16/8/81*

Destinazione *TR. MERCI*

FIRMA (5)

GUARDIAMARINA (CP)

(Massimo MAZZEI)

SBARCATO a *LA SPEZIA* li *9/3/83*

motivo *FINE VIAGGIO*

avendo effettuato navigazione (6) *MEDITERRANEA*

FIRMA (5)

GUARDIAMARINA (CP)

(Massimo MAZZEI)

A riportare

Per le note vedi pagina n. 41.

6156 3 (1) PRIMA CATEGORIA

MODULARIO
Marina Merc. - 192

MOD. 5

Art. 220 Reg. C. N.

COMPARTIMENTO MARITTIMO

CIRCONDARIO MARITTIMO

di CAGLIARI

di CAGLIARI

MARINA MERCANTILE ITALIANA

LIBRETTO DI NAVIGAZIONE

per la gente di mare (1) PRIMA categoria

di *ARCONTE ANTONINO*

nato a *ORISTANO (CA)* il *10-2-1954*

numero atto di nascita ....

domiciliato a *IVI VIA MACOMER N° 28*

e iscritto nelle matricole della gente di mare del Compartimento

marittimo di .... in qualità

di *GIOVANOTTO DI MACCHINA* al n. *16200*

CONTRASSEGNI

Statura metri *1.86*

Capelli *CASTANI*

Ciglia *CASTANE*

Fronte *REGOLARE*

Occhi *CASTANI*

Naso *REGOLARE*

Viso *OVALE*

Colorito *ROSEO*

Segni particolari *N. N.*

Il presente libretto consta di pagine *160* ed è stato rilasciato questo

giorno *13 NOV 1974* 19 .... per *SOST. F.P. ESAURITO*

Il Comandante del Porto

(1) Indicare la categoria con il numero scritto in lettere, matricole o apposito timbro.

MOD. 40

00100 — *Roma,* 10 Ottobre 19 85

NODULARIO
MARINA 142

Ministero della Difesa

DIREZIONE GENERALE
PER IL PERSONALE MILITARE DELLA MARINA

Divisione 10°   *Sez.* 3° S.B.

INDIRIZZO TELEGRAFICO MARIPERS - ROMA

Sez. N 11/X   *Allegati* 1

83334   Oggetto: Trasmissione ordini M.R. Operazione A.M.

Al Cap. ARCONTE Antonino
Via Macomer n° 28
09025 - Oristano
(CA)

RACCOMANDATA A MANO

Riferimento Suoi Ordini Operazione A.M. si richiede

rapporto di fattibilità entro giorno 30 C.M. presso la

nostra stazione di Tunisi.

Si trasmette in allegato plico sigillato da consegnare

al passo di Oujda ai nostri agenti in Algeria.

d'ordine

IL CAPO DELLA 3ª SEZIONE
Capitano di Vascello
Luigi MAMELDRI

Il Direttore Amm. Sez. Silvio MARTINI

MOD 40

00100   *Roma*, **10 Aprile** 19 83

Ministero della Difesa

DIREZIONE GENERALE
PER IL PERSONALE MILITARE DELLA MARINA

Al Cap. Antonino Arconte
Via Macomer n° 28
09025 Oristano

Divisione 10ª   *Sez* 2ª S.B.

Indirizzo Telegrafico MARIPERS - ROMA

Pos. N. 20/265541 *Allegati* 1

Oggetto Trasmissione ordini alle stazioni di Tunisi,
Djen-Djen, Algeri, Tangeri.

RACCOMANDATA A MANO

Si ordina contattare esponenti di A.M. e altri movimenti di
liberazione Maghrebini a riferire.
Raggiungere il campo di Tabellah e procedere con l'addestramento volontari
Sub: Ammorbidire le posizioni di Bourghiba, Chadli e Hassan II°
eseguendo gli ordini allegati.

- ORDINE A DISTRUZIONE IMMEDIATA -

d'ordine
p. IL CAPO DIVISIONE
IL CAPO DELLA 2 SEZIONE
Capitano di ...... (.P)
(Gi..... ....)

Alla Spett.le Procura della Repubblica
presso il Tribunale di Palermo e Roma

Esposto 29 Aprile 2005

Oggetto: Esposto di Antonino Arconte su fatti che, a partire dal Novembre 2000, su segnalazione del Presidente della Commissione stragi Sen. Pellegrino e, successivamente, a maggio 2002, su interrogazione del sen. Andreotti, sono giunti all'attenzione dell'Autorità Giudiziaria, in seguito alla trasmissione ad essa, da parte del Sismi, il quale avrebbe svolto un' "accurata inchiesta" su dichiarazioni e scritti pubblicati da Antonino Arconte in quanto sollecitata dal Sen. Andreotti, con una sua interrogazione al Ministro della Difesa, On. Martino, del maggio 2002.
La trasmissione della Notizia di reato all'Autorità Giudiziaria dei ROS CC di Roma è stata giustificata dal Sismi e dal Cesis, ai sensi dell'art. 9 co.3 della Legge 801/77.

Ill.mo Sig. Procuratore,
io sottoscritto, Antonino Arconte, nato a Oristano il 10.02.1954 e residente a Cabras in Via Arborea 17, ho potuto sapere solo il 10 febbraio corrente anno, per averlo letto nella risposta del Governo, datata 26 gennaio 2005, (**v.all.2**) all'interrogazione del Senatore Malabarba che, il 29 Marzo 2004, ero stato prosciolto dal GIP di Roma, su parere dello stesso PM, in seguito ad un inchiesta sollecitata contro di me ai sensi della citata Legge 801/77, (di cui non ero stato informato e nella quale non ho potuto quindi interloquire), dal Sismi, il quale, al termine di una sua "accurata inchiesta", ha dichiarato all'autorità giudiziaria cose non corrispondenti al vero e, tra queste, la più evidente, che non sarebbero esistiti gli originali dei documenti che hanno dichiarato falsi in quanto, a loro dire, essi sarebbero stati, testualmente: "Fotocopie ottenute con sistemi informatici a lettura ottica", strumenti che il sottoscritto nemmeno conosce. Tali fotocopie, quindi, a detta del Sismi, sarebbero state modificate su "modelli di uso comune", senza apparentemente avere svolto alcuna inchiesta vera per appurarlo. Questo era almeno ciò che risultava in base alle risposte del Ministro della Difesa On. Martino alle interrogazioni Parlamentari dell'On. Andreotti e dell'On. Malabarba, risposte del maggio 2003, alle quali replicai subito, smentendole in maniera documentale con **l'allegato n. 1.**
Lo stesso posso dire delle varie dichiarazioni che il Sismi, ma anche il Sen. Andreotti, (a loro dire) avrebbero ricavato da mie pubblicazioni e/o interviste rese a diversi giornali che le hanno correttamente pubblicate negli anni trascorsi. Evidentemente, però, in tutte le mie pubblicazioni non ci sono le cose affermate, come dette da me, dal Sismi e dal Sen. Andreotti e, sicuramente, le mie vere dichiarazioni non sono state mai interpretate, da chiunque le abbia lette davvero, nel modo distorto descritto dal Sismi al Governo ed all'Autorità Giudiziaria, così come ho potuto leggere nelle interrogazioni a risposta scritta su indicate.
La cosa è stata ben evidenziata e dimostrata al Ministro on. Martino **nell'allegato 1** a giugno 2003, ma non fui degnato di alcuna risposta.
La stessa cosa del tutto "imprecisa", il Cesis ed il Sismi, hanno dichiarato per ben due volte al Governo, che rispondeva al Senatore Andreotti, interrogante sull'argomento, ed anche al senatore Malabarba (ed altri di cui non ricordo il nome) **Vedi all. 2 /a-b-c-d-e-f.**
In seguito a queste notizie, già nel Giugno 2003, all'epoca della prima risposta

scritta del Ministro On. Martino alle interrogazioni, replicai con il documentato esposto al Ministro della Difesa, dimostrando l'inesattezza delle informazioni fornite dal Sismi in risposta alle altrettanto imprecise domande poste dal Sen. Andreotti nella sua interrogazione, dove Egli affermava, come se lo avesse letto in mie dichiarazioni pubbliche, (e così non è!) che la Cia e i servizi segreti Italiani avrebbero saputo in anticipo della strage di via Fani ed il sequestro dell'on. Moro, lasciando desumere da questo che secondo mie dichiarazioni, dietro le BR che sequestrarono l'on. Moro, (dopo la strage di via Fani del 16 marzo 1978) ci sarebbero stati la CIA ed i Servizi segreti Italiani impegnati nelle solite teorie del complotto di Stato e Americano contro la libertà e sovranità Nazionale Italiana. **(v. all.1)**. Tutto questo è assolutamente privo di fondamento.

Una cosa oltretutto provata e documentabile dagli stessi scritti in oggetto e testimoniata anche da scritti altrui che recensivano o utilizzavano le mie pubblicazioni. L'ultima in ordine di tempo è l'intervista resa a Marilina Veca, giornalista e scrittrice e da lei utilizzata per iniziare il libro della figlia dell'On. Moro: "La nebulosa del caso Moro", il quale, nelle prime quindici pagine cita e riporta quell'intervista intitolandola: *"...Il lungo filo rosso ..."* **Vedi all. 3**

Il semplice titolo scelto dalla giornalista per intitolare l'intervista pubblicata in testa a quel libro vale da solo a smentire le affermazioni di chi ha svolto quell'inchiesta deducendone cose esattamente opposte al vero. Altrettanto ha testimoniato, sul punto, il Giornalista capo Redattore di America Oggi a New York, Professore di Scienze Politiche alla New York University e consulente dell'Ufficio Studi Strategici di Washington DC, (Ufficio sulle cui relazioni annuali si basano le scelte strategiche e politiche della Casa Bianca) Prof. Stefano Vaccara, il quale, ha pubblicato sul suo giornale, a New York, la mia replica al Ministro Martino, che con quella risposta scritta perpetuava le "imprecisioni" dell'interrogazione dell'On. Andreotti e confermate dalle dichiarate risultanze (dichiarate dalla risposta scritta dell'On. Martino del Maggio 2003) dell'inchiesta del Sismi, testimoniando anche personalmente e pubblicamente che quanto il Ministro affermava circa le mie dichiarazioni, era falso ed anche lui, come chiunque avesse letto il mio memoriale citato e le interviste che avevo rilasciato nel corso degli anni, poteva testimoniare **(v. all. 4/a-b-c-d)**

Per inciso, Io non posso dare adito a dubbi quando affermo che in tutti i miei scritti, pubblicati e non, ho sempre dichiarato ed in alcuni casi anche provato, indicando anche altre fonti di prove non provenienti da me, che tutta la strategia della tensione e le stragi compiute in Italia in quel periodo erano collegate al lungo filo rosso che connetteva l'URSS ed i suoi satelliti, compresa la Libia che, in Italia, in quel periodo, faceva il suo comodo restando immune da ogni azione giudiziaria grazie alla rete di complicità che i suoi servizi segreti erano riusciti a costruirsi intorno. L'intero capitolo XXII° , intitolato L'Affaire Maltese (da pagina 368 a pagina 386), del mio libro, L'Ultima Missione **(v.all.6)**, libro che il Sismi ha dichiarato di aver letto, ma dimostrando con le sue conclusioni errate, nella migliore delle ipotesi, di non averlo letto affatto, descrive nei dettagli tutte le fasi delle azioni dei servizi segreti Libici in Italia ed a Malta e che portarono, sotto l'abile guida del Colonnello Jalloud, uomo di fiducia del KGB Sovietico in Libia e cognato dello stesso colonnello Gheddafi, ad ingannare abilmente membri del governo Italiano dell'epoca, in modo tale da riuscire a sottrarre informazioni riservate sulle nostre operazioni a Malta tra il 1979 ed i primi del 1980, provocando quindi le reazioni terribili che si espletarono con le stragi di Ustica (27.06.1980) e di Bologna (2.08.1980). Nello stesso libro fornisco anche prove e testimonianze, per atti inconfutabili, dell'identità di questi personaggi che sono tra i partecipanti e

255

promotori dell'operazione di discredito ed intimidazione che subisco da anni e che si è espletata ancora una volta in questa procedura che doveva montare false accuse, come già era stato fatto in precedenza, sempre a Roma e con gli stessi mezzi.

Stragi, quelle descritte nell'Affaire Maltese che, grazie a depistaggi di vario tipo, hanno fatto in modo che i due protagonisti della stagione delle stragi in Italia, detta anche dai media "strategia della tensione" restassero impuniti. Non così nel resto d'Europa, dove i due sono stati condannati anche all'ergastolo, in Francia, per la strage del DC-10 in volo sul Niger, in charter all'Air France. L'esplosione in volo era seguita all'intervento Francese, attraverso la Legione Straniera, in Ciad, mirato a impedire che il Colonnello Gheddafi si annettesse il Ciad occupando N'Djamina, un'operazione già in avanzato stato di attuazione ed interrotta da Parigi.

Lo stesso movente da me indicato nel capitolo "l'Affaire Maltese", per la strage di Ustica e di Bologna. L'unica differenza, nell'esecuzione di tale piano terroristico e nelle operazioni svolte per sventarlo, sta nel fatto che la Francia poteva ammettere i suoi interventi, anche armati all'estero, per la difesa degli interessi nazionali, noi, invece, non potevamo farlo!

Questo in ragione della Legge 801/1977 che li vietava.

Ragioni forse politiche o del quadro globale di ambiguità tra est ed ovest conseguente alla situazione politica particolare Italiana: la politica non mi ha mai interessato e non la capisco, ma così è.

Nessuno ha potuto trovare nel nostro intervento a Malta appigli per accuse di inattendibilità.

Tale intervento fu attuato con successo anche attraverso la piena collaborazione dell'On. Craxi, molto vicino al Presidente Maltese Dom Mintoff, che a lui inizialmente si era rivolto con una richiesta di aiuto, (erano entrambi membri dell'Internazionale Socialista) per evitare di divenire, dopo la libertà ottenuta dal controllo Inglese, fortemente voluta da Dom Mintoff e dal Partito socialista Maltese, una colonia Libica e quindi dell'URSS e base della Sovmedron (Flotta sovietica del Mediterraneo di base a Sevastovol, in Crimea, nel Mar Nero) che, ad operazione d'intelligence Sovietica e Libica riuscite, sarebbe stata spostata nel bel mezzo del Mediterraneo, a La Valletta, occupando le stesse installazioni Militari e portuali appena abbandonate dagli Inglesi nel 1979, con gravissime e immaginabili conseguenze per la sicurezza dei paesi del Mediterraneo, della Nato e per gli equilibri mondiali.

Molti anni dopo la pubblicazione da parte mia di questi argomenti, altrettanto provati e testimoniati, tutto il mondo ha potuto vedere la verità dietro le stragi su aerei e discoteche, ma in Francia si sta processando anche Carlos, alias lo sciacallo, di base a Tripoli in quegli anni, protetto e finanziato e, quindi, anche utilizzato dal KGB e dallo stesso Gheddafi e Jalloud, per le stragi compiute in Francia da lui e dal suo gruppo terroristico, "Separat", collegato a tutti i gruppi terroristici Europei che erano controllati dall'URSS attraverso il KGB ed i suoi servizi segreti satelliti, anche le Brigate Rosse Italiane. Tra i tanti attentati compiuti in Francia da Carlos Ilich Ramirez Sanchez, (il Venezuelano studente dell'Università della Lubianka a Mosca, dove si indottrinavano gli agenti del KGB e che iniziò la sua attività di terrorista col nome in codice di "the Jackal", lo Sciacallo), una richiama in maniera impressionante quella della strage di Bologna del 2 Agosto 1980.

Si tratta della bomba messa nella stazione di Marsiglia nel Dicembre 1983, quando una bomba in una valigia esplose uccidendo due persone e ferendone gravemente 45. Quello stesso mese un'altra bomba esplose sull'ennesimo treno Francese, il

Parigi-Marsiglia, uccidendo tre passeggeri e ferendone quattro. Il sedici febbraio 1982, lo Sciacallo aveva messo una valigia esplosiva sull'espresso Paris-Toulose uccidendo cinque passeggeri; subito dopo fece esplodere un autobomba che uccise una persona e ne ferì gravemente sessantatre. Successivamente misero una bomba nel centro culturale Francese di Tripoli, in Libano, uccidendo una persona e ferendone diverse. In totale ci furono ben 124 vittime di queste stragi in Francia e quasi tutte su treni e stazioni e successive alle minacciate ritorsioni dello Sciacallo (v. all. 4/c).

Il movente di tutte queste stragi? L'arresto avvenuto in Francia, a Parigi, il 16 febbraio 1982, (quasi un anno dopo l'attentato di Monaco di Baviera organizzato da Carlos), di Magdalena Kopf , nome in codice "Lilly" (amante di Carlos, oggi vive in Venezuela, presso parenti di Carlos col figlio) e Bruno Breguer, nome in codice "Luca", terrorista Rosso Italiano e membro del gruppo terrorista "Separat", di cui Carlos era il capo indiscusso e l'ultimatum che Carlos aveva intimato al Governo Francese di liberare entro trenta giorni i due o: "Gli avrebbe fatto conoscere il significato della parola terrore!" Una frase che avevo già sentito, pronunciata da Gheddafi, a fine Agosto 1979, durante la ricorrenza della sua Rivoluzione, nella piazza omonima a Tripoli, rivolta all'Italia.

Per dimostrare che faceva sul serio, lo Sciacallo, mise subito la bomba sul treno Parigi-Toulose.

Un gruppo terrorista, questo "Separat", che risultava organizzato, finanziato e protetto dal KGB Sovietico ed i suoi satelliti mediorientali e Nord Africani e che tra i suoi compiti aveva quello, come rivela il nome, di appoggiare i gruppi separatisti dell'Europa occidentale tra cui Eta ed Ira, (ma anche tutti gli altri movimenti separatisti a cui forniva, con la protezione della Libia, denaro, esplosivi Cecoslovacchi come il Semtex, l'esplosivo usato anche per le stragi in Italia e armi, come le mitragliette Skorpio di fabbricazione Cecoslovacca e AK-47) in linea con i piani di destabilizzazione dell'Europa Occidentale del KGB.

Su questa linea, già alla fine degli anni settanta, erano stati segnalati sempre più stretti contatti tra alcuni elementi di spicco della mafia siciliana (di cui, però, ignoravo l'identità non essendo compiti a me assegnati) con i servizi segreti Libici e la stessa rete "Separat", che in quegli anni aveva sede a Tripoli. La quale Libia, con e attraverso la mafia siciliana, gestiva traffici di petrolio, armi, droga e interessi vari in Italia, alcuni anche ufficiali, in funzione della sua veste non di mera associazione criminale, ma "anche" di movimento con aspirazioni separatiste della Sicilia, rientrante anch'essa, quindi, nel quadro della strategia di destabilizzazione occidentale ventilato e perseguito tenacemente dalla Lubianka (sede del KGB a Mosca).

Poche settimane prima di questi arresti a Parigi, infatti, la Stasi (Intelligence della Germania dell'est controllata dal KGB) e lo stesso KGB avevano chiesto allo Sciacallo di lasciare l'Europa dell'Est a causa delle ricerche sempre più pressanti dei servizi segreti occidentali e dell'Interpol e temevano che se fosse stato scoperto (anche Gladiatori Italiani erano stati in Cecoslovacchia e, seguendo Brigatisti Rossi, si ritrovarono sulle sue tracce) nel loro territorio, sarebbero stati coinvolti nelle responsabilità delle sue azioni terroristiche. Per queste ragioni intimarono a Carlos ed al suo gruppo di lasciare l'Europa dell'Est ed i rifugi a lui garantiti in Cecoslovacchia, a Mosca, ed in Germania Est entro quattro mesi.

Gli stessi Servizi segreti sovietici "consigliarono" a Carlos di raggiungere prontamente la sua base di Damasco, in Siria, da dove continuò la sua attività.

Tutte queste predilezioni dello Sciacallo per treni e stazioni, però, non fecero sospettare nulla sul suo coinvolgimento (o almeno della rete Italiana della sua organizzazione Separat, che pure esisteva ed era ben protetta dagli amici Italiani della Libia) negli attentati a treni e stazioni che in contemporanea colpivano anche l'Italia.

A Bologna, prima ancora che fosse certo che si trattasse di attentato o incidente per l'esplosione di una caldaia, l'allora Presidente del Consiglio, On. Francesco Cossiga, si recò in quella piazza a portare il cordoglio per le vittime della strage, ma anche per dichiarare pubblicamente che, quella, era una strage fascista! ...Da quel momento la Magistratura indirizzò le sue indagini in quella direzione, ignorando anche testimonianze che andavano in altre direzioni, come quella dello stesso Ministro Zamberletti, il quale testimoniò, anche con un suo libro, "La Minaccia e la vendetta" che, all'uscita dall'Ufficio Maltese, a La Valletta, dove aveva firmato il protocollo d'Intesa con il Governo Dom Mintoff che escludeva per sempre la Libia di Gheddafi da ogni posizione d'influenza sull'Isola di Malta, precludendo anche ogni ingresso alle navi della Sovmedron nella base Navale appena lasciata dagli Inglesi, (**v. all. 5**) "Protocollo Ufficiale d'intesa Italo-Maltese", nonché il capitolo XXII° "l'Affaire Maltese", da pag. 368 a pagina 386 dell'**allegato 6-a** "L'Ultima Missione", memoriale di Antonino Arconte, in oggetto del decreto di archiviazione delle accuse di falso del GIP di Roma, in data 7 maggio 2004, Fascicolo N. 03/06583.

Libro autobiografico che, nell'Intestazione di quel fascicolo n. 03/06583, qui **allegato al n. 7,** è identificato come "Parte Lesa" insieme allo scrivente, Antonino Arconte.

Lo stesso vale per quanto è accaduto all'inchiesta sulla strage di Ustica del 27 Giugno 1980, la quale, per arcani motivi, anziché andare nella direzione logica dei servizi segreti Libici che attuavano le minacce di ritorsione contro l'Italia se avesse continuato con le operazioni a Malta di cui ho reso la mia testimonianza ai fini di verità, è finita per incriminare alcuni militari che sarebbero stati colpevoli, secondo il Giudice Romano Rosario Priore, di avere nascosto le prove della presenza di due portaerei, una Americana e l'altra Francese nel Tirreno, le quali sarebbero state responsabili dell'abbattimento del DC-9 Itavia su Ustica. Anche in questo caso a nulla valsero le dichiarazioni anche del Ministro dell'Interno Tedesco on. Baum che indicò, immediatamente e chiaramente, la matrice Libica dell'attentato e quelle dello stesso Dom Mintoff e nemmeno le informazioni che giungevano dalla Francia ebbero alcun risultato utile al corretto svolgimento delle indagini. Quella sentenza fu emessa a Palermo l'anno scorso, dopo oltre vent'anni, alcuni dei militari imputati furono assolti, per altri intervenne la prescrizione perché si trattava di accuse di depistaggio e non di strage, ma gli autori veri ed i mandanti della strage di Ustica rimasero ignoti e impuniti, come volevano coloro che depistarono l'inchiesta. Vedi a pagina 381/382 del libro L'Ultima Missione in allegato al n. 6.

Eppure le modalità esecutive della strage di Ustica e gli stessi moventi di essa, sono risultati identici a quelle identificate dalla magistratura Francese che svolse le inchieste sulla strage del DC-10 AirFrance esploso in volo sul Niger, il 19 Settembre 1989, in mille pezzi, come il DC-9 di Ustica, ma sul deserto del Niger e questo rese più facile il recupero e lo studio dei rottami, tra i quali le prove del coinvolgimento dei servizi segreti Libici, in persona dello stesso colonnello Jalloud e del suo mandante, il Colonnello Gheddafi. Entrambi furono processati e condannati in primo grado all'ergastolo dal Tribunale Francese ed entrambi erano coinvolti con la rete Separat.

Il Presidente della Libia evitò la condanna solo perché come capo di Stato Estero fece istanza, attraverso i suoi legali, per evitare il processo. La sua Istanza fu respinta dalla Corte d'Appello Francese, ma gli permise di guadagnare tempo.

Questo nel 1999 ...ben tre anni dopo che io pubblicai tutta questa storia racchiusa nell'affare Maltese sul sito internet "The Real History of Gladio", in America, nel Giugno 1996, e ben sei anni dopo che l'avevo depositata agli atti del ricorso Arconte contro Italia n. 22873/93, nella Cancelleria della Commissione Europea dei Diritti dell'Uomo di Strasburgo, in data 23 luglio 1993, anche questo un Ricorso ai sensi degli art. 13 e 25 CEDU contro lo Stato Italiano, (beninteso uno Stato che si comporta nei modi Esposti!), vinto il 20 Maggio 1998 con altri tre. Vedi i riscontri probatori nel CD "l'Archivio superstite dell'Organizzazione Gladio" in **all. n. 6-b**

Infatti, per queste stragi, una magistratura che non si è lasciata ingannare da depistaggi di varie provenienze ha potuto perseguire correttamente i veri autori di quelle stragi che hanno già pagato alle vittime dei loro crimini di terrorismo, (mirati a guidare le scelte politiche dei paesi colpiti, in un delirio di onnipotenza criminale che aveva colto Gheddafi e quanti, dittatori mediorientali e nordafricani, usavano il terrorismo a questo scopo sapendosi vilmente coperti dall'ombrello Atomico Sovietico che impediva l'intervento diretto delle F.F.A.A dei paesi colpiti, tra cui l'Italia) somme per cifre esorbitanti, circa duemila-ottocento-settanta miliardi di lire del vecchio conio, ma valide ad evitare alla Libia incidenti internazionali con Nazioni che sanno difendere i propri diritti e sovranità. Queste cose, sempre confermate dalla storia successivamente alle mie dichiarazioni, il Senatore Andreotti e tantomeno il Sismi "stranamente" non le hanno lette nel mio libro né in altre mie pubblicazioni, interviste e servizi TV, invece, dopo "accurate inchieste", vi hanno potuto leggere cose che non ho certamente mai detto e né scritto e tantomeno condivido!

Per questo e per il comportamento che illustrerò e proverò più avanti, mi sono formato la convinzione che si tratta di un'azione combinata tra più elementi partecipanti per simulare reati onde potermene accusare a fini di discredito che, davanti ad un inchiesta seria (altro che dimostrare inattendibilità!), avrebbe confermato tutto il mio racconto ed evidenziato le gravi responsabilità dei miei accusatori. Ad una rilettura attenta, infatti, anche questa inchiesta archiviata, dimostra proprio la mia credibilità! Oltre alle altrui falsità. A titolo d'esempio esplicativo sul punto, si legga la pagina 381 dell'Ultima Missione e tutto il citato capitolo l'Affare Maltese, dove alla pagina 381 cito la testimonianza resa dal Senatore Francesco Cossiga davanti ai senatori della Commissione stragi, ben dopo i miei ricorsi alla Commissione Europea e le mie pubblicazioni, esattamente il 6 Novembre 1997, nella 27° seduta della Commissione stragi del Senatore Pellegrino: "...Poco prima di partire per questo viaggio, venni a conoscenza, attraverso una pubblicazione su internet, della testimonianza resa dal Senatore Cossiga, in audizione davanti alla Commissione stragi, nella 27° seduta del 6 Novembre 1997.

Il Senatore a vita, rispondendo alle domande della Commissione, ammise che, sia Lui che l'On. Andreotti, incontravano segretamente a Roma, nei primi mesi del 1980, il Capo dei Servizi segreti Libici Colonnello Jalloud (N.d.r: lo credevano il Ministro degli esteri della Libia perchè così si era presentato a loro). Il quale, in realtà, era il fiduciario del Direttorato Tripolino del KGB Sovietico o "Residentur" come la chiamano "Loro". In quello stesso periodo noi eravamo impegnati a sventare le mire Libiche e Sovietiche sull'Isola di Malta, (di cui Jalloud era sicuramente una delle teste d'Ariete), mettendo a repentaglio la nostra vita, anche espatriando clandestinamente dalla Libia gli oppositori da utilizzare per l'insurrezione organizzata per il 6 Agosto 1980; una cosa questa, ovviamente, ben nota al nostro comando.

In quel verbale, lo stesso Senatore Cossiga ammetteva che, da Presidente del

Consiglio, si incontrava a sua volta, in segreto, a casa del Generale Santovito, con il Ministro degli Interni Palestinese. Inoltre, risultò evidente che i servizi segreti Italiani nulla sapevano di questi incontri. Infatti, gli stessi, erano organizzati da Jalloud e dall'On. Andreotti. Erano, poi, i servizi segreti Libici ad informare i servizi segreti Italiani affinché organizzassero un sistema di protezione per questi incontri. Anche questo comportamento mi sembra che spieghi ampiamente perché si erano voluti distruggere i servizi segreti Italiani.

Evidentemente, nei primi mesi del 1980, tra il Colonnello Jalloud ed i nostri Ministri, il Presidente del Consiglio Sen. Cossiga ed il Ministro Andreotti, c'era un clima di reciproca fiducia ...direi molto confidenziale!

Sempre in quel verbale, uno dei Senatori della Commissione Stragi, dichiarò testualmente che: "...Le attività criminali dei libici, sul nostro territorio, erano di tale livello che il servizio segreto Libico pretese, dal nostro Servizio, l'elenco delle vie dove avevano l'appartamento dodici esponenti dell'opposizione libica rifugiati in Italia, i quali vennero immediatamente assassinati".

La lettura di quelle notizie mi scosse perché scoprivo che ad agire così furono alti Ufficiali dei nostri Servizi Segreti ...quelli "non deviati", istituiti dopo la riforma del 30.09.'77!

Sicuramente avranno eseguito degli ordini da parte dell'autorità politica, ma che fine aveva fatto la norma che: "...Gli ordini sbagliati non si eseguono?"

Consegnare gli elenchi dei rifugiati ai Libici significava, di fatto, condannarli a morte. Un crimine contro l'Umanità! – ...segue sul libro –

Nello stesso libro (pag. 98) dichiaro che fu il generale Jucci, che lo ammise apertamente interpellato in seguito, ad aver fornito quegli elenchi ai servizi segreti Libici che rapirono e assassinarono tutti e si trattava di persone che avevamo rifugiato a Roma per salvargli la vita in quanto si trattava di democratici che collaboravano con noi contro le manovre del dittatore Libico.

Legalmente non sono in grado di valutare questa azione o se essa avesse rilievo penale, ma moralmente era indubbiamente un vero tradimento.

Recentemente, lo stesso Senatore Pellegrino e il Presidente pro-tempore del COPACO on. Frattini,

hanno confermato la circostanza, ammettendo anche che il Governo Italiano non poteva agire altrimenti, perché erano state minacciate ritorsioni terroristiche sul nostro territorio dal Colonnello Gheddafi, in una trasmissione TV di Telecamere.

Sull'amicizia del Presidente del Consiglio Francesco Cossiga e quella del suo collega di Governo, all'epoca dei fatti Ministro degli Esteri on. Andreotti, con colui che si era presentato ad essi come Ministro degli Esteri del Governo Libico, (in realtà era il Colonnello Jalloud, capo del KGB in Libia) quindi "collega diplomatico" dell'on. Andreotti, all'epoca delle mie pubblicazioni non era ancora intervenuta la verità processuale delle condanne per le stragi di Lockerbie in Inghilterra, del DC-10 Air-France in Francia e della discoteca di Berlino in Germania (anche questo motivo della mia credibilità e non di inattendibilità come dichiarato dal Sismi e dal PM Saviotti).

Condanne che hanno evidenziato che si trattava di un capo terrorista, responsabile di molti attentati in Europa e la morte di centinaia di cittadini innocenti e inermi e che hanno visto la Libia fare ammenda e riconoscere il risarcimento stratosferico di 2.870.000 miliardi di vecchie lire ai parenti delle vittime ed alle compagnie di navigazione aerea.

Non a quelle delle stragi Italiane, però, perché per quelle, alle vittime Italiane degli attentati Libici, invece, non è toccata nemmeno la soddisfazione di vedere il Colonnello Gheddafi disturbato da un avviso di garanzia!

Nessuna inchiesta, nemmeno quella di Ustica, è mai andata nemmeno a sfiorare i mandanti delle stragi del 1980. Eppure, non fui solo a dichiarare i moventi e le modalità di esecuzione di quelle stragi. Ci furono anche Istituzioni estere, Tedesche e Francesi a rendersi disponibili alla collaborazione e a indicare le giuste direzioni in cui si sarebbero dovute indirizzare le indagini, ma non servì a nulla. Ora, però, il tempo ha dato ragione ad esse ed evidentemente a me.

Infatti, è indubitabile che proprio io, per primo, ho reso pubbliche situazioni che solo molti anni dopo si sono mostrate esattamente come avevo preannunciato, ma a fronte di questo, (eppure hanno letto il mio libro, visto che è indicato come Parte Lesa insieme a me ...forse per tutti gli insulti che ci sono stati riversati addosso?) pur chiedendo l'archiviazione ai sensi dell'art. 408 per le notizie di falsità in atti, essendo del tutto infondate quelle notizie di reato da parte mia, ingiustificatamente il PM di Roma, Dr. Saviotti, nella sua richiesta di Archiviazione al GIP sul fascicolo 03/06583/ 03K - Fatti non costituenti reato (v.all. al n. 7) si lascia andare a dichiarazioni del tutto gratuite e che risultano ingiustificate ad un semplice esame degli stessi atti d'indagine svolte dall'Autorità Giudiziaria e dalle Indagini iniziali del Sismi. Basando, oltretutto, queste sue opinioni, sul nulla probatorio, visto che ha dovuto procedere con l'archiviazione ai sensi dell'art. 408, ma aggravate dal fatto che i citati risultati d'indagine del Sismi sono, per stessa ammissione del Sismi, non prove bensì indizi/informazioni, mentre, le dichiarazioni delle Amministrazioni Militari ad un attenta verifica di raffronto sono risultati nient'altro che falsità, oltre che riferite da personaggi anonimi, a detta della stessa Autorità Giudiziaria che dichiara, nel Decreto di Archiviazione, reato commesso da ignoti.

Il PM, infatti, in maniera del tutto contrastante con le risultanze degli atti che solo ora ho potuto conoscere, afferma che: "...Quei risultati d'indagine (li vedremo uno per uno per dimostrare cosa inducono ad escludere per davvero!) inducono ad escludere attendibilità alle informazioni diffuse con gli articoli di stampa e internet dall'Arconte; che i riscontri effettuati sulla documentazione divulgata attraverso i media dal predetto, anche sulla base delle verifiche documentali e archivistiche del Sismi (vedremo che anche queste, in realtà esprimono tutt'altro!), inducono a valutare negativamente ogni seria ipotesi di autenticità; che pertanto le dichiarazioni dell'Arconte, lungi dal costituire serio contributo alla ricostruzione di eventi delittuosi o comunque verso i quali si sono addensati sospetti ed ambiguità, costituiscono, nella migliore delle ipotesi, mere illazioni ispirate da enfatica rappresentazione del proprio ruolo; che ogni eventuale ipotesi che si intende prospettare di diffamazione non sarebbe in ogni caso assistita dalla condizione di procedibilità; (N.d.r: anche questa dichiarazione, in realtà, ad un attento esame, risulta equivoca!).

Il Pm, visti gli artt. 408/411 c.p.p. 125 D.Lv 271/89 chiede al GIP l'archiviazione del procedimento divenuto con parte Lesa Antonino Arconte ed il Libro L'Ultima Missione, dopo l'archiviazione di cui al 408 delle accuse di falsità risultate infondate, ai sensi del 411 c.p.p - mancanza di querela – Ma come avrei potuto presentare querela se non sono nemmeno stato informato che un procedimento penale si era aperto contro di me ed era stato archiviato senza che ne fossi stato correttamente informato ai sensi dell'art. 408 co.2 in modo da poter adempiere ai mie Doveri-Diritti di cui al co.3 dello stesso articolo che recita, testualmente: " Nell'avviso è precisato che, nel termine di 10 giorni, la persona offesa può prendere visione degli atti e presentare opposizione con richiesta motivata di prosecuzione delle indagini preliminari". Tutto questo mi è stato vietato, dal comportamento della Procura di Roma. Con questo comportamento, si potrebbe ipotizzare il favoreggiamento di coloro che, in effetti, hanno reso false dichiarazioni alle autorità giudiziarie e non sono stati chiamati a risponderne.

Tutto questo è davvero singolare e meritevole di un esposto alla magistratura competente perché nei fatti fin qui esposti potrebbero configurarsi alcune ipotesi di reato anche perseguibili d'ufficio e, comunque, mirato a depistare ancora una volta la Magistratura Italiana dalla verità.
Infatti, è del tutto falso che le indagini citate abbiano fornito elementi di inattendibilità del sottoscritto e che le verifiche documentali e archivistiche del sismi inducano a valutare negativamente ogni seria ipotesi di autenticità alle documentazioni da me diffuse, (in parte) sui media. Sarebbe del resto del tutto contrastante, se fosse vero quello che dichiara il PM , con la doppia richiesta di Archiviazione, del Pm e del Gip, rispettivamente per gli art. 408/411 e per l'art. 415.
Infatti, l'ipotizzata falsità in atti, di cui sono stato accusato espressamente e senza dubbi, come si legge negli atti del procedimento, è reato perseguibile d'Ufficio e se davvero essa fosse stata configurabile sulla base delle verifiche dichiarate, perché non c'è stata richiesta di rinvio a Giudizio in luogo di quella di archiviazione?
Le motivazioni del PM sul Decreto di Archiviazione troverebbero giustificazione, infatti, in una richiesta di rinvio a giudizio per falsità in atti e non in una di archiviazione per l'infondatezza della notizia di reato, ai sensi dei citati art. 408/411.
Inoltre è indubitabile che di fronte ad un comportamento simile a quello di coloro che mi hanno screditato in questo modo, non si può dubitare che se ci fosse stata davvero un'ombra di prova valida d'accusa le querele sarebbero fioccate come neve da tutte le parti.
Non ultime quelle dei Parlamentari che, prima ancora di vedere chiusa un'inchiesta (ne sono state aperte e chiuse diverse in questi anni) non hanno perso occasione per dichiarare le falsità che non sussistono e l'inattendibilità che, al pari delle "enfatizzazioni del mio ruolo", non trovano alcun riscontro nel mio comportamento.
Ma se negano anche che io sia esistito, quale ruolo avrei potuto mai enfatizzare?

Quindi, alla luce del fatto che vengo identificato, sia io che il mio memoriale L'Ultima Missione, nell'intestazione del fascicolo n. 03/06583 F.N.C.R. come Parte Lesa mentre il GIP, ricevuta la richiesta di Archiviazione, precisa la mia posizione di Parte Offesa e decreta l'Archiviazione ai sensi dell'Art. 415 - Reato commesso da persone ignote, dovrebbe essere considerato legittimo che i termini per proporre querela si estendano a quando sono venuto a conoscenza che delle accuse nei miei confronti erano state archiviate, cioè il 10 Febbraio 2005. Infatti, il tutto è stato fatto senza darmi la possibilità di intervenire con una richiesta di opposizione all'archiviazione e proseguimento delle indagini, soprattutto alla luce del fatto che, come vedremo, gli autori di reati in mio danno non erano e non sono affatto persone ignote e tantomeno ho avuto la possibilità di presentare contro querela, posto che, comunque, i reati ipotizzabili commessi in mio danno sarebbero perseguibili d'Ufficio e non a querela di parte. Fermo restando il fatto, del tutto evidente, che l'articolo 408, al co. 2 dice che l'avviso della richiesta deve essere notificato alla persona offesa che ne abbia fatto richiesta.
Mi ripeto: come avrei potuto fare richiesta se non sapevo nemmeno che un procedimento era stato iniziato contro di me per accuse di falso, quando, da quel punto di vista ero talmente sereno che, di fronte ai dubbi espressi in parlamento, avevo messo a disposizione di giornali, TV, notai e periti scientifici quanto era sufficiente a fugare ogni dubbio!
Come potevo non ridere di accuse di inattendibilità rivolte verso le mie dichiarazioni quando, com'è facilmente verificabile e senza dubbi di alcun genere, tutte le mie

dichiarazioni passate, anche se inizialmente contrastato da tutti gli "analisti e consulenti esperti di strategie", si sono rivelate sempre esatte e quindi guadagnandomi attendibilità presso tutti i giornalisti che mi telefonano per avere consigli e consulenze sugli avvenimenti in corso dall'Iraq all'Afghanistan, dal Libano alla Siria, al Golfo Persico e nel Nord Africa. Perché tutti i loro articoli, scritti sulla base delle mie conoscenze dei fatti e dei protagonisti che li animano sono stati dimostrati esatti dagli accadimenti successivi. Quando loro stessi ed i loro giornali, pubblicati ben prima dell'invasione dell'Iraq, possono fornire prova che quanto hanno scritto sul disastro che sarebbe stata questa guerra per tutto l'occidente, in contrasto coraggioso col coro di "esperti strategici" che imperversavano sui media cantando le lodi della Guerra lampo e vittoriosa, coprendo quindi la voce di chi aveva ben visto la trappola che si stava aprendo davanti agli occidentali che, irretiti da tanta incompetenza vi si stavano cacciando a passo di carica!

Non racconto queste cose per "enfatizzare il mio ruolo": non ne ho nessun bisogno! Bensì solo perché è facile dimostrare l'assoluta non corrispondenza al vero anche delle accuse, perché non si potrebbe definirle diversamente, di inattendibilità lanciate contro di me dal PM Paolo Saviotti, il quale, con queste azioni, non mi ha dato alcuna possibilità di replica se non questa dell'esposto penale. L'alternativa sarebbe quella di lasciar correre e rimanere bollato, del tutto gratuitamente, come "fanfarone" e questo è per me inaccettabile, perché evidentemente falso!

A questo proposito l'allegato n. 6 è già una prova inconfutabile, perché esso è stato pubblicato a Novembre 2001, ma già scriveva e documentava tutto quello che sarebbe accaduto di lì a poco.

I fatti successivi si sono svolti, infatti, esattamente come ho descritto io. Non bastando il libro, però, ci sono state le interviste pubblicate dal Giornalista Marco Gregoretti, tutte pubblicate su GQ, che ormai da cinque anni, da quando mi conosce, non manca mai di chiedermi consulenze sugli avvenimenti, perché come detto, sa bene che non ne ho mai fallito una: non perché sono un indovino che riceve le sue informazioni attraverso "sedute spiritiche", ma perché ho operato per tre lustri tra l'Africa ed il Medioriente, esattamente come racconto e dimostro con i documenti che si voleva dimostrare falsi, con i metodi che sveleremo. Vedi anche la testimonianza resa in proposito dal Dr. Marco Gregoretti (**all.n. 4/b**) e Pier Francesco Cancedda (**all. n.12**)

Riguardo alla mia attendibilità devo allegare anche quanto pubblicato da altri giornalisti che mi hanno richiesto informazioni e le hanno pubblicate sui loro Giornali. Un altro di questi è Piero Mannironi, della Nuova Sardegna, il quale, non appena ha visto che il senso di certe inchieste si spostava in direzione di Carlos, lo Sciacallo, si è ricordato di quello che gli avevo dichiarato e "dimostrato" sul coinvolgimento dello Sciacallo nella strategia della tensione in Italia, stragi ed attentati e ne ha fatto un recente articolo dal quale chi lo legge, così come tutti gli altri, dall'Italia a New York, certo non può dedurre che Antonino Arconte sia inattendibile! (**v. all. 4/e**)

Vi invito a leggere l'articolo del 21 novembre 2004 (**v. all. 4/e**) perché anche quello dimostra che alcuni di quei documenti, sui quali si voleva costruire inattendibilità e falsità senza riuscirci, è invece dimostrato vero dal tempo al pari degli altri. E' vero che le bugie hanno le gambe corte.

Altrettanto si può dire degli articoli di GQ online, che ancora sono pubblicati nell'archivio di GQ, da ormai cinque anni. E perché mai ci dovrebbero essere ancora se screditassero la serietà del giornale con informazioni che il tempo, anziché autenticarle, le avesse rivelate fanfaronate?

Anche in questo caso questi sono lì, a testimoniare la mia attendibilità che solo con certi metodi, come quelli che vado a dimostrare punto per punto, può essere messa in dubbio.

Vedi il link all'archivio di GQ Online
http://www.gqonline.it/cm/ricerca/ricerca.asp e *l'all. 4/c.*

Non posso non ipotizzare che il movente di comportamenti di questo genere, alla luce di quanto dimostro, potrebbe essere stato proprio quello di voler evitare che io potessi prendere visione di questi atti. Vedendoli avrei potuto facilmente smontare le dichiarazioni delle "Amministrazioni Militari interessate" e dello stesso Sismi, dal momento che esse stesse, se correttamente esaminate, come vedremo, (altro che dimostrare inattendibilità e falsità!), confermano tutto quanto da me dichiarato nelle mie pubblicazioni e interviste ai media.

Tale comportamento, però, mi induce a sospettare che il PM ha ben visto tutto questo e per questo motivo, per fornire comunque argomento di discredito e inattendibilità in mio danno a chi lo ha cercato in ogni modo e continua da anni a perseguire questo risultato, abbia scritto quelle inverosimili motivazioni alla richiesta di Archiviazione.

Io non credo, però, e con questo Esposto lo chiedo ai Magistrati, che un simile comportamento sia anche lecito!

Rilevo, infatti, ad un'attenta lettura degli atti del Sismi, dell'Autorità Giudiziaria rappresentata dai ROS e delle Amministrazioni Militari interessate, errori di valutazione e vere e proprie falsità in atti che è facile riscontrare.

Se queste siano state commesse in buona fede, perché chi ha svolto le verifiche richieste non era a conoscenza di fatti e documentazioni risalenti a molti lustri orsono, quando probabilmente costui non era nemmeno in servizio, oppure in malafede per volontà di ingannare la Magistratura rendendo ad essa false dichiarazioni utili a screditare e calunniare Antonino Arconte, sottoposto ad indagini sulla base di evidenti abusi e falsità nemmeno sufficienti a superare una prima verifica per una richiesta di rinvio a giudizio, non sta a me giudicarlo, ma all'autorità competente.

Io devo solo dimostrarlo in maniera corretta.

Perché questo appaia ben fondato esamineremo punto per punto il fascicolo, contestando in maniera documentale ogni dichiarazione ed ogni atto consegnato alla Magistratura dalle autorità indicate.

Lo dimostreremo pertanto falso, in maniera inconfutabile e documentata.

Prima, però, occorre analizzare il comportamento riscontrabile in tutta la procedura, la quale appare perlomeno strana.

- Infatti, si noti che la procedura si apre in seguito alle interrogazioni che chiedono una verifica sulla autenticità o falsità delle documentazioni e dichiarazioni di Antonino Arconte **v. all. 2**;
- Il Ministro della Difesa on. Martino ordina un'inchiesta al Sismi che risponde, senza dubbi, che si tratta di falsità e millanterie nella risposta scritta alle interrogazioni **v.all.2/b**;
- Antonino Arconte replica al Ministro che le sole falsità ipotizzabili sarebbero quelle dichiarate dal Sismi e dallo stesso sen. Andreotti, i quali, avrebbero fatto dichiarazioni, come provenienti da me o da miei scritti che io non ho mai fatto né scritto, allegando abbondante documentazione probatoria di questo. Compresa la testimonianza dei giornalisti che confermano anche sui loro giornali, in Italia ed America, che il Ministro ha detto cose perlomeno non corrispondenti al vero ed in maniera comprovata e testimoniata, chiedendo ancora una volta al Ministro On. Martino di poter ottenere il legittimo congedo **v. all.3 ; all. 4/a-b-c-d e all. 6 -7**;

- Non ricevendo alcuna risposta dal Ministro Martino, nemmeno sulla richiesta di poter essere congedato secondo i Diritti garantiti, dopo più di quattro mesi in attesa di riscontro, Antonino Arconte cita in giudizio, davanti alla Corte dei Conti di Cagliari competente, il Primo Ministro, On. Berlusconi ed il Ministro della Difesa on. Martino, allegando tutta la documentazione probatoria in estratto notarile e copia conforme all'originale, nonché certificati in bollo delle Amministrazioni Militari che confermano le sue ragioni, in data 3 Ottobre 2003 **v.all. 8**;
- A Giugno 2004, il Senatore Andreotti e il sen. Malabarba, vista la dichiarazione di falsità presentata in parlamento nella risposta scritta precedente, ma non venendo a conoscere di alcun esito giudiziario, chiedono che cosa è stato fatto, anche dal punto di vista processuale nei confronti di A. Arconte accusato pubblicamente di falsità **v.all. 9/a-b**;
- In data 10 Settembre 2004 l'On. Giovanardi, Ministro per i rapporti col Parlamento, risponde confermando che la Segreteria Generale del CESIS ha comunicato che il Sismi ha svolto, anche con la collaborazione di altre Amministrazioni accurati accertamenti dai quali non sono emersi riscontri che avvalorino quanto asserito da Antonino Arconte, dichiarando anche che dalle stesse indagini i documenti in oggetto risultano palesemente falsi e visibilmente modificati, pertanto, ai sensi dell'art. 9 co. 3 della Legge 801/1977 ha trasmesso la notizia di reato all'Autorità Giudiziaria identificata nella Procura Militare di Roma e nella Procura presso il Tribunale Ordinario della stessa città, dichiarando in Parlamento che esse stesse hanno avviato indagini sul sig. Arconte e sulla formazione di false attestazioni documentali. **(v.all. 10)**;
- Sentendomi ancora una volta accusato ingiustamente di reati che non ho in alcun modo commesso, e considerando vere e proprie diffamazioni le accuse mosse a mio danno e riprese dalla stampa in quanto rese in Parlamento, ho replicato anche al Ministro Giovanardi, facendo presente che non mi risulta di avere avuto alcun avviso o citazione in giudizio e, visti i termini previsti per le indagini preliminari, ormai scaduti, evidentemente non c'è stata alcuna azione legale in mio danno e confermando di non aver mai falsificato alcunché. Altresì ho ribadito la mia richiesta di ottenere il legittimo congedo dal Ministero della Difesa, non ricevendo alcun riscontro ed anche questo non sembra essere lecito per la legge sulle trasparenze della Pubblica Amministrazione.
La mia replica è stata pubblicata anche in USA da America Oggi, in Italia no!. **(v.all. 11 a-b)**
- Il 26 Gennaio 2005, l'On Giovanardi risponde anche all'ennesima interrogazione del Senatore Malabarba, il quale chiedeva che seguito avesse avuto l'inchiesta penale aperta contro di me per falso che il Sismi aveva promosso con la trasmissione delle sue notizie di reato ai sensi dell'art. 9 co. 3 della Legge 801/77 . Nella sua Replica del 26.01.2005, il Ministro Giovanardi, rende al Parlamento una risposta ambiguamente inesatta, infatti, Egli attribuisce al GIP motivazioni dell'archiviazione che, invece, sono, stranamente, motivazioni espresse dal PM e non dal GIP. Infatti, il GIP riconosce Parte Offesa nel procedimento Antonino Arconte e L'Ultima Missione ebook, ed archivia per l'art. 415, ovvero, perché gli autori del reato commesso in suo danno, quindi non la falsità annunciata, sono rimasti ignoti! **(v.all.7)** e **all.12/a**, la testimonianza di Pier Francesco Cancedda sul punto. I possibili motivi di queste ambiguità nelle risposte Ministeriali, li analizzeremo punto per punto e, prove alla mano, vedremo che non sono affatto casuali.
Il 10 Febbraio, il Presidente dell'Associazione Vittime FF.AA. Ana-vafaf on. Falco Accame, mi informa via fax del tenore della risposta all'interrogazione del sen.

Malabarba, con la quale vengo accusato esplicitamente di falso e che, secondo quella risposta, appunto, sarei un falsario anche se la procedura sarebbe stata archiviata per mancanza di condizioni di procedibilità, ossia mancanza di querela.
La cosa mi è sembrata subito stonata, perché se fossero state confermate le accuse, sarei stato rinviato a giudizio d'Ufficio, ma certamente informato per l'Udienza davanti al GIP.
Il Falso in atti pubblici, infatti, è reato perseguibile d'Ufficio e non a querela di parte.
Inoltre, immagino che, visto il comportamento tenuto da chi ha promosso l'inchiesta contro di me, se davvero le accuse fossero state confermate da riscontri veri, le querele contro di me sarebbero fioccate a dozzine!
Pertanto ho voluto vederci chiaro e ordinare copia del fascicolo in oggetto alla Procura di Roma, che ho ricevuto il 25.03.2005 (**v.all.7**).

Leggendolo ho potuto vedere confermati i miei sospetti. Infatti, il fascicolo, che riassume tutte le inchieste promosse contro di me a partire dal Novembre 2000, (sempre per le stesse accuse di falsità documentale del tutto infondate, ma che sono state enfatizzate in parlamento e dai media, senza darmi Diritto di replica se non in rare occasioni e, comunque, mai con lo stesso rilievo), è intestato non con "Antonino Arconte indagato", ma "Antonino Arconte Parte Lesa" e viene citato anche il Libro L'Ultima Missione e l'ebook ad esso allegato e contenente i documenti in oggetto d'inchiesta penale, sempre tra le parti lese.
Mi pare ovvio che questo significhi, visto che la procedura è stata aperta da notizia di reato di falso segnalata dal Sismi, che tale ipotesi sia risultata priva di fondamento! Come conferma la richiesta di archiviazione del PM ai sensi dell'art. 408 c.p.p;
Altrettanto ovvio appare che se le accuse di falsità sono risultate infondate, coloro che le hanno presentate, organizzate o, forse, addirittura simulate in associazione tra loro al fine di screditare il testimone sopravvissuto di venti anni di Guerra Fredda Italiana, devono per legge essere indagati per diffamazione o calunnia e di questo reato deve essere identificata la parte Lesa nell'indagato di falso, Antonino Arconte, come risulta all'intestazione del fascicolo.
A questo punto, però, il PM Saviotti, richiede l'archiviazione ai sensi dell'art. 411 c.p.p perché mancano le condizioni di procedibilità. Questa sarebbe da considerare la mancanza di querela della parte offesa, ma come avrei potuto, io, come parte Lesa, presentare la necessaria querela in un procedimento di cui non ero stato messo a conoscenza?;
Ecco che così si spiega anche il Decreto di Archiviazione del GIP, il quale lo decreta ai sensi dell'art. 415 c.p.p - Reato commesso da persone ignote. Il GIP precisa anche che la Parte Offesa è Antonino Arconte, ma è difficile spiegarsi come possano essere ignote le persone che mi hanno offeso dichiarando apertamente, e firmandosi, la falsità di documentazioni invece autentiche e dichiarate tali anche da Notai e periti scientifici in seguito ad apposito esame peritale trasmesso, peraltro, anche in una trasmissione RAI-3 del 12 marzo 2003 e da numerosi giornali a grande tiratura, es. Famiglia Cristiana, America Oggi, GQ, la Nuova Sardegna ecc.
Tutto questo appare equivoco e merita un'apposita inchiesta anche alla luce della gravità dei fatti che si sono stravolti con questi comportamenti.
Infatti, lo stesso Parlamento è stato ingannato abilmente e lo stesso Segretario alla Presidenza del Consiglio, on. Gianni Letta, ha ripetuto in una sua lettera all'Ana-vafaf dell'On. Accame (**v.all. 13/a-b**), probabilmente ingannato in buona fede, dichiarazioni manipolate in maniera da far credere che l'archiviazione delle accuse

di falsità che mi sono state rivolte in parlamento dal Sismi su segnalazione dell'on. Andreotti, fossero state archiviate non per l'infondatezza della notizia di reato, come risulta invece agli atti (art.408 c.p.p.), ma per mancanza di querela contro di me! "Ribadendo l'assoluto difetto di ogni seria ipotesi di autenticità della documentazione che si riverbera negativamente anche sulle dichiarazioni dell'Arconte". Questo è dichiarato dall'on. Letta all'allegato **13/a**. Altresì, l'on. Letta, ribadisce che il Sismi non mi ha perseguitato, ma ha solo fatto il suo dovere di trasmettere le notizie di reato e le prove relative all'Autorità Giudiziaria ai sensi dell'art. 9 co. 3 della Legge 801/77, ma questo, come vedremo, non corrisponderebbe al vero, alla luce delle stesse dichiarazioni del Sismi all'Autorità Giudiziaria a Pagina 2 da rigo 8 a rigo 13 dell'**all. 7**.

Infatti, a fronte del chiaro dettato della Legge e dell'art. 9 co. 3 citato, il Sismi, evidentemente resosi conto che quello che stava trasmettendo all'Autorità Giudiziaria non era affatto corrispondente a Notizia di Reato e prove di questo, ha ammesso, dichiarandolo all'Autorità Giudiziaria, che le "informazioni dovevano essere considerate solo come "indizi/informazioni" e, come tali, da sottoporre al vaglio confermativo delle indagini di Polizia Giudiziaria chiedendo, per di più, che il contenuto dell'informativa trasmessa si considerasse rivestire "carattere di riservatezza" e che sia considerato soggetto al vincolo della "Vietata Divulgazione".

Non so come un Magistrato può considerare questo modo di procedere.

Certamente non sembra in regola col dettato della norma art. 9 co. 3 L. 801/77.

Infatti, i legislatori, con questa legge, cercavano di correggere i comportamenti del SID che era stato scoperto avere la pessima abitudine di aprire fascicoli d'inchiesta su pettegolezzi e soffiate. Fascicoli soggetti spesso a "fuga di notizie" che rovinavano la reputazione del malcapitato e mettevano molti in condizioni di poter essere ricattati. Pertanto il Legislatore con quell'articolo e comma intendeva proprio evitare, non solo che agenti segreti potessero svolgere indagini di polizia giudiziaria, ma anche che potessero, attraverso pettegolezzi, soffiate, documentazioni falsificate (ma quelle falsificate davvero, come vedremo) e successive violazioni del vincolo della riservatezza e della vietata divulgazione, rovinare la reputazione del malcapitato, in questo caso io! Del resto è provato per documenti che tutti si sono cimentati nell'arte del discredito di Antonino Arconte.

Tutti costoro mi hanno dichiarato millantatore, fanfarone, falsario e tutti autorizzati in questo dal comportamento del Sismi che, a norma della Legge citata, una volta constatato che la notizia di reato non c'era, in quanto non ce n'era la prova, ma solo dichiarazioni quasi anonime e inattendibili, come ha ammesso anche lo stesso Sismi, doveva prendere gli indizi/informazioni e cestinarli, previa distruzione del fascicolo così formato, non darli all'Autorità Giudiziaria per provocare un ingiusta procedura nei miei confronti che ha permesso di danneggiarmi gratuitamente in questo modo. Se questa, come afferma l'on. Letta, non è persecuzione, mi chiedo cosa sia una persecuzione per Lui.

Le dichiarazioni del PM, del tutto ingiustificate dagli atti, espresse nella sua richiesta di Archiviazione, quindi, trovano una loro giustificazione, se così si può dire di una chiara manipolazione della verità di quel tenore, nel favorire tale comportamento illecito e nello stesso tempo evitare conseguenze penali a chi ha davvero organizzato false dichiarazioni e predisposizioni documentali rese all'autorità Giudiziaria ed al Parlamento, al fine di gettare discredito su Antonino Arconte, e dichiarare: "Mere illazioni ispirate ad enfatica rappresentazione del proprio ruolo", le testimonianze da lui rese che avrebbero potuto dare un serio contributo alla ricostruzioni di eventi delittuosi che evidentemente qualcuno non vuole ricostruire affatto!

Sul punto devo precisare che non c'è da parte mia alcun interesse a rendere obbligatoriamente attendibile la mia testimonianza, questa è una funzione demandata ai Magistrati che non contesto, a patto, però, che io non debba essere fatto oggetto di abusi, screditato e diffamato pubblicamente per farmi divenire per forza inattendibile, perché questo è legittimo contestarlo nelle sedi penali.

Io ho solo fatto il mio dovere, sempre e solo quello, anche tollerando alcuni lustri di persecuzioni ingiuste eseguite anche con l'abuso di poteri pubblici.

Come leggerete nelle mie pubblicazioni, infatti, non ho mai preteso altro che di fare il mio dovere, ma una volta reso noto ciò che ero obbligato a rendere noto, naturalmente secondo verità e senza manipolazioni, l'uso che di queste verità se ne fa, anche da parte della Magistratura, non è più compito mio.

Una volta eseguita L'Ultima Missione a me personalmente interessano solo le cause a Milano per il reato di plagio che ho subito sulle mie opere e quella di servizio, davanti alla Corte dei Conti, per ottenere il mio diritto ad un legittimo congedo che mi viene illecitamente negato dal Ministero della Difesa. Oltre, naturalmente, a continuare a usare ogni mezzo lecito perché siano corretti i rimasugli di errori giudiziari che ho subito nei modi già esposti, sempre dalla Magistratura di Roma e del tutto simili a quelli che sto esponendo e di cui ho già depositato la documentazione relativa nella richiesta di opposizione all'archiviazione del PM, al GIP di Firenze.

Il Fatto:

Ora, punto per punto, dimostrerò la predisposizione illecita dei documenti presentati da chi mi ha accusato di falso e che, invece, correttamente esaminati, confermano la mia attendibilità e non viceversa:

(N.d.R: Omesse le restanti pagine perché procedono con oltre 40 pagine di documentazioni d'epoca allegate, dello stesso tenore di quelle allegate a questo libro e agli altri della collana The Real History of Gladio; L'Ultima Missione e l'Archivio superstite dell'Organizzazione Gladio, sempre reperibile come ebook su www.lulu.com/spotlight/aarconte o su video in youtube.it e Google.it)

Da Nino Arconte un ultima raccomandazione a tutti voi:

Ringraziate un reduce per la vostra libertà!

ABOUT THE AUTHOR

" *...Salgo sul colle del sud a strappar felci*
e il cuore mi brucia per la salita,
ma se al ritorno vedo un uomo, tranquillo,
calmo, sereno, fermo al suo posto,
non mi dispiace più della strada!... "
CONFUCIO

Da l'Essere Perfetto. Saggio di Graziella Pinna Arconte

Antonino Arconte entra a pieno merito in questo libro dedicato all'Essere Perfetto, poiché la sua ricchissima vita è la prova provata che l'intelligenza, la perseveranza, la volontà e la fede, portano l'uomo all'immortalità.
Egli è un guerriero, una sorta di highlander formatosi alla scuola della vita e della guerra.
Ma è anche un buon marito e un padre tenerissimo.
Egli percorre le vie di questa vita con grande dignità, saggezza e onore.
Ha superato prove durissime e non si è mai arreso.
Da quasi vent'anni Nino sopporta un'incredibile persecuzione dalle massime istituzioni dello Stato, opponendo verità documentalmente provate a false testimonianze e dichiarazioni mendaci e calunniose.
Il suo calvario processuale è passato per i tribunali nazionali ed internazionali (Oristano, Cagliari, Sassari, Roma, Strasburgo).
E' arrivato anche in America dove si recò, nel 1998, per onorare la sua ultima missione, che era quella di portare la Verità al mondo libero, con ogni mezzo.
L'ha fatto, come tutti i grandi uomini, a rischio della sua stessa vita.
Innumerevoli articoli della stampa nazionale e americana, e speciali televisivi da anni, narrano di Antonino Arconte.
Raccontano che egli, arruolatosi giovanissimo, fece parte del SID di Vito Miceli e del Nucleo G dell'Organizzazione Gladio.
Raccontano delle pericolose missioni militari che egli ha compiuto in tutto il mondo: dal lontano Vietnam alla vicina Tunisia.
Raccontano dei suoi commilitoni morti tutti in circostanze misteriose. Pubblicano e fanno periziare i suoi scottanti documenti che gridano la verità e che hanno attraversato il tempo solo per dare voce ai tanti patrioti morti ingiustamente ... l'onorevole Moro compreso!
Chi legge il libro "L'ultima Missione" ha la sensazione che l'autore sia passato attraverso mille vite ... ed è proprio così!
Posso testimoniare che grazie alla reminiscenza e alla lucida memoria delle vite precedenti egli ha potuto parare i terribili colpi del destino, deviando il suo corso e uscendo vittorioso da molte battaglie; è dotato di grande forza di volontà ed è un abile addestratore ... anche di sé stesso; agisce in perfetta sincronia con gli eventi celesti di cui è ottimo ascoltatore e interprete.

La sua antichissima e grande coscienza gli consente di anticipare gli eventi e, inoltre, la sua esperienza nel ruolo militare l'ha dotato di una conoscenza non comune dei luoghi e della storia del nostro tempo.

Il suo stile di vita è semplice e rigoroso: la sua esistenza è fondata sugli affetti familiari e sull'onestà.

Egli è un raro modello di rettitudine e moralità.

Eppure, come un novello Gesù Cristo, viene perseguitato da anni, dopo aver subito l'ignominia della cancellazione dal servizio prestato ad iniziare dal 1970.

E la cancellazione doveva essere totale (...!), così come lo è stata per i suoi commilitoni!

Egli è un eroe dei giorni nostri: molti se ne sono resi conto.

La sua è una figura che incarna i connotati classici dell'eroe, ma io ne parlo in questo libro perché voglio sottolineare il valore didattico-educativo della sua vita.

Nino è un patrimonio inestimabile: dovrebbe andare nelle università ad insegnare ai nostri giovani l'amor patrio e il valore della libertà e della democrazia.

Ciò che lui sa è un bene prezioso che andrebbe tutelato e valorizzato ... non cancellato!

L'assenza di lungimiranza degli uomini che governano porta a disperdere tali patrimoni di cultura a costo di gravi perdite umane e della stessa democrazia.

Eppure è grazie a uomini come Antonino Arconte se noi abbiamo potuto vivere bene fino ad oggi.

La guerra fredda non era un gelato al limone; molti, troppi, hanno dato la loro vita per la difesa del bene supremo pace e libertà!

Lo hanno fatto in silenzio, generosamente, all'insaputa di tutti.

Sono andati esuli, in terra straniera a combattere e morire per noi.

Dovremmo esser loro riconoscenti in eterno poiché hanno consentito che le nostre vite scorressero sui binari del benessere e della comodità.

Invece, mentre loro combattevano, altri in Patria tramavano affinché i loro nomi venissero dimenticati per sempre, oppure infangati anche nell'atto finale della vita, laddove strane morti, avvenute in circostanze poco chiare, chiudevano, di fatto, la bocca a credibili testimoni della vera storia moderna.

A tutti questi eroi sconosciuti e a Nino va la mia personale, infinita gratitudine.

Per loro provo un grande sentimento di tenerezza e riconoscenza.

Per le tante mogli e i tanti figli rimasti soli un grande cordoglio e comprensione.

Levo questa mia voce affinché attraverso me e tutti coloro che amano la Patria possano, questi eroi, trovare pace nella morte e perchè non siano morti inutilmente.

Anche per loro ho combattuto e combatto al fianco di Nino sostenendo la sua causa ... che è la causa di tutti.

Il minimo che si possa fare.

Il Buon Maestro sa che la sua opera non può e non deve prescindere dalla Verità!